Matt Majendie

NAZARÉ

Leben und Tod der Big-Wave-Surfer

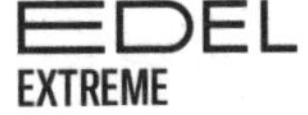

INHALT

VORBEMERKUNG

Für dieses Buch flog ich in der zweiten Jahreshälfte 2021 und in den ersten Monaten des Jahres 2022 mehrmals nach Portugal zu den Big-Wave-Surfern von Nazaré, für die zu dieser Zeit Hochsaison ist. Häufig wechselnde Corona-Schutzmaßnahmen und -Testpflichten machten jeden Besuch zu einem bürokratischen Akt, sodass es nicht damit getan war, einfach nur den günstigsten Flug in die portugiesische Hauptstadt Lissabon und zurück herauszusuchen. Wenn ich dann auf dem Lissaboner Flughafen gelandet war und ins Auto stieg, um mich auf den Weg nach Nazaré zu machen, mischte sich in meine gespannte Erwartung jedes Mal ein mulmiges Gefühl. Die Kunststücke der Surfer in der Brandung haben etwas Inspirierendes. Wenn man jeden Tag Leuten dabei zuschaut, wie sie etwas scheinbar Unmögliches machen, und das oft auch noch mit erstaunlicher Leichtigkeit, kann man davon regelrecht süchtig werden. Andererseits gab es in meinem Hinterkopf immer diesen bohrenden Gedanken, dass das Ganze jeden Moment entsetzlich schiefgehen konnte. Wellenreiten auf bis zu 25 Meter hohen Brechern ist natürlich gefährlich und hat an den Big-Wave-Surfspots dieser Welt schon etliche Menschenleben gekostet.

Verständlicherweise redet die Surfercommunity nicht ständig über den Tod, aber ein Tabuthema ist er auch nicht. Spricht man sie auf die Möglichkeit an, dass ihr Sport ein tragisches

Ende nehmen kann, geben alle Surfer offen und ehrlich zu, dass ihnen dieser Gedanke präsent ist und jeder genau weiß, dass es einmal dazu kommen könnte.

Während der gesamten Big-Wave-Saison war die Angst, dass einem der Surfer, mit denen ich in Kontakt stand, dieses Schicksal ereilen könnte, mein ständiger Begleiter. Das galt besonders für die Protagonisten dieses Buches – Andrew Cotton, Nic von Rupp, Maya Gabeira, Sebastian Steudtner und Sérgio Cosme, die so freundlich waren, mir tiefere Einblicke in ihre spektakuläre und außergewöhnliche Welt zu gewähren. Auch die Sorge, eine solche Tragödie könnte sich direkt vor meinen Augen ereignen, war die ganze Zeit da. Einmal – der Saisonstart lag noch nicht lange zurück – schien ich tatsächlich Zeuge eines tödlichen Surfunfalls zu werden, aber dann gelang dem Surfer und denen, die ihm zu Hilfe eilten, doch noch ein nicht mehr für möglich gehaltenes Rettungsmanöver.

Gegen Ende der Saison 2021/22 war ich einerseits enttäuscht, dass meine Zeit als voyeuristischer Zuschauer dieser Extremsportlerinnen und -sportler sich dem Ende näherte. Andererseits war ich spürbar erleichtert, dass trotz aller Wipeouts, Krankenhausaufenthalte und Rehamaßnahmen sämtliche Akteure das Saisonende lebend erreichten.

Nazaré ist für die Big-Wave-Surfer-Szene eine neue Adresse. Auch am Ende der Saison 2021/22 konnte es von sich behaupten, dass es die Surfer nicht nur zuverlässiger als jeder andere Ort mit Monsterwellen versorgt, sondern auch, dass dort noch nie ein Surfer ums Leben kam. Nachdem ich dieses Buch fertiggestellt habe, gilt das traurigerweise nicht mehr. Marcio Freire war ein 47-jähriger brasilianischer Surfer. Besonders bekannt wurde er 2016 durch den Dokumentarfilm

Mad Dogs, der von den Paddel-Surf-Abenteuern erzählt, die er zusammen mit seinen Kollegen Danilo Couto und Yuri Soledade in den Riesenwellen von Jaws auf Hawaii erlebte. Während eines Familienurlaubs in Portugal begab Freire sich an einem für Nazaré vergleichsweise harmlosen Januartag aufs Wasser. Die Wellen schlugen maximal sechs Meter hoch. Freire war in seiner Surferkarriere auf dreimal so hohen Wellen gesurft. Dennoch brachte ihn eine Welle ins Straucheln und haute ihn vom Board. Er wurde von drei Wellen nacheinander erwischt und unter Wasser gedrückt – nach Aussage von Augenzeugen für rund vierzig Sekunden. Als sein Landsmann Lucas „Chumbo" Chianca ihn bergen konnte, atmete er nicht mehr. Auch Wiederbelebungsmaßnahmen am Strand konnte ihm nicht mehr helfen; er starb noch an Ort und Stelle.

Damit verlor ein Sohn seinen Vater, Eltern einen Sohn und eine Frau ihren Ehemann – und viele in Nazaré und der Big-Wave-Surfer-Community einen Freund. Von überallher trafen Beileidsbekundungen ein und nahmen kein Ende. Nic von Rupp war am gleichen Tag in und auf den Wellen von Nazaré unterwegs und berichtete, Freire habe beim Surfen den ganzen Tag ein Lächeln auf dem Gesicht gehabt. Für die Leute, die vom Wasser oder von den Klippen aus zusehen mussten, war der tragische Unfall ein tiefer Schock. Viele von ihnen versammelten sich in den Tagen danach genau dort, wo er in den Fluten umkam, auf ihren Jetskis zu einem Kreis und hielten sich an den Händen im Gedenken an einen der ihren.

Die Frage, was zu dem Unfall führte, wird man vielleicht nie genau beantworten können. Fest steht nur, dass Nazaré nun doch den von vielen prophezeiten ersten Todesfall zu verzeichnen hat. Die traurige Wahrheit ist: Freire wird nicht das letzte Todesopfer sein. Das liegt in der Natur des Meeres, auf das die Surfer sich in der Monsterwellensaison im vollen Bewusstsein der Gefahr hinauswagen.

Freire zählte nicht zu den regelmäßigen Gästen in Nazaré, aber trotzdem war der Schmerz um seinen Tod groß. Erst kurz vorher – gleich zu Beginn der Saison 2022/23 – hatte Jorge Leal, der einen großen Anteil an der Geschichte des Big-Wave-Surfens in Nazaré hat, durch einen Schlaganfall das Sprachvermögen verloren und war in eine Spezialklinik eingeliefert worden. Leal, der wegen seiner langen Haare und seines Bartes von vielen „Jesus" genannt wird, spielt auch in diesem Buch eine Rolle. Er war der erste Kameramann und Fotograf, der die Surfer in den Riesenwellen von Nazaré in Bildern festhielt. Heute wimmelt es auf den Klippen von Amateuren und Profis mit Kameras und Objektiven.

Leal, der viele Freunde und Bekannte in der Surfingcommunity von Nazaré hat, muss sich in einer langwierigen Reha wieder zurückkämpfen, dessen Ausgang ungewiss bleibt. Doch die große Familie der Big-Wave-Surfer hält zusammen: Ihre prominentesten Vertreter betreiben Fundraising für Leal, damit er die Arztrechnungen in Höhe von 15 000 Euro pro Monat bezahlen kann.

Freire und Leal sind und bleiben in den Gedanken vieler Leute, aber auch nach so schweren Schicksalsschlägen geht das Leben in Nazaré weiter. Jeden Tag aufs Neue fahren die Surfer auf ihren Jetskis aufs Meer hinaus, um in einer der gefährlichsten Brandungen der Welt zu surfen.

Wie so oft, wenn etwas Schlimmes passiert, gehen die Menschen in sich – und entscheiden sich dann doch, an diesem einzigartigen Ort zu bleiben und immer wieder alles auf eine Karte zu setzen. Sicherheit ist in Nazaré und überhaupt in der Big-Wave-Surfer-Szene ein Dauerthema, das sich nie erledigt. Auch aus dieser besonderen Tragödie werden Lehren gezogen werden, und es wird weitere Maßnahmen geben, um die gefahrvolle Freizeitbeschäftigung und Profession so sicher zu machen wie menschenmöglich.

Für viele wird Freires Tod das prägende Ereignis der Saison 2022/23 bleiben, die sich nach den Monsterwellen im Vorjahr zunächst ruhig anließ. Genau das, was in Nazaré mit aller Macht vermieden werden sollte, ist schließlich doch eingetreten.

PROLOG

KAMPF UMS ÜBERLEBEN

Gerade noch lag Andrew Cotton entspannt im Licht der Dezembersonne. Wenige Minuten später kämpft er ums Überleben – als schwarzer Punkt, der einsam und allein durch die Todeszone von Nazaré strudelt. Zweieinhalb Minuten lang steckt er im Weißwasser fest. Seiner Freundin Justine White und den Kumpeln und Teamkollegen, die von der Klippe aus zusehen, kommt die Zeit unendlich viel länger vor. Andrews Leben hängt am seidenen Faden.

In Nazaré kann schnell etwas schiefgehen. Nur einen Moment zuvor wird Andrew nach einem letzten Wellenritt von einem Jetski aus dem Wasser geholt. Als sein Rescue-Pilot Alemão de Maresias Gas gibt, damit er es über den Kamm der nächsten Welle schafft, baut die Wellenlippe sich höher auf als von beiden erwartet. Unsanft klatscht das rettende Vehikel auf dem Wasser auf. Cotty, wie ihn hier alle nennen, reibt sich das Wasser aus den Augen. Als er wieder etwas sieht, merkt er: Seinen Retter hat es vom Jetski gefegt. Blitzschnell wechselt er auf den Fahrersitz und gibt Vollgas, damit die nächste Welle ihn nicht erwischt – aber er wird heruntergespült, in Richtung des Felsens, auf dessen Spitze das Fort von São Miguel Arcanjo thront.

Die sogenannten Spotter mit dem Funkgerät in der Hand, die nach ihm Ausschau halten, können ihn von ihrem Standort auf der Klippe jetzt nicht mehr sehen – die alte Festung versperrt ihnen die Sicht. Helfen können sie ihm sowieso nicht. Andere, die am Fort stehen, feuern mit Pfiffen die Fahrer der Jetskis an, die den Felsen umkurven und nach Cotty und nach einem sicheren Rettungsweg Ausschau halten. Bei den hilflosen Zuschauern oben auf der Klippe steigt der Panikpegel genauso rapide wie bei den noch hilfloseren Akteuren auf dem Wasser und erreicht irgendwann den Höhepunkt.

Cotty wird gegen die beiden kleineren vorgelagerten Felsen geschleudert, die zu Füßen des Forts aus dem Wasser ragen. Die Wellen spucken ihn gefährlich nah an den scharf gezackten Aushöhlungen unterhalb des Forts wieder aus, aus denen er mit Sicherheit nicht lebend wieder herauskäme. Wenn jetzt noch eine mächtige Welle heranrollt, haut es ihn frontal gegen die Klippe, und das würde er höchstwahrscheinlich nicht überleben. Später schätzt Nic von Rupp, einer seiner Surfkollegen, die Überlebenschancen an dieser Stelle und unter diesen Bedingungen auf zehn Prozent.

Aber für einen kurzen Moment lässt der Wellengang so weit nach, dass Cotty aufatmen kann. Die Strömung trägt ihn aus der Gefahrenzone – und das maritime Rendezvous mit dem Tod hat ein Ende. 150 Sekunden Chaos sind überstanden. Cotton, ziemlich außer Atem und mit etlichen blauen Flecken, wird von einem Jetskifahrer aufgelesen.

Für die, die oben auf dem Aussichtsfelsen stehen, haben diese zweieinhalb Minuten eine halbe Ewigkeit gedauert, und auch für Cotton waren sie lang genug, um sich darüber klar zu werden, dass er gerade dem möglichen Ende ins Auge geblickt hat.

„Ich weiß noch, dass ich dachte, schlimmer kann es nicht kommen“, sagte er wenige Stunden nach dem Vorfall beim

Duschen und Umziehen. „Ich dachte, wenn die nächste Welle mich erwischt, kann es sein, dass ich einen echt grauenhaften, schmerzhaften und langsamen Tod sterbe. Da gibt es ein paar krasse Höhlen und scharfkantige Felsen, due mit Algen überwuchert sind. Wenn es dich da runterdrückt – das ist der Horror. Wenn du die Wellen beobachtest, siehst du, dass sie oft genau an der Stelle brechen, wo ich gerade war. Aus irgendeinem Grund war es diesmal nicht so. Das ist die reinste Lotterie."

Dabei hatte Cotton an diesem Tag eigentlich schon beschlossen, wegen der Windverhältnisse gar nicht rauszufahren. Die Wellen waren zu holprig. Das Risiko erschien ihm zwei Tage vor einem Wettkampf unnötig hoch. Als Surfer über vierzig verspürt er nicht mehr so wie früher den unwiderstehlichen, fast schmerzhaften Drang, jede Welle zu surfen. Trotzdem kann er manchmal wider besseres Wissen nicht an sich halten. Cottons Instinkt riet ihm daheimzubleiben, in dem Haus, das er für die Big-Wave-Saison in Nazaré angemietet hatte. Aber an Tagen wie diesem kann der große Vorteil der Villa – der freie Blick auf die Brandung – zum Fluch werden. Dann geht von den Wellen eine unwiderstehliche Anziehungskraft aus, die auch vorsichtige Surfer erfasst und in ihnen das Gefühl weckt, etwas zu verpassen, wenn vor ihren Augen, nur wenige Hundert Meter entfernt, die Jetskis durch das Wasser pflügen und die Surfer die eine oder andere große Welle erwischen. Den Gedanken, dass jederzeit ein Unglück passieren kann, verdrängen die Big-Wave-Surfer von Nazaré, die sich sonst nicht immer wieder auf das Wagnis in den Wellen einlassen könnten.

Der Mann aus North Devon ist nicht der Erste, den es beim Big-Wave-Surfen ins Nirgendwo verschlägt. Mit diesem

Zwischenbereich zwischen Leben und Tod haben viele schon Bekanntschaft gemacht. Auch Garrett McNamara, der in seinen legendären Zeiten als Erster die richtig hohen Wellen in Nazaré surfte. Das war 2011, nur wenige Augenblicke nachdem er auf einer fast 24 Meter hohen Welle den Weltrekord für die höchste jemals gesurfte Welle gebrochen hatte. So nah liegen an diesem Küstenabschnitt in Portugal Triumph und Tragödie beieinander. Noch Jahre später möchte sich Nicole, die Frau des Hawaiianers, gerne vorstellen, es gäbe da unten in den Höhlen eine Stelle, wo ihr Mann, wenn er dort hineingespült würde, gegen jede Wahrscheinlichkeit in Sicherheit wäre und sie an einem Seil Essen für ihn herunterlassen könnte, bis die Wellen abebben würden und er wohlbehalten aus der Höhle zurückkehren könnte. Die Familienmitglieder und Freunde, die in Nazaré zusehen, reden sich alles Mögliche ein, um sich selbst zu beruhigen, während sie machtlos ein paar Hundert Meter oberhalb des Meers stehen und das Geschehen auf dem Wasser verfolgen.

Bis zum Auftakt zur Surfsaison 2021/22 war an der gefährlichen Küste von Nazaré erstaunlicherweise noch niemand zu Tode gekommen. Doch alle, die hier im Wasser und an Land mitarbeiten, sind darauf eingestellt, dass genau das früher oder später passieren kann. Nach Cottons Meinung sind die, die zuschauen, noch viel schlimmer dran. Seine Freundin hat zum ersten Mal mitangesehen, wie er ernsthaft in Bedrängnis gerät. Sie ist leichenblass und bringt keinen Ton mehr heraus. Einer der Spotter nimmt ihr das Walkie-Talkie, das für die Kommunikation mit den Leuten draußen auf dem Wasser da ist, aus der Hand. Die Rettungsmission gelingt am Ende nur, weil das Meer ein Einsehen hat und die

Strömung sich verändert, und nicht wegen der vielen Sicherheitsvorkehrungen an Land und auf dem Wasser.

Cotton, der erfolgreichste Big-Wave-Surfer Großbritanniens, hat sich in der Brandung von Nazaré schon einen Wirbelbruch und einen Riss des vorderen Kreuzbands zugezogen. Seine neueste Kollision mit den Felsen kommentiert er fast lässig:

> „Es war nicht so schlimm wie damals bei dem Wirbelbruch. Für die, die das vom Ufer aus mitansehen, ist es traumatischer als für denjenigen, der in der Situation drinsteckt. Trotzdem gab es einen Moment, an dem ich dachte: Jetzt habe ich wirklich verkackt, das wars. Das dachte ich allerdings schon häufiger. Der Albtraum ist, wenn du in eine dieser Höhlen gedrückt wirst. Da kommst du nie wieder raus. Das gehört für mich zu den Top Five der schlimmsten Möglichkeiten – oder ist vielleicht die schlimmste."

Mit Horrorgeschichten kann in Nazaré so gut wie jeder aufwarten: bewusstlos mit dem Kopf nach unten im Wasser, ausgekugelte Schultern, ein beim Auftauchen in die falsche Richtung verdrehter Arm, von den Lenkgriffen des Jetskis ausgeschlagene Frontzähne, ein fein säuberlich abgetrenntes Ohrläppchen. Die Liste ließe sich fortsetzen. Trotzdem kommen sie immer wieder her, Megawelle für Megawelle, Dünung für Dünung und allen Beinahe-Tragödien zum Trotz, auf der Suche nach dem ultimativen Adrenalinflash und der perfekten Welle – wenn es so etwas überhaupt gibt oder ihr Surfhunger überhaupt zu stillen ist.

DER MOUNT EVEREST DES SURFSPORTS

Nazaré ist der Superlativ des Big-Wave-Surfens – sein Mekka, sein Mount Everest, sein Heiliger Gral. Hier ist Verlass auf die höchsten und optisch wohl spektakulärsten Wellen auf dem Planeten. Andere Big-Wave-Spots haben vielleicht die atemberaubenderen Barrels und den blaueren Himmel zu bieten, aber die Kulisse von Nazaré ist unvergleichlich. Am besten erschließen sich die Majestät und Wildheit dieses Ortes, wenn man auf dem Aussichtsfelsen ein gutes Stück landeinwärts geht und das Fort mit dem kleinen roten Leuchtturm im Blick hat. Viele Fotos, die von hier aus aufgenommen werden, vermitteln den Eindruck, dass sich die Welle direkt hinter der alten Festung auftürmt und die Surfer, die sie erwischt, im nächsten Augenblick gegen die Felswände schleudert. Vor Ort wirken die Surfer im Meer eher wie kleine Punkte, die von den Jetskis in die Welle gezogen werden, wo sie mit aller Kraft versuchen, auf dem Board zu bleiben.

Es geht eine rätselhafte Anziehungskraft von diesem Ort aus, der Adrenalinjunkies aus aller Welt anlockt. Da gibt es die Dauergäste und solche, die während der Saison mehrmals für kurze Zeit herkommen. Manche kommen auch nur einmal, weil sie sehen wollen, was an dem ganzen Hype dran ist, und tauchen dann nie wieder auf. Für einige wird Nazaré während der Saison oder gar auf Lebenszeit zur Heimat.

Eines haben alle gemeinsam: Sie wollen die höchste Welle aller Zeiten surfen und hinterher noch am Leben sein.

Andrew Cotton ist gelernter Installateur und war einer der Ersten, die zum Surfen nach Nazaré kamen. Er stammt aus North Devon, Großbritannien. Manchmal scheint er sich selbst zu wundern, dass er noch immer hier ist – und dass er es überhaupt hierhergeschafft hat. Er hat viel von seiner Lebenszeit in diesen Surfspot investiert und viel zurückbekommen. Obwohl er sich mit seinen 42 Jahren in einer Community von überwiegend jungen Leuten durch sein Alter abhebt, denkt er nicht ans Kürzertreten oder Aufhören. Der Appetit aufs Big-Wave-Surfen ist ihm noch nicht vergangen, wenngleich er inzwischen wählerisch ist, was den richtigen Zeitpunkt angeht. Von Oktober bis März – so lange dauert die Big-Wave-Saison in Portugal – lebt er die meiste Zeit in Nazaré. Die Unterbringung variiert von Jahr zu Jahr – mal ist es, wie in diesem Jahr, eine Villa mit Blick auf die Brandung, aber es kann auch ein Wohnmobil oder das CAR-Surf [Abk. für Centro de Alto Rendimento de Surf] sein, das gut ausgestattete Leistungszentrum am Waldrand, wo die Surfer in Schlafräumen mit Etagenbetten übernachten können. Welche Unterbringungsvariante er wählt, richtet sich meist danach, welches Budget ihm für die betreffende Saison zur Verfügung steht, das heißt, wie viel Geld er von den verschiedenen Sponsoren einwerben konnte.

Wo auch immer er sein Haupt zur Ruhe bettet, er ist schon so lange immer wieder Gast in Nazaré, dass er sich die portugiesische Staatsbürgerschaft verdient hätte. Sechs Monate im Jahr ist der Ort sein Lebensmittelpunkt, wobei er sich gelegentlich eine Auszeit von dem Tollhaus nimmt, das

Nazaré sein kann. Das liegt nicht nur an Mutter Natur, sondern auch an den starken Egos, mit denen er hier Tag für Tag wetteifert. Dann zieht es ihn für einen Kurzaufenthalt nach Südwestengland, wo seine beiden Kinder mit seiner Ex-Frau leben. Oder er fährt an die irische Westküste, wo er sich als Big-Wave-Surfer zum ersten Mal einen Namen machte und die für ihn bis heute ein Zufluchtsort ist, an dem er seiner Leidenschaft nachgehen kann und alles noch auf das Wesentliche reduziert ist. Und er hat noch ein weiteres zweites Zuhause: die französischen Alpen, wo seine Freundin wohnt.

Maya Gabeira lebt im Gegensatz zu Andrew Cotton das ganze Jahr über hier – und vielleicht für immer. Die Brasilianerin ist eine Wegbereiterin für die Frauen im Surfsport und war die erste Big-Wave-Surferin, die weltweit bekannt wurde. Sie musste viel einstecken – nicht nur von den Elementen, sondern auch von einigen Kollegen. Sie war Sexismus und verbalen Angriffen ausgesetzt, biss sich aber auf ihre Weise durch und hat die Tür aufgestoßen für die Surferinnen von morgen, die sich bis an die Spitze des Surfsports vorarbeiten konnten. Surferinnen wie Justine Dupont stehen den Männern in nichts mehr nach und beweisen: Der steinige Weg, den Gabeira gehen musste, um dorthin zu gelangen, wo sie heute steht, hat sich gelohnt.

In den Wellen von Nazaré ist sie dem Tod schon mehr als einmal von der Schippe gesprungen. Doch sie gab niemals auf, sondern kämpfte sich immer wieder zurück. Über Jahre rang sie mit den körperlichen und seelischen Folgen eines dramatischen Sturzes mit Nahtoderfahrung, der unter anderem mehrere Rückenoperationen nach sich zog, und griff schließlich erneut an. Für sie hat Nazaré eine Magie, die sich nicht erklären lässt und so stark ist, dass sie den eng vernetzten Familienverband in ihrer brasilianischen Heimat zurückließ und sich hier ein Haus kaufte – paradiesisch gelegen im Hügelland, zehn Autominuten von dem Hafen entfernt, von dem aus die Surfer auf ihren Jetskis zum Wellenreiten aufbrechen. Hier lebt sie relativ abgeschieden mit ihren zwei Hunden, zwei Ziegen und den streunenden Katzen, die gelegentlich vorbeischauen, im Übrigen aber die Bäume außerhalb des Grundstücks als Wohnort vorziehen.

Dass sie und der deutsche Surfer Sebastian Steudtner seit Jahren auf dem Wasser als Team zusammenarbeiten, dürfte der Theorie nach gar nicht funktionieren, aber das Gegenteil ist der Fall. Sie sind nicht so verschieden wie Tag und Nacht, haben aber sehr unterschiedliche Herangehensweisen. Auch Gabeira überlässt nichts dem Zufall, aber sie geht die Sache nicht ganz so methodisch an wie Steudtner. Auf dem Wasser ergänzen die beiden sich wie Yin und Yang und die Zusammenarbeit läuft reibungslos. In manchen Punkten gehen ihre Meinungen weit auseinander, aber es verbindet sie, dass beide oft gerne allein agieren – und dass beide in Nazaré gelegentlich Außenseiter sind.

Der Deutsche ist so etwas wie ein Surfwissenschaftler. Viele sehen in diesem Sport ein Kräftemessen zwischen Surfer und Board auf der einen und der Natur auf der anderen Seite. Steudtner hingegen ist permanent auf der Suche nach Optimierungsmöglichkeiten und lässt dabei nichts unversucht. Er nutzt den Windkanal im Entwicklungszentrum von Porsche, einem seiner Sponsoren, und ließ mit Unterstützung von Technologiepartner Siemens einen Ganzkörperabguss von sich anfertigen, um bis in die kleinsten Feinheiten nachzuvollziehen, wie sich sein Körper verhält, wenn die Elemente auf ihn einwirken. Steudtner ist in Nürnberg aufgewachsen, das bekanntlich mitten im Binnenland liegt und kilometerweit von jedem offenen Gewässer entfernt ist. Sein innovativer Geist unterscheidet ihn grundlegend von seinen Mitstreitern. Das beginnt bei der Nutzung von neuesten Erkenntnissen aus der Wissenschaft und reicht bis zur Verpflichtung eines Bundeswehrarztes, der sonst Patienten aus ganz anderen Kampfgebieten betreut. Hinzu kommt, dass Steudtner mehr für mehr Sicherheit in den portugiesischen Gewässern tut als jeder andere. Auch wenn er dies von sich weisen würde: Es gibt Surfer, die ihm und den von ihm angestoßenen Sicherheitsmaßnahmen ihr Leben verdanken. Darüber hinaus gehört er zu den Besten der Big-Wave-Szene und hat die höchsten Wellen weltweit gesurft – und zwar auf den anspruchsvollsten Routen. Trotzdem wirkt er, ähnlich wie Gabeira, manchmal wie ein Fremdling in dieser kleinen Gemeinschaft.

Auf Nic von Rupp lasten die Erwartungen seines Heimatlands. Er kam nur wenige Kilometer von Nazaré zur Welt, wuchs an Portugals Westküste auf und gehört zu den großen einheimischen Big-Wave-Talenten. Er hat sich einen Namen gemacht als einer der Besten nicht nur in Portugal, sondern weltweit. Er ist stolz auf seine Wurzeln und darauf, dass er daran mitwirkt, sein Heimatland als Mekka des Big-Wave-Surfens zu etablieren. Gemeinsam mit dem Tourismusverband macht er Werbung für Portugal und will noch mehr Menschen dafür gewinnen, ihm und seinen Kolleginnen und Kollegen zuzuschauen, wenn sie in Aktion treten. In seinen Anfängen war von Rupp Paddlesurfer, also ein Surfer, der sich selbst in die großen Wellen hineinpaddelt. Das

Tow-in-Surfen, mit dem sich die Sportler auch in Megawellen hineinwagen können, lehnte er zunächst ab. Der Unterschied zwischen Paddlesurfen und Tow-in-Surfen ist seiner Meinung nach mit dem zwischen einer Tour de France auf dem Motorrad und einer Tour de France auf dem Rennrad vergleichbar. Heute wechselt Nic von Rupp zwischen beiden Varianten hin und her. Bei ruhigerer See paddelt er, bei höherem Wellengang lässt er sich ziehen. Denn auch er weiß, dass man die rekordverdächtigen Monsterwellen nur surfen kann, wenn man sich von einem Jetski hineinziehen lässt.

Was ihn und seine Konkurrenten antreibt, ist ein Rekord, der nach einhelliger Meinung noch niemandem gelungen ist: die sagenumwobene 100-Fuß-Welle (das entspricht etwa 30,5 Metern). Das ist die Zielmarke und der Erwartungshorizont für die Saison, die gerade begonnen hat. Kameras verfolgen jede Bewegung von Nic von Rupp, Andrew Cotton und einigen anderen für eine HBO-Doku, die das Ziel im Titel trägt: *100 Foot Wave*. Die Doku dreht sich vor allem um den Mann, der sich als Erster in die Megawellen von Nazaré gewagt hat, Garrett McNamara, und begleitet dann verschiedene Big-Wave-Surfer von Saison zu Saison.

In Nazaré arbeiten die Surfer in Teams. Ab einer bestimmten Höhe ist es unmöglich, bäuchlings auf dem Surfbrett in die Welle zu paddeln. Dann hilft nur noch der Jetski. Dadurch entsteht zusätzliches Gefahrenpotenzial, weil etliche schwere Fahrzeuge und Motoren durch das Wasser pflügen und dabei nicht nur den Riesenwellen, sondern auch den darin trudelnden Surfern ausweichen müssen. Surfer und Jetskifahrer wechseln sich auf dem Wasser immer wieder ab und ziehen sich gegenseitig mit einem am Heck des Fahrzeugs befestigten Schleppseil in die Wellen.

Von Rupps ständiger Partner ist Sérgio Cosme. Zwischen den beiden herrscht manchmal ein ziemlich rauer Ton, aber die anderen wissen inzwischen, dass das ihre Art ist, miteinander umzugehen, und eine brüderliche Liebe sie verbindet.

Cosme ist Portugiese und ebenfalls Big-Wave-Surfer, betreibt den Sport aber nicht mehr so intensiv. Das liegt zum Teil an einer Verletzung und zum Teil daran, dass in diesem verschworenen Haufen seine andere Fähigkeit stärker gefragt ist: Heute ist Cosme vor allem als einer der besten Jetskifahrer in Nazaré bekannt, der Surfer wie von Rupp in die Wellen bringt oder aber zum Lebensretter wird, in Situationen, die aus dem Ruder laufen. Ähnlich wie Steudtner hat auch er als Schutzengel von Nazaré vielen das Leben gerettet und ist sich dessen bewusst. Trotzdem sitzt ihm ständig der Gedanke im Nacken, dass eines Tages eine Tragödie passieren könnte und er womöglich nicht rechtzeitig zur Stelle ist, um ein Mitglied der bunten Surfercommunity zu retten. Das hindert ihn aber nicht, mit ansteckendem Optimismus in jeden Tag zu starten – ein Adrenalinjunkie, der genauso gern auf einem der Bikes aus seiner Motorradsammlung unterwegs ist wie auf dem Wasser, auf dem ihm allerdings ganz andere PS-Zahlen zur Verfügung stehen.

Von Rupp war derjenige, der mir das Tor zur Big-Wave-Szene von Nazaré öffnete. Wir lernten uns kennen, als ich mit meiner Familie in einem Ferienhaus auf dem Grundstück seiner Eltern Urlaub machte. Von Rupp fuhr mit mir ans Meer, wo ich die Megawellen zum ersten Mal mit eigenen Augen sah, und machte mich mit dem einen oder anderen namhaften Big-Wave-Surfer bekannt. Die Community pflegt eine Politik der offenen Tür. Auch wenn alle sehr eingespannt sind, nimmt sich jeder Zeit, um über seine Passion zu sprechen, die auf die meisten Außenstehenden einerseits wie der helle Wahnsinn wirkt, andererseits eine magische Anziehungskraft ausübt.

Mir wurde das Glück zuteil, über eine ganze Saison – die Saison 2021/22 – einer dieser Zuschauer zu sein. Ich wollte herausfinden, was diese Besessenen antreibt, und wurde mit offenen Armen aufgenommen. Ich durfte auf dem Jetski hinaus in die Wellenberge mitfahren und die Surfer zu Hause besuchen, wo ich oft großzügig bewirtet wurde. Das Quintett, das ich für dieses Buch begleitet habe, besteht aus fünf Helden an einem Ort, an dem es viele Helden gibt, die eines verbindet: Sie alle begreifen sich als Teil einer verschworenen Gemeinschaft, die versucht, sich buchstäblich und finanziell über Wasser zu halten und, was noch wichtiger ist, von einem Tag auf den anderen zu überleben. Im Laufe der Saison werden sich ihre Wege vielfach kreuzen – mal im Guten, mal im Schlechten.

WILLKOMMEN IN NAZARÉ

Über einer ramponierten Asphaltstraße, die durch eine kleine rot-weiße Automatikschranke für den normalen Verkehr gesperrt ist, hängt ein schlichtes schwarzes Schild, auf dem in weißen Buchstaben steht: „Bem-vindo às maiores ondas do mundo", „Willkommen bei den höchsten Wellen der Welt". Auf beiden Seiten der Schranke schlendern vom frühen Morgengrauen bis zum letzten Sonnenstrahl Menschen zu dem markanten Fort hinüber, das seit 1577 felsenfest an seiner Stelle steht und in dem ein Gästebuch ausliegt, in das sich laut der letzten Zählung Menschen aus 120 Ländern eingetragen haben. Erbaut wurde es von König Sebastian I., der auf diese Weise die Fischer und Schiffbauer in der Stadt vor den zunehmenden Überfällen durch Piraten schützen wollte. Die gespannte Erwartung unter den Tagesausflüglern ist mit Händen zu greifen. Alle hoffen, einen Blick auf die tollkühnen Adrenalinjunkies zu erhaschen, die hier an Tagen mit hohem Wellengang den Big Waves die Stirn bieten. Jeder, der zum ersten Mal nach Nazaré kommt, sieht allein an dem Menschenauflauf, dass er hier richtig ist.

Wer im Laufe einer Saison diesen Gang einige Hundert Male absolviert, kann den Eindruck gewinnen, der Ort und die Menschen seien in einer Art Zeitschleife gefangen, in der sich ein und derselbe Moment immer wieder wiederholt: Auf einem Grasfleck oberhalb der Straße spielt der Musiker Claudio Teixeira, besser bekannt als Zuko Nature, untermalt vom Meeresrauschen, seine sphärisch klingenden Melodien. Immer die gleichen Händler versuchen, den Touristen surfbrettförmige Schlüsselanhänger, Nazaré-T-Shirts und Schmuck zu verkaufen. Nur hundert Meter weiter, die Straße hinauf, lenkt ein Obdachloser in der Hoffnung auf ein kleines Trinkgeld mit großer Hingabe den Verkehr auf die wenigen verfügbaren Parkplätze. Um ihn herum versuchen Frauen, die nach alter Tradition sieben Röcke übereinander tragen, die Passanten auf den Hauptplatz von Sítio da Nazaré zu locken, wo sie an Ständen Nüsse feilbieten. An den Häusern rund um den kopfsteingepflasterten Platz blättert unter der Dauereinwirkung der salzigen Seeluft die Farbe ab. Pünktlich zu jeder vollen Stunde ertönt die Glocke der katholischen Kirche Santuário de Nossa Senhora da Nazaré, die im 14. Jahrhundert auf Geheiß eines anderen portugiesischen Königs, Ferdinand I., erbaut wurde.

Die Sehenswürdigkeiten und die Geräuschkulisse auf dem Weg zum Leuchtturm auf der Festung sind immer gleich, aber das, was sich unten auf dem Wasser abspielt, ist jedes Mal anders. Wenn an ruhigen Tagen die Besucher bergauf und bergab strömen, obwohl auf dem Wasser nicht viel los ist, und auf der unbewegten blauen Wasserfläche vor dem Praia do Norte, dem „Nordstrand" der Stadt, das Sonnenlicht glitzert, kann man sich kaum vorstellen, dass es hier jene Riesenwellen geben soll, die Nazaré berühmt gemacht haben. Doch so seelenruhig das Meer manchmal daliegt, an anderen Tagen wird es von unfassbaren Kräften aufgewühlt und verwandelt sich in einen Abenteuerspielplatz für eine kleine, aber stetig wachsende Zahl von Surferinnen und Surfern aus aller Welt – aus Portugal und Brasilien, von der Küste von

North Devon im Südwesten Englands und den Stränden im Norden Hawaiis.

Auf den außenstehenden Betrachter macht das Ganze den Eindruck eines organisierten Chaos. Zu beiden Seiten der asphaltierten Straße, auf der ein Tuk-Tuk-Service Tagesausflügler befördert, die nicht so gut zu Fuß sind, erheben sich rote Lehmklippen. Ausgewiesene Zuschauerplätze oder eine Aussichtsplattform gibt es, vom Dach des Forts abgesehen, nicht. An Big-Wave-Tagen stehen die Menschen dicht gedrängt auf dem einen Felssporn, den Wind und Wetter erodieren. Die Schlichtheit der Umgebung passt irgendwie zu dem Naturschauspiel, das die Wellen in der darunterliegenden Wasserlandschaft aufführen. So manches ist in Nazaré so einfach wie möglich gehalten. Obwohl in den heißen Sommermonaten eine wahre Blechlawine durch die Stadt rollt und seit einiger Zeit auch im Winter Besucher anreisen, um dieses Stück Meer zu erkunden, gibt es keine einzige Verkehrsampel. In einiger Entfernung von dem bröckelnden Felsplateau stehen einige Windräder und drehen sich in den oft stürmischen Winden, die über den beinahe westlichsten Punkt Europas hinwegfegen.

Auf dem Wasser führen Surfer und Jetskifahrer eine Art Ballett mit spiegelbildlichen Bewegungsabläufen auf, wobei der Jetskifahrer den Surfer zunächst in die Welle zieht und dann in den Bergungsmodus wechselt, um ihn wieder aufzunehmen. Die Choreografen dieses Wasserballetts sind die sogenannten Spotter, die mit ihren Funkgeräten oben auf der Klippe stehen, etwas abseits der Schaulustigen. Die Surfer tragen unter dem Neoprenanzug eine Auftriebsweste, die sich im Notfall mit Luft füllt, und dazu eine Neoprenhaube und Surfschuhe zum

Schutz vor den kalten Temperaturen im Atlantik. Die Jetskis schaukeln auf dem Rücken der Wellen auf und ab und warten darauf, an die Reihe zu kommen.

Auf unerklärliche Weise ziehen die Wellen alle in ihren Bann. Die Surfer, aber auch die Zuschauer, die sich nicht sattsehen können. Bei jedem Besuch spürt man eine gespannte Vorfreude auf das, was der Tag bringen mag, sowie eine gewisse Ehrfurcht vor der Natur – und vor dem verwegenen Haufen von Surfern aus aller Welt, die hier gemeinsam ihrer Obsession nachgehen. Das Ganze hat etwas von den überdeutlichen Vorgängen bei einer Pantomime: Erwischt ein Surfer eine Monsterwelle genau richtig, bricht die Menge in lauten Jubel aus; wenn es danebengeht und ein Surfer im gewaltigen Weißwasserfeld verschwindet, sind „Oohs" und „Aahs" zu hören; wenn der Wellenreiter endlich wieder auftaucht und von einem Jetski aufgenommen wird, erklingt erneut großer Jubel.

Seit der Saison 2021/22 sind die Surfer dazu übergegangen, sich am Ende jeder Session unterhalb der Klippe zu versammeln und den Zuschauern zu danken, indem sie ihnen nach oben zuwinken wie moderne Gladiatoren. Manche kehren auf dem Jetski unversehrt in den Hafen zurück, andere müssen mit dem Krankenwagen abtransportiert werden, wieder andere werden am weitläufigen Nordstrand angespült, der nur allzu oft zum rettenden Ufer für die atemlosen, von den Riesenwellen verschluckten und wieder ausgespuckten Surfer wird. Dass die Surfer diesen Tanz während der Big-Wave-Saison jeden Tag aufs Neue wagen, ist eine unglaubliche Leistung. Sogar an Land vibriert der Boden wie bei einem kleinen Erdbeben, das Tosen der Brandung ist in ganz Nazaré fast überall zu hören, und die Wucht der aufspritzenden Gischt ist so stark, dass sie einem noch in einiger Entfernung vom Klippenrand ins Gesicht schlägt.

Willkommen in Nazaré!

EIN OZEAN VOLLER GEFAHREN

Bevor die Surfer hierherkamen, waren die Fischer die Einzigen, die sich in Nazaré aufs Meer trauten. Noch heute befahren einige stolze Angehörige dieser Zunft mit ihren Trawlern die Gewässer. Zum ersten Mal urkundlich erwähnt wird der Fischfang in Nazaré im Jahr 1643. Dort, wo sich längs des Hauptstrands ein Großteil des heutigen Stadtgebiets erstreckt, waren früher Sanddünen, die später zum Siedlungsgebiet wurden. Überall in der Stadt findet man Anzeichen dafür, dass das Meer hier eine zentrale Rolle spielt: etliche Standbilder, aber auch Restaurants und die vielen Malereien an den Hauswänden. Am Hauptstrand sind eine Reihe bunter, alter Fischerboote aufgestellt. Noch während des gesamten 20. Jahrhunderts lebten fast alle Bewohner der Stadt von der Fischerei, so gefahrvoll sie auch war. Früher zogen die Fischer ihre Boote bei Wind und Wetter unter großen Anstrengungen selbst vom Strand ins Wasser und wieder zurück an Land. Der in den 1980er-Jahren angelegte Hafen sorgte für deutlich mehr Sicherheit und verminderte die Gefahren für Leib und Leben.

Auch wirtschaftlich war der Hafen eine Notwendigkeit. Ohne ihn war der Fischfang kaum rentabel, viele Fischer zogen in andere Küstenorte, zum Beispiel in das einige Kilometer südlich gelegene Peniche, oder viel weiter weg ins kanadische Neufundland, um dort ihr Glück in der Kabeljaufischerei zu suchen. Für diejenigen, die in Nazaré blieben, war es ein täglicher Kampf ums Auskommen und ums Überleben.

Noch heute zeugt manches von den Gefahren, mit denen die Bewohner von Nazaré lange leben mussten. Einige der älteren Frauen kleiden sich noch immer von Kopf bis Fuß in Schwarz zum Zeichen der Trauer um einen Ehemann oder Sohn, der den Fluten zum Opfer fiel. Und einige der restaurierten Boote am Strand haben eine tragische Geschichte. Die Sol da Vida wurde der Stadt von der Familie von José Manuel Limpinho Salsinha geschenkt. Der 1946 geborene Salsinha ging in jungen Jahren unter die Kabeljaufischer, bis er sich auf andere Fischarten verlegte und den Beinamen „Zackenbarschkönig" erwarb. 2011 kam er im Alter von 64 Jahren ums Leben, als er mit einem anderen Schiff, der Bruna, auf hoher See kenterte. Neben der Sol da Vida stehen die Rettungsboote. Das berühmteste ist wohl die 1912 gebaute Nossa Senhora dos Aflitos (dt. „Unsere Liebe Frau der Bedrängten"), die 65 Jahre lang in städtischen Diensten stand. 1914 konnte die Besatzung dieses Rettungsboots von 21 in Seenot geratenen Fischern alle bis auf zwei retten. Direkt vor den Rettungsbooten steht an der Promenade die Statue der Mãe Nazarena, der „Mutter von Nazaré". Sie trägt ein Kind auf dem Arm, ein zweites schmiegt sich an ihre Seite; auf dem Kopf balanciert die Figur eine reliefartige Darstellung der Felsklippen und der Stadt – sie wacht symbolisch über das Meer und über die Kinder der Stadt.

Zur Fischertracht, die bei festlichen Anlässen noch heute gelegentlich getragen wird, gehören ein kariertes Hemd und eine Hose mit breitem schwarzem Bund. Die traditionelle Kleidung der Frauen besteht aus den erwähnten sieben übereinander getragenen Röcken, wobei der oberste großzügig mit Stickereien verziert ist. Die Nussverkäuferinnen in Sítio oder am Hauptstrand zeigen sich bis heute in dieser Tracht. Über die Entstehung der Sieben-Röcke-Tradition in Nazaré gibt es verschiedene Theorien. Die einen sagen, die Röcke stünden für die Farben des Regenbogens, für die Wochentage oder auch für sieben Wellen, die in Nazaré erst auflaufen müssen, bevor die Wasserfläche sich glättet. Andere behaupten, die Röcke sollten die Frauen warm halten, wenn sie in den kalten Wintern ihren Männern nach dem Fischzug zur Hand gingen, und dienten als schlichte Alltagskleidung für die Zeit, in der die Ehemänner draußen auf See waren.

Fisch ist in Nazaré das Hauptnahrungsmittel. Das ganze Jahr über liegen an sonnigen Tagen vor allem Sardinen und Makrelen auf holzgerahmten Grillrosten zum Trocknen aus. Die traditionelle Delikatesse verströmt einen durchdringenden Geruch und wird meist von älteren einheimischen Frauen feilgeboten – ebenfalls in folkloristischem Gewand. Das Trocknen in der Sonne ist ein Prozess in mehreren Schritten und wird heute am Strand erledigt; früher fand es auf dem nahe gelegenen Fischmarkt statt, der heute ein Museum ist. Die frischen Fische werden ausgenommen, mit Salzwasser abgespült, halbiert und unterschiedlich lange in einer Salzlake gepökelt. Anschließend legt man sie zum Trocknen aus – manche nur für drei Stunden, andere für drei Tage. Diese Konservierungsmethode wurde von Generation zu Generation weitergegeben und war in früheren Zeiten Aufgabe der Frauen. In den vielen Restaurants am Hauptstrand und in den verschlungenen Gassen der Stadt gibt es traditionelle Fischgerichte in allen Variationen. Die gängigsten Kreationen sind wohl der *caldeirada*, ein Fischeintopf, und eine Fischsuppe mit Nudeln, die *massada de peixe* heißt. Auf den meisten Speisekarten findet sich außerdem fangfrischer Fisch aus der Region, im Ganzen gegrillt. Auch die Reisgerichte *arroz de marisco* und *arroz de tamboril* gehören zum Standard – das eine mit Meeresfrüchten, das andere mit Seeteufel.

Die Zahl der Fischer in Portugal ist rückläufig. 2010 gab es immerhin noch 16 920. 2019 waren es nur noch 14 617. Diese Entwicklung macht sich auch in Nazaré bemerkbar. Einer von denen, die dem Beruf treu geblieben sind, ist Joaquim Zarro. Die Nachbarn links und rechts von seiner Garage Nr. 86 am Hafen sind entweder auch Fischer oder Surfer. Nachdem die Sardinensaison für dieses Jahr vorbei ist, bessert er nun mit seiner Crew, zu der auch sein Adoptivsohn Joshua gehört, die Netze aus, während im Hintergrund das Radio läuft. Die Bilder an den Wänden zeigen Zarros Eltern (der Vater war ebenfalls Fischer), Jesus beim letzten Abendmahl und noch etwas, das Zarro verehrt (als Buße für seine Sünden): die Fußballmannschaft von Benfica Lissabon. Der vor Energie sprudelnde Mann hatte sogar schon einmal einen Auftritt in Gordon Ramsays Fernsehserie *Kulinarische Abenteuer*, in der er den britischen Starkoch zum Fischen mit aufs Meer nahm und anschließend mit ihm den Fang zubereitete. Zarros beide Boote liegen nur fünfzig Meter von hier im Hafen. Sie heißen Companheiro de Deus (dt. „Gefährte Gottes“) und Deus e Pesca (dt. „Gott und Fischerei“) und passen mit diesen Namen gut zu den anderen Booten im Hafen. Die Namensgebung macht deutlich, dass für die Fischerzunft in Nazaré die Religion einen hohen Stellenwert hat. Dass die Fischer allesamt Katholiken seien, witzelt Zarro, liege daran, dass „sie ja an irgendetwas glauben müssen“, wenn sie Tag für Tag auf das sturmgepeitschte Meer hinausfahren.

Zarros Name ist so portugiesisch wie sein Aussehen, aber er spricht ein nahezu perfektes Englisch mit einem ungewöhnlich starken Bolton-Akzent, der für einen Teil der britischen Grafschaft Lancashire typisch ist. Kein Wunder, betrieb er doch im Nordwesten Englands diverse Pubs. Sein Elexier jedoch ist das Meer. Das liegt in seinen Genen. Sein Urgroßvater, der sein Leben auf See ließ, war Fischer. Zarro selbst arbeitete fünfeinhalb Jahre lang für die Kreuzfahrtreederei Princess Cruises. „Da habe ich alles gemacht – von Klo putzen bis kellnern“, erinnert er sich stolz. In dieser Zeit lernte er auch sein Mädchen kennen, Andrea die „Barfrau aus Bolton“, wie er sie nennt. Sie waren auf Anhieb ein Herz und eine Seele. Nach drei gemeinsam absolvierten Kreuzfahrten beschlossen sie, sich in Portugal niederzulassen und dort eine Kneipe aufzumachen. Als sie damit keinen Erfolg hatten und nicht wussten, wie es weitergehen sollte, fuhr er nach England, in die Gegend von Lancashire, um sich dort umzuschauen. Nach zwei Tagen meldete er sich bei seiner Freundin, dass er wieder nach Hause komme, er verstehe kein Wort. „Die Amerikaner in den Spielfilmen redeten immer klar und deutlich.“ Andrea schärfte ihrer Familie ein: Redet bitte ordentliches Englisch mit Zarro. „Inzwischen spreche ich ebenfalls mit diesem Bolton-Aktzent“, sagt er und lacht.

Letztlich fand Zarro im nordenglischen Pub-Gewerbe einen Job als Problemlöser – für vier Wirtshäuser der Kneipenkette Tetley. Doch der Ruf der Gewässer von Nazaré, der auf so viele eine hypnotische Wirkung ausübt, lockte ihn wieder in die Heimat. Dort machte er mit Andrea eine Kombination aus Kneipe und Restaurant auf. Nahe am Meer zu sein und Essen aus dem Meer zu servieren, war ihm jedoch nicht genug. Ihn reizte die Rückkehr zur Fischerei. „Das liegt mir im Blut, in meiner Familie waren alle Fischer." In gespannter Vorfreude besprachen die beiden seine Pläne, ein Boot zu kaufen. Als sie wenige Monate nach ihrer Rückkehr nach Nazaré eines frühen Sonntagmorgens am Hauptstrand der Stadt entlangspazierten, wurde Andrea von einer Monsterwelle ins Meer gespült. Zarro sprang ins Wasser, um sie zu retten. „Sie liebte das Meer und den Sand. An diesem Morgen war die See ungefähr so …", er zeigt dabei auf den Boden, um deutlich zu machen: Das Wasser war harmlos und flach wie ein Brett. „Die Welle kam aus dem Nichts. Sie türmte sich auf und riss sie mit sich. Eine portugiesische Redensart lautet: Was das Meer will, holt es sich." Sein Rettungsversuch war vergeblich. Knapp 25 Kilometer weiter südlich in Richtung Peniche – ebenfalls ein bekannter Surfspot – wurde zehn Tage später ihre Leiche an Land gespült. „Seitdem bin ich ein anderer Mensch", sagt Zarro. Tränen steigen ihm in die Augen. „Das Restaurant hatten wir gekauft. Ich hatte ein Vermögen investiert und machte durch die Betriebsschließung einen Riesenverlust. Aber das war mir in dieser Situation egal. Wenig später wachte ich eines Morgens auf, ging los und kaufte mir ein Boot."

Heute beschäftigt er zwölf Mitarbeiter. Der jüngste ist der 21-jährige Joshua, der älteste ist 73, fährt aber nicht mehr mit hinaus. Seitdem er im vergangenen Jahr über Bord ging und dem Tod nur knapp von der Schippe sprang, hat er den seefahrerischen Teil seiner Fischerlaufbahn beendet und arbeitet heute nur noch an Land. Zarro fängt hauptsächlich Sardinen, Makrelen und Sardellen. Die finanzielle Ausbeute wird am Ende jeder Fischfangwoche unter den zwölf aufgeteilt. Er weiß, wie schwer es ist, genug zu fangen, um die Familien seiner Crewmitglieder zu ernähren. Trotz des Drucks und der Gefahren sagt Zarro:

> „Es gibt nicht viele, die das sagen, aber ich liebe meine Arbeit. Es geht nicht nur darum, dass ich gerne Käpt'n bin – ich liebe es, auf See zu sein. Bei meinem Sohn ist das genauso. Wenn der sich auf dem Meer ein Haus bauen könnte, würde er das sofort machen! Aber es ist ein hartes Geschäft. Viele Leute sehen den Fisch auf ihrem Teller und ahnen gar nicht, welche Mühen der Fischer dafür auf sich genommen hat. Das gilt für die Wellenreiter genauso. Schau dir diesen McNamara an – ich ziehe meinen Hut vor ihm, denn er hatte als Erster den Mumm. Die Wellen gab es ja schon lange vorher. Und er bleibt am Ball, obwohl einem angst und bange wird. Das verdient Anerkennung. Ich habe keine Angst vor dem Meer, aber sehr wohl Respekt."

Joe – das war Zarros Spitzname in Bolton – betont, dass Fischer wie er und Surfer wie McNamara gut miteinander können. Oft beschränkt sich ihr Austausch auf ein beiläufiges „Hallo" oder auf das Ausleihen von Werkzeug für eine eilige Jetskireparatur. Aber was sie eint, ist das Kopfschütteln, dass sie bei vielen ernten, wenn die sehen, was beide, Fischer und Surfer, hier treiben – an einem Ort, der schon so viele Tragödien auf dem Wasser erlebt hat. „Wir alle – ob Surfer oder Fischer – müssen Respekt vor dem Meer haben. Es kann ruhig sein, es kann stürmisch sein, aber das Meer ist das Meer und verlangt immer Respekt. Ich weiß, was das Meer anrichten kann. Die Surfer sind verrückt: Die gehen da raus und spielen mit den Wellen. Sie könnten stürzen und sich den Hals oder das Rückgrat brechen – aber das ist ihnen egal." Einmal hat auch Joshua das Fischernetz gegen ein Surfbrett getauscht. Das war allerdings eine einmalige Aktion für eine portugiesische Kaffeereklame. Ob es ihn lockt, sich noch einmal in die Wellen zu stürzen? Die Antwort ist ein entschiedenes Kopfschütteln.

Die Tragödie, die Teil von Zarros Lebensgeschichte ist, ist nur eine von vielen Geschichten, die das Meer von Nazaré zu erzählen hat. Jede Generation hat geliebte Menschen in den grimmigen Fluten verloren – Fischer ebenso wie Sommergäste. Unzählige Familien in der Stadt haben leidvolle Erfahrungen mit dem Meer gemacht.

WIE ALLES BEGANN

Früher surfte bei Monsterwellengang in Nazaré niemand. Die einheimischen Surfer und Bodyboarder wussten, wann das Wellenreiten zum Spiel mit dem Tod wurde. Trotzdem konnten sie es auch an solchen Tagen nicht lassen, die Straße herunter zum Leuchtturm zu gehen und auf die unbändigen Wassermassen zu schauen. Außer den Fischern, die weiter draußen auf See unterwegs waren, begab sich kein Mensch aufs Meer. Schon der Gedanke war abwegig, das Risiko einfach zu groß.

Einige der bekannten Big-Wave-Surfspots gibt es schon lange Zeit. Zu ihnen gehört Mavericks vor der nordkalifornischen Küste, wo die Wellen durch Felsformationen unter der Wasseroberfläche verstärkt werden. Der Name geht auf einen deutschen Schäferhund zurück, der einem Mitbewohner des Surfers Alex Matienzo gehörte, der dort mit seinen Freunden in späten 1960er-Jahren seine Surfversuche unternahm. Größere Bekanntheit erlangte Mavericks 1975, als dort Jeff Clark bis zu 7,5 Meter hohe Wellen surfte. 1994 verunglückte Mark Foo zwei Tage vor Weihnachten in Mavericks tödlich. Seine Leiche wurde zwei Stunden später gefunden. Er hatte eine kleine Kopfverletzung, und man vermutet, dass er ertrunken ist, weil die Leash – die Verbindungsleine, mit der sein Fuß am Board befestigt war – am Riff hängen blieb.

Ein weiterer Surfspot ist Pe'ahi an der Nordküste der Insel Maui im US-Bundesstaat Hawaii, in Surferkreisen besser bekannt als Jaws nach Steven Spielbergs Film *Der weiße Hai* (Originaltitel *Jaws*), der 1975 in die Kinos kam. Das Tempo, mit dem die Wellen sich dort verändern, erinnerte die Surfer an die Geschwindigkeit einer Haiattacke. In Pe'ahi gab es einige der größten und spektakulärsten Wellen der Surfgeschichte zu bewundern. Ebenfalls auf Hawaii liegt Waimea Bay, wo die ersten Riesenwellen schon 1957 gesurft wurden.

Der prominenteste Surfspot auf Tahiti, das zu Französisch-Polynesien gehört, ist Teahupo'o, das seit den 1960er-Jahren Surfer aus aller Welt anlockt. Wörtlich übersetzt bedeutet Teahupo'o „Ort der Totenköpfe". Dieser Name geht angeblich auf den Sohn eines ermordeten polynesischen Königs zurück, der aus Rache das Gehirn des Mörders verspeist haben soll. Teahupo'o gilt vielen als Ort mit der schwierigste Welle der Welt. Es ist bei den Olympischen Spielen von Paris 2024 Austragungsort für die Surfwettbewerbe, die übrigens erst zum zweiten Mal stattfinden.

Im Vergleich zu den genannten steckt das Big-Wave-Surfen in Nazaré noch in den Kinderschuhen, denn es begann erst 2010 und wurde zunächst von den traditionellen Surfcrews in Kalifornien, Hawaii und Tahiti belächelt. Um anerkannt und akzeptiert zu werden, musste sich die unerfahrene hiesige Surfgemeinschaft in den Anfangsjahren mächtig ins Zeug legen.

Der Erste, der die Monsterwellen von Nazaré surfte, war der Hawaiianer Garrett McNamara. Die in vielen Artikeln verbreitete Kurzfassung der Geschichte lautet so: McNamara bekommt von dem einheimischen Surfer Dino Casimiro, der im Bürgermeisteramt arbeitet, eine E-Mail mit einem angehängten Foto von den Wellen zugeschickt und macht sich sofort auf den Weg nach Nazaré, um dort zu surfen. Später stellt er hier einen neuen Weltrekord auf. Aber wie bei den meisten Geschichten dieser Art war der Weg in Wahrheit viel schwieriger und länger, und es waren deutlich viel mehr Akteure beteiligt. Trotzdem ist und bleibt McNamara der, der als Erster den Mut hatte, unter solchen Bedingungen hinauszugehen. Heute ist er die bekannteste Persönlichkeit in der Stadt. Wer mit ihm auch nur kurz durch die Straßen spaziert, bekommt schnell mit, dass er andauernd angesprochen wird – speziell von älteren Damen. Kein Zweifel: Er ist derjenige, der Nazaré bekannt gemacht hat. Seine frühen Heldentaten trugen maßgeblich dazu bei, dass sich das einst so arme Fischerdorf zu einem ganzjährigen Besuchermagneten entwickelte und wirtschaftlich aufblühte. Allerdings verdanken sowohl McNamara wie auch die Stadt den Umstand, dass sie aus der Folklore des Big-Wave-Surfens nicht mehr wegzudenken sind, nicht zuletzt einer Gruppe portugiesischer Freunde, die Mittel und Wege ersonnen, Nazaré ins Rampenlicht zu rücken und aus der Stadt eine Touristenattraktion zu machen, die weit mehr ist als ein malerisches Urlaubsziel im Sommer.

Die Rede ist von einem kleinen, eingeschworenen Team aus Mitarbeitern der Stadtverwaltung, die das Ziel und einen Plan hatten, wie sie Nazaré und seine Wellen in der Welt bekannt machen wollten. Der damalige Bürgermeister Jorge Barroso gab grünes Licht, solange die Stadtkasse nicht belastet würde. Zu dieser Gruppe gehörten zwei Paulos. Paulo Caldeira, der für eine große Eventagentur in Porto tätig war, brachte viele Ideen mit. Paulo Salvador, von McNamara „Pitbull“ getauft (der Spitzname setzte sich in der Surfercommunity durch), war bei der Stadt für den Bereich Sport zuständig. Er ist bis heute der offizielle Sicherheitsbeauftragte an Big-Wave-Tagen. Der bereits erwähnte Dino Casimiro, der gemeinsam mit Pitbull einen Surfclub am Ort gründete, übernahm die Planung (und Vorbereitung) von Events anhand der Wettervorhersage. Der Vierte im Bunde war Kameramann und Fotograf Jorge Leal, er sorgte für die bewegten und unbewegten Bilder, die die Events für die Ewigkeit festhielten.

Paulo Caldeira hörte schon als junger Bodyboarder von den „fucking crazy waves" von Nazaré. Als er mit achtzehn Jahren zum ersten Mal zu dem verlassenen Leuchtturm hinausfuhr, war das Wetter an Land und über dem Meer jedoch so stürmisch, dass er gar nicht erst aus dem Auto stieg. Er wagte sich nur an Tagen mit schwächerem Wellengang aufs Wasser. Lange bevor Caldeira und seine Freunde sich zusammentaten, hatte Nazaré bereits in kleinem Maßstab von sich reden gemacht, als dort 2001 ein europäischer Bodyboardingwettkampf ausgetragen wurde. Zwei Jahre später wurden sechs Bodyboarder zu einem Event nach Nazaré eingeladen, das sich Bodyboard Special Edition nannte. 2005, 2007 und 2009 organisierte Calderia Folgeevents unter dem gleichen Namen. Aber das Problem war: Außerhalb der Community, beim breiten Publikum, fand Bodyboarding in Portugal keinen Anklang, sodass es schwierig war, Sponsoren zu gewinnen. Um Nazaré groß herauszubringen, musste ein anderes Konzept her.

Nach und nach wurde das Team erweitert. Als Letzter kam Pedro Pisco an Bord, der ebenfalls bei der Stadt arbeitete. Mit Surfen und Eventmanagement hatte er anfänglich wenig am Hut, aber er glaubte an die Vision, Nazaré berühmt zu machen. 2009 stellte die Gruppe ein nationales Surfevent auf die Beine, das aber auch nicht recht zündete. Sie holten einen brasilianischen Geldgeber ins Boot, von dem sie dem

Vernehmen nach jedoch mehr als zehn Jahre lang keinen Cent zu sehen bekamen. Immerhin nahm der amerikanische Bodyboarder Mike Stewart eine Einladung an, kam für einen Monat her und sorgte für frischen Wind und neue Ideen.

Casimiro, Sohn eines Fischers, der sonntags aufs Meer hinausfährt und nicht vor Samstag mit einem randvoll beladenen Boot zurückkehrt, war immer schon entschlossen, auf dem Wasser einer anderen Leidenschaft nachzugehen als seine Vorfahren. Deshalb verschickte er an die Surfercommunity ein traumhaft schönes Foto von den Wellen von Nazaré mit dem Leuchtturm im Vordergrund, das fünf Jahre zuvor von Sítio aus aufgenommen worden war. McNamara war nicht der einzige Big-Wave-Surfer, der diese E-Mail bekam. Im Verteiler war unter anderem Laird Hamilton, einer der Pioniere des Tow-in-Surfens. McNamara war aber der Einzige, der ernsthaft Interesse zeigte. Zwischenzeitlich entwarfen Caldeira und Pisco das Logo für die Tourismusmarke Praia do Norte, das bis heute auf Werbetafeln und Merchandisingartikeln prangt.

Der für die Ideenentwicklung zuständige Caldeira erkannte, dass große Events nicht der Weg zum Ziel waren. Er war überzeugt: Die einzige Möglichkeit für Nazaré, sich einen Namen zu machen, bestand darin, einen Mann in die Stadt zu holen, der die ganz großen Wellen surft, ihn dabei zu filmen und zu fotografieren und diese Bilder anschließend mit der Welt zu teilen. Als die Eventagentur, bei der er beschäftigt war, 2009 pleiteging, machte Caldeira die Vision von Nazaré als Surfspot zu seinem Fulltime-Job. Es war die Geburtsstunde dessen, was später als North Canyon Project bekannt wurde. Pisco kümmerte sich um die kommunalpolitischen Belange sowie um Logistik und Sponsoren.

Bei denjenigen, die hinter dieser Erfolgsgeschichte stehen, herrscht leichter Unmut darüber, dass sie nicht die Aufmerksamkeit erhalten, die sie verdienen. Casimiro formuliert es so: „Der entscheidende Punkt ist, dass sich hier vier sehr gute Freunde zusammengetan haben und dass sich dieses Quartett sieben Tage die Woche oft bis in die frühen Morgenstunden abgerackert hat, um dieses Projekt zu verwirklichen." Dabei sind sie selbst, wie sie offen zugeben, nicht unschuldig daran, dass der McNamara-Ursprungsmythos kursiert, haben sie doch selbst frühzeitig daran mitgestrickt – an der Geschichte, dass ein einziges Foto in einer E-Mail McNamara auf die Idee brachte, aufs Geratewohl nach Nazaré zu fahren. „Es war nicht so, dass Garrett hierherkam und diesen Ort entdeckte", stellt Caldeira klar.

> „Ich weiß, es ist immer schade, eine gute Story zu ruinieren, indem man sagt, wie es wirklich war, aber die Sache lief tatsächlich anders ab. Die Vision und die Leidenschaft hatten wir schon vorher. Natürlich wären wir nie selbst auf dieser Riesenwelle gesurft. Das ist allein Garretts Verdienst, aber dass ausgerechnet er auf Dinos E-Mail geantwortet hat, war vielleicht auch für ihn ein Glücksfall. Er war interessiert, weil er ein Vollblutsurfer ist. Auf dem Wasser ist dieser Kerl nicht zu stoppen."

Ein entscheidender Punkt beim Surfen – und speziell beim Big-Wave-Surfen – ist, dass man das Revier findet, das perfekt zu einem passt. McNamara war noch auf der Suche, und in Nazaré wurde er fündig. Er beschreibt es so: „Ich war in dieser Phase meines Lebens absolut auf Abenteuer aus." Nach Unmengen E-Mails und Telefonaten zwischen dem Surfer und dem Team in Nazaré stand fest: Wenn die Portugiesen alles auf die Beine stellen, was es braucht – Jetskis, Logistik, Hotel –, kommt er und geht aufs Wasser. Also wurde alles arrangiert, Flüge wurden gebucht, und schon war der neueste Anlauf, die Welt auf Nazaré aufmerksam zu machen, in vollem Gange. Als Pitbull am Lissaboner Flughafen auf Garretts Ankunft wartete, bekam er eine SMS von ihm. Er habe es sich anders überlegt und werde doch nicht kommen. Es sah so aus, als müsse das Team wieder ganz von vorne anfangen. McNamara ließ sie noch ein paar Minuten schmoren, bis er sich wieder meldete und sie aufklärte, dass er sie auf den Arm genommen habe: Sein Anschlussflug in Frankfurt sei verspätet, er werde jedoch bald bei ihnen eintreffen. Mit diesem Auftakt war der Umgangston in der Gruppe gesetzt. An einem Tag Ende Oktober 2010 traf sich das kleine Team von der Stadtverwaltung von Nazaré mit dem Amerikaner im Hafen und führte ihm voller Stolz das Equipment vor, dass es für den ersten Tag auf dem Wasser organisiert hatte: Sie hatten die Jetskis gegen Wasserfahrzeuge mit kaputten Motoren ausgetauscht, um, als der Surfer entsetzt unter die Abdeckung schaute, in schallendes Gelächter auszubrechen. Pitbull erinnert sich: „So ging das damals ständig. Wir haben unheimlich viel gelacht." Die Chemie stimmte einfach. Jahre später zieht Caldeira den Vergleich, das Ganze sei ihm vorgekommen „wie der erste Urlaub mit deiner Frau – es passte einfach jedes Detail. Die erste Zeit mit Garrett war ein wahr gewordener Traum." Das North Canyon Project war angelaufen.

Auch McNamara denkt noch oft an den ersten Tag auf den Klippen zurück – und an den Tag der ersten Ausfahrt aufs Meer, der schon bald folgte. Bei unserer ersten Begegnung 2019 fragte ich ihn nach seinen Erinnerungen an die Anfangszeit in

Nazaré. Da er mit seiner spontanen Antwort nicht zufrieden war, schickte er mir eine ausführliche Klarstellung hinterher. Darin schrieb er:

> „Als ich versucht habe, das Gefühl zu schildern, als ich zum ersten Mal dort war, bekam ich eine Gänsehaut. Ich habe über deine Frage hinterher noch viel nachgedacht, und hier kommt die Antwort, die ich dir eigentlich hätte geben wollen. Ich bin maßlos stolz darauf, wie die Dinge sich seitdem für Portugal entwickelt haben.
>
> Ich fühle mich geehrt und bin sehr dankbar, dass Nazaré und ich zueinandergefunden haben. Es ist wie im Märchen – eine echte Liebesgeschichte. Dass ich die Eingebung hatte, Nazaré in seiner ganzen geheimnisvollen Erhabenheit erleben zu wollen, als noch kein anderer Surfer auf diese Idee kam, und dass ich so ein unglaubliches Team an meiner Seite hatte, als ich begann, mich mit diesem Ort und seinen unterschiedlichen Gesichtern vertraut zu machen, empfinde ich als echten Segen.
>
> Ich erinnere mich an viele, viele Tage, an denen ich ganz allein draußen auf dem Meer war. Keine Jetskis, kein Surfer, keine Menschenseele oben auf dem Felsen – buchstäblich niemand, nur der ungezähmte Ozean und ich. Die letzten Jahre waren ein Traum, und es macht mich glücklich, wenn ich die Menschen aus aller Herren Länder sehe, die den Ozean und die Natur genießen, und wenn ich sehe, was die Entdeckung dieses Surfspots für Nazaré und für Portugal insgesamt bewirkt hat.“

REKORDBRECHER

Einige bezweifelten, dass die Gruppe mit ihren Bemühungen, die Wellen von Nazaré groß herauszubringen, Erfolg haben würde. Ja, sie waren sich sogar sicher, dass daraus nie etwas werden würde. Aber diese Leute hatten nur den Blick von außen. Die beiden Paulos, Dino und Pedro sagen, dass sie immer an den Erfolg glaubten – auch nach den Rückschlägen der frühen Jahre. Es gibt zwei Videos aus der Gründungszeit von Nazaré, die man noch heute auf YouTube anschauen kann, *The North Canyon* und *Zon North Canyon* (Zon ist ein Sponsor des Projekts). Wenn man diese Filme sieht, spürt man deutlich, was für ein eingeschworener Haufen die Männer damals waren. Viele sind bis heute eng befreundet; in der Saison 2021/22 gab es sogar ein Wiedersehenstreffen.

Am Tag vor seiner ersten Surfaktion unternahm McNamara einen Tauchgang, um zu sehen und zumindest im Ansatz zu verstehen, wie der Unterwassercanyon vor der Küste beschaffen ist. Hinterher sang er, Madonna zitierend: „like a virgin, touched for the very first time". Am nächsten Tag absolvierte er seinen ersten Wellenritt. In seiner Erinnerung war das ein Erlebnis wie „Puerto Escondido auf Speed" (Puerto Escondido ist ein Surfspot in Mexiko), bei anderer Gelegenheit nannte er es „eines der acht Weltwunder". In diesem ersten Winter joggte er als Training die Gleistrasse der Standseilbahn hoch, die im Sommer die Touristen in das höher gelegene Sítio befördert. Diese schweißtreibende

Laufstrecke steht heute nicht mehr zur Verfügung, weil das Touristenaufkommen derart zugenommen hat, dass die Bahn fast das ganze Jahr über verkehrt. Bei seinem ersten Mal im Wasser wurde McNamara nur von dem einheimischen Surfer José Gregorio begleitet, der damals nicht nur der beste, sondern mehr oder weniger der einzige portugiesische Big-Wave-Surfer war. Die Wellen waren perfekt, aber Gregorio brachte nicht die Tow-in-Erfahrung mit, auf die McNamara bei seinem regelmäßigen Partner Keali'i Mamala auf Hawaii zurückgreifen konnte. An diesem ersten Tag gab es eine Situation, in der McNamara zu nahe an den Felsen strandete. Rasch entschied er, dass er einen anderen Partner brauchte.

Etwa zeitgleich bekam McNamara eine E-Mail von Al Mennie und Andrew Cotton, die die Monsterwellen vor Irland surften. Sie luden ihn ein, zu ihnen zu stoßen. Doch es kam genau umgekehrt: Wenige Wochen nach seinem Einstieg in Nazaré lockte er die beiden mit der Verheißung eines bevorstehenden Big Swell (dt. „hohe Dünung") nach Portugal. Mennie und Cotton packten ihre Koffer und machten sich auf den Weg in den Süden. Die beiden waren in vielerlei Hinsicht ein kurioses Duo. Mennie ist in seiner nordirischen Heimat wegen seiner hünenhaften Erscheinung und seines langen roten Vollbarts unter dem Namen „Big Red" bekannt. Cotton entspricht als sonnengebleichter Blondschopf dem klassischen Surferklischee. Gemeinsam war ihnen ihr Ehrgeiz und ihr Hunger auf haushohe Wellen. Man mag bei dem Trio an die vielen schlechten Witze denken, die mit „Ein Engländer, ein Ire und ein Amerikaner ..." anfangen, doch die Chemie zwischen den dreien stimmte auf Anhieb. Was auch damit zu tun hatte, dass McNamara bereit war, die anderen von seiner Erfahrung profitieren zu lassen, während die sowohl risiko- als auch lernbereit waren.

Bei ihrer Landung am Flughafen in Lissabon am späten Abend erfuhren sie von den Leuten, die sie abholten, vor der Küste baue sich eine so massive Dünung auf, dass das Wasser wohl bis zu den Geschäften in der Stadt vordringen werde. Mennie dachte zunächst, bei der Übersetzung vom Portugiesischen ins Englische sei ein Fehler passiert – bis er am nächsten Morgen aus dem Haus trat und mit eigenen Augen sah, wie die Lage war. Im weiteren Tagesverlauf sollten in der Stadt die Wellen über die neu angelegte Mole schlagen. Als sich die Gruppe zum ersten Mal am Leuchtturm einfand, war es sechs Uhr morgens und noch dunkel. Erst nach und nach bekamen die beiden eine Vorstellung von den Größenordnungen. Dass dieser Ort anders war, merkte Mennie vor allem an den Blicken der Einheimischen, mit denen er sprach. „Du konntest in ihren Augen lesen, was sie dachten, nämlich dass das Ganze sehr gefährlich war", erinnert er sich. In dem Seegebiet, um das es ging, hatten zahllose Fischer ihr Leben gelassen. Auch McNamara wollte sichergehen, er stellte gegenüber Mennie und Cotton klar, dass sie auf eigenen Wunsch hier waren.

Auf dem Weg zum Hafen kamen sie an zwei ramponierten Jetskis vorbei, die unverkennbar vom Meer demoliert worden waren. Mennie und Cotton schauten sich an. Mennie weiß noch, was er in diesem Moment dachte: Warum sind die kaputt?! Das ist ja nicht gerade die ideale Einstimmung. Die Jetskis, die sie im Hafen vorfanden, waren jedoch neueren Datums und voll funktionstüchtig. Bevor sie ausliefen, rückten sie mit den Vehikeln eng zusammen und umarmten sich. Als sie vom Hafen aus diagonal auf das Fort und den Leuchtturm zusteuerten, sahen sie, wie die Wellen sich brachen und die Gischt hoch in die Luft geschleudert wurde. Mennie erinnert sich: „Ich hatte damals schon allerhand Erfahrung, aber solche Wellen hatte ich noch nie gesehen."

Nach ein paar Minuten rief McNamara Big Red zu, er solle sich das am Heck des Jetskis befestigte Schleppseil greifen und sich in die Welle ziehen lassen. Big Red tat, wie ihm geheißen, aber statt in der Richtung zu bleiben, in die McNamara ihn gezogen hatte, schwenkte er nach rechts auf die Klippen zu. Er erkannte schnell, wie fürchterlich das in die Hose gehen konnte, sollte er in Schwierigkeiten geraten und in unbekanntem Gebiet zu nah an die Felsen kommen. Doch als die Welle auslief, spuckte sie ihn wohlbehalten an einer Stelle aus, wo das Wasser tiefer und die Klippen weit genug entfernt waren. Sekunden später nahm McNamara ihn mit dem Jetski wieder auf. Heute ist Big Red überzeugt, dass dieser Tag den „Wendepunkt in der Erfolgsgeschichte von Nazaré" markierte. An diesem Tag wechselten die drei sich munter ab – Jetski steuern, surfen, den anderen wieder aufnehmen. Das Wichtigste dabei: Alle kehrten unversehrt in den Hafen zurück. Mennie ist sicher, dass am Abend dieses Tages alle dasselbe dachten: Das hier war der Ort, an dem sie die Chance hatten, auf der höchsten Welle der Welt zu reiten.

Mennie verbrachte insgesamt drei Saisons in Nazaré. Heute surft er lieber im weniger stark frequentierten Irland. Er meidet größere Menschenansammlungen, was in Nazaré inzwischen nicht mehr möglich ist. Als Jugendlicher besaß er eine VHS-Kassette mit dem Titel *Monster Mavericks,* die ihn komplett in Bann zog. Damals verkündete er seinem Bruder, dass er eines Tages solche Monsterwellen surfen werde. Seinem Vater sagte Mennie, damals 22 Jahre alt, in ihrem letzten Gespräch vor dessen Tod, er werde im bevorstehenden Winter nach Mavericks gehen. Er hielt Wort. Mit dem, was er in Kalifornien gelernt hatte, kehrte er zurück nach Hause und suchte Irland akribisch nach Felsformationen ab, die mit denen in Mavericks vergleichbar waren. Er kaufte sich ein Boot und wurde, wie er selbst sagt, ein Besessener. Und dann war er für ein kurzes Intermezzo von Nazaré besessen.

Mennie sieht Parallelen zu den Motorradfahrern, die bei der Isle of Man TT mit atemberaubendem Tempo unterwegs sind. Die Gegend in Nordirland, in der er aufwuchs, ist auch die Heimat der Familie Dunlop – jener Straßenrennsportdynastie, in deren Geschichte sich Ruhm und Tragik ungefähr die Waage halten. Er ist mit dem Motorradrennfahrer Michael Dunlop befreundet. Mal geht er mit ihm surfen, mal nimmt Dunlop ihn als Sozius auf seinem Motorrad mit. „Ich glaube, dass Motorradfahren gefährlicher ist als Big-Wave-Surfen", meint Mennie. „Michael sagte mal zu mir: ‚Wenn du mit 320 Stundenkilometern auf eine Kurve zufährst, musst du lebensmüde sein.' Ich bin hintendrauf bei ihm mitgefahren. Er sagte, ich solle ihn drücken, wenn er zu schnell sei. Doch ich hatte Vertrauen zu ihm. Beim Tow-in-Surfen vertraust du dem anderen auch." Noch heute gibt es Momente, in denen er Nazaré vermisst, aber nicht das Nazaré von heute, sondern das von damals.

McNamara hingegen hat an Portugals Westküste die perfekte Spielwiese für sich gefunden und ist, obwohl er Hawaii seine Heimat nennt, nie wieder wirklich weggegangen. Er hat sich schon immer auf dem Wasser wohler gefühlt als an

Land – egal wie rau die See war. Im Gegensatz zu vielen anderen Big-Wave-Surfern hat er die Rohheit der Naturelemente immer geliebt. Nach seiner Philosophie gab es nichts, was zu groß oder zu gefährlich war – er hätte jede Welle an jedem Ort gesurft. Inzwischen ist er deutlich über fünfzig und ein wenig gelassener als früher.

Damals war sein Surfappetit unersättlich. Der absolute Höhepunkt war die 24-Meter-Welle in seiner zweiten Saison in Nazaré. Das war am 1. November 2011 (oder, wie McNamara sagt, „um elf Uhr im elften Monat des elften Jahres"). Schon am Abend zuvor herrschte angespannte Vorfreude; draußen vor der Küste lag ein gigantischer Swell auf der Lauer, der in dieser Nacht aufs Festland treffen sollte. Zusammen mit Cotton, Mennie und dem Viererteam von der Stadtverwaltung hing er am Computerbildschirm und verfolgte die neuesten Wellenvorhersagen.

Mennie, der gerade zu seinem zweiten längeren Aufenthalt in Nazaré angekommen war, hatte Mühe, in den Schlaf zu finden. Mit seinen 1,96 Metern war er zu groß für das kleine Bett, das man ihm zur Verfügung gestellt hatte, obendrein war es laut. Während seine Gedanken darum kreisten, was der morgige Tag bereithalten mochte, war er zunehmend von einem gelegentlichen Klappern genervt. Zuerst dachte er, er selbst würde das Geräusch durch seine Bewegungen im Bett erzeugen. Doch das Geklapper wurde immer lauter und hartnäckiger. Irgendwann wurde ihm klar, dass es die Schlafzimmertür war, die klapperte. Und der Nachttisch klapperte ebenfalls. Die Wellen brandeten mit solcher Wucht an die Küste, dass alles schepperte. „Das war meine zweite Saison in Nazaré, aber so etwas hatte ich noch nie erlebt. Du fragst dich: Wie soll das erst morgen werden? Danach konnte ich jedenfalls nicht mehr schlafen.“ So ist das bei den Big-Wave-Verrückten: Sie zerbrechen sich bis zur Erschöpfung den Kopf über mögliche Szenarien – und wachsen dann am nächsten Tag im Adrenalinrausch über sich hinaus.

In dieser Nacht hatten die Surfer allen Grund, erschöpft zu sein, denn tagsüber war nicht alles nach Plan verlaufen. Einmal hatte McNamara Mennie mit dem Jetski aus einer Welle geholt. Er war mit Vollgas in Richtung Ufer unterwegs, als eine zweite Welle sie erwischte. Der Amerikaner war zwischen zwei sich schnell brechenden Wellen gefangen und suchte nach einem rettenden Ausweg, aber die Lippe der zweiten Welle erfasste den Jetski und schleuderte beide Männer ins Wasser. Mennie geriet kurz in Panik, das Schleppseil könne sich um seinen Hals wickeln, als er und der Jetski, wie er es später ausdrückte, „wie an den Niagarafällen in den Abgrund gerissen“ wurden. Durch den Sog wurden ihm die Surfschuhe halb von den Füßen gerissen. Als Cotton zu Hilfe kam, ließ Mennie seinem Kumpel McNamara den Vortritt und bekam noch ein paar weitere Wellen auf den Kopf, bevor auch er gerettet wurde.

Jeder von ihnen hätte am nächsten Tag den Weltrekord brechen können. Alle hatten das Zeug dazu. Doch so sind nun mal die Launen des Big-Wave-Surfens – ob du bei einer bestimmten Welle gerade an der Reihe bist, ist manchmal reine Glückssache – wobei du dann natürlich immer noch das Geschick und den Mut aufbringen musst, um dich auf dem Board zu halten. An diesem Tag war McNamara der Glückliche. Er wurde von Cotton gezogen, und über Funk meldete McNamaras damalige Freundin und heutige Frau Nicole vom Leuchtturm aus, dass drei gigantische Wellen im Anrollen waren.

Als Cotton die richtige Position erreicht hatte, löste McNamara ganz cool erst die eine und dann die zweite Hand vom Schleppseil und überließ sich dann der Welle, die sein Leben verändern sollte. Während des Wellenritts, der nur wenige Sekunden dauerte, ratterte das Board die ganze Zeit auf und ab, aber McNamara wirkte zu keinem Zeitpunkt unruhig. Während er nach links zog, baute sich hinter ihm ein Weißwasserschwall auf und trieb ihn vor sich her; es sah so aus, als wollte er sie mit seinen bloßen Händen abwimmeln, bevor er irgendwann aus der Welle herausfuhr. Im Radio berichtete er später, die Welle sei wunderschön und „ganz schön groß" gewesen.

Oben auf dem Felsplateau hatte Jorge Leal alles gefilmt und fotografiert. Während die anderen feierten, fuhr Leal eilig nach Hause und speicherte die Aufnahmen ab. Es dauerte sehr lange, bis die Welle offiziell vermessen war, aber das Interesse war von Anfang an riesig, unabhängig davon, welche Höhe man der Welle später offiziell bescheinigen würde. Am Ende wurde verkündet, dass sie 78 Fuß – knapp 24 Meter – hoch und damit höher als jede andere jemals gesurfte Welle gewesen war.

Es hätte gut sein können, dass es zu alledem nie gekommen wäre. Ursprünglich hatte das Team gar nicht vor, an diesem Tag surfen zu gehen. Doch als Cotton und Mennie im Morgengrauen auf das Meer schauten, gingen sie sofort zu McNamara und weckten ihn. Pisco verschlief die Aktion. Er muss lachen, wenn heute eine gewisse Person behauptet, das Ganze habe sich um elf Uhr abgespielt. Tatsächlich sei es sehr viel früher am Morgen gewesen. Was auch immer die genaue Uhrzeit war – nach jahrelangen Bemühungen gab es endlich, endlich einen Erfolg zu vermelden.

Da nur das kleine Team von der Sache wusste, blieb das Bildmaterial für eine Woche unter Verschluss, bevor sie es bei den Big Wave Awards einreichten und Sendeanstalten in aller Welt zur Verfügung stellten. „Wir waren in der Branche so gut wie unbekannt", erinnert sich Pisco. Aber mit einem Budget von 15 000 Euro für die erste Saison hatten sie den Rekord geknackt. Auch wenn die offizielle Bestätigung erst im Mai des folgenden Jahres erfolgte, die Geschichte wurde weltweit von allen großen Sendern wie BBC und CNN gebracht; der US-Fernsehmoderator Anderson Cooper kam sogar nach Nazaré und drehte eine Folge des Nachrichtenmagazins *60 Minutes* über McNamara. Gerade ein Jahr zuvor war Instagram an den Start gegangen, die ideale Plattform für den hawaiianischen Surfer. Perfektes Timing auf der ganzen Linie.

Von dort, wo McNamaras Wohnhaus für die Wintermonate steht, hat er die Wellen von Nazaré stets im Blick – sie sind für seine Augen das, was für die Ohren der betörende Gesang der Sirenen ist. Während wir uns unterhalten, betrachtet er die Wellen mit einem Erstaunen, als sähe er sie zum ersten Mal. Seine Liebe zu diesem Ort hat mit den Jahren nichts von ihrer Intensität verloren. Denkt er manchmal darüber nach, wo er jetzt wäre, wenn es Nazaré nicht gäbe? „Ich wäre wahrscheinlich immer noch auf der Suche nach der nächsten 30-Meter-Welle. Ich bin dankbar, dass wir diesen Ort gefunden haben. Sonst würden wir vermutlich weiter versuchen, meine perfekte Welle zu finden, und müssten aus dem Koffer leben."

Den alles andere verdrängenden Ehrgeiz, jeden Riesenbrecher surfen zu müssen, verspürt er mittlerweile nicht mehr.

Ein Grund ist, dass der Körper nicht mehr alles mitmacht. Mehrere ernsthafte Verletzungen zwangen ihn, längere Zeit zu pausieren. Manchmal gesellt er sich auf dem Felsplateau an der Steilküste zu den Spottern und schaut dem Treiben auf dem Meer zu. Gelegentlich betätigt er sich auch als Jetskifahrer und freut sich, wenn er Freunde zu den Monsterwellen bringen kann, statt diese selbst zu surfen. Nur sehr vereinzelt gibt es Tage, an denen er wie früher den großen Auftritt auf dem Surfboard sucht. Früher war er unersättlich und jagte jeder Megawelle hinterher – in welchem Land auch immer. „Wenn mir ein Big Swell durch die Lappen ging, obwohl ich das Geld und auch sonst alles Nötige hatte, um hinzufahren, war ich vollkommen deprimiert und wahrscheinlich einigermaßen selbstmordgefährdet. Von diesem Zwang haben meine Verletzungen mich in gewisser Weise befreit. Mich hatte die Big-Wave-Sucht fest im Griff, bis sie mich irgendwann wieder losließ. Ich musste immer überall vor Ort sein, um ja keine Monsterwelle zu verpassen; dafür hätte ich meinen letzten Penny gegeben oder sogar Surfbretter verkauft. Es war eben meine große Leidenschaft. Ich habe es geliebt, und ich hatte damals nicht das Gefühl, dass das zulasten der Gesundheit geht. Albern, oder?“, sagt er lachend.

Und was macht für ihn heute die Anziehungskraft von Nazaré aus? Die Frage kommt auf, als wir am Hauptstrand beim Frühstück sitzen und die Vormittagssonne die linke Seite des Leuchtturms anstrahlt, während der nördlich gelegene Strand von hier aus nicht zu sehen ist. „Was könnte man an Nazaré nicht mögen?“, fragt er. Wohl wahr. „Dieser Ort hat so viele Big Days zu bieten; du kannst dir das lange Herumsuchen sparen. Es ist einfach alles da. Anderswo gibt es vielleicht perfektere Wellen oder auch Wellen, mit denen man spielerischer umgehen kann. Hier sind die Wellenverhältnisse extrem anspruchsvoll und deshalb nie langweilig. Für viele sieht es so aus, als wäre es unmöglich, die Wellen hier zu surfen – und das stimmt ja auch. Aber wenn man auf dem Board steht, geht es eben doch. Wenn die Wellen *glassy* (also flach und schimmernd wie eine Glasscheibe) sind, was selten vorkommt, fühlt es sich an, als würde man mit einem warmen Messer durch ein Stück Butter schneiden – es gibt auf dieser Welt kein tolleres Gefühl. Das ist einfach unvergleichlich – und so etwas erlebst du nirgendwo sonst."

Für McNamara und Nicole, die sich in Puerto Rico kennenlernten und damals beide mit anderen Partnern verheiratet waren, erwies Nazaré sich als Ort mit Transformationskraft. Vor allem war es der ideale Ort für einen Neubeginn und bot die Chance, gemeinsam ein neues Abenteuer zu erkunden. Er war der instinktgetriebene und impulsive Part, sie der besonnene mit der nötigen praktischen Ader. Daran hat sich im Grundsatz nichts geändert. Auch Nicole, die mit ihrem Mann und den drei Kindern zwischen Hawaii und Nazaré hin- und herreist, fühlt sich heimisch. Hier – genauer gesagt oben auf dem Leuchtturm – gab sich das Paar auch das Jawort. „Unser Leben hat sich dadurch komplett gewandelt. Ich weiß nicht, was wir machen würden, wenn es anders gekommen wäre. Hier ist unser Zuhause. Hier haben wir uns unsere Existenz aufgebaut, geheiratet und die Kinder bekommen. Barrel ist hier entstanden", sagt sie. Der Sohn ist nach der fassähnlichen Röhre benannt, die entsteht, wenn eine Welle sich überschlägt. Seine Frau nennt Garrett McNamara „Mother of the

Wave" – ein passender Kosename vor dem Hintergrund, dass er selbst für das Big-Wave-Surfen in Nazaré so etwas wie der Gründungsvater ist.

Mennie, der inzwischen aus der Ferne zuschaut, sähe es gerne, wenn auch andere Akteure der Nazaré-Story mehr gewürdigt würden. „Es sind Leute wie Pedro und Paulo, die den Erfolg möglich gemacht und mit ihrer Arbeit das Ganze auf die Beine gestellt haben." Caldeira fände es gut, wenn im Inneren des Leuchtturms als Anerkennung für diese Pioniere eine kleine Plakette angebracht würde, direkt neben den Boards mit den Autogrammen der vielen Surfer, die im Laufe der Jahre Nazaré einen Besuch abgestattet haben. Unterm Strich hat die Geschichte für ihn einen bittersüßen Nachgeschmack. „Es geht mir dabei nicht um mich, sondern um die Gruppe. Am Anfang waren wir zu viert. Ohne uns wäre nichts so gekommen, wie es gekommen ist. Ohne die Leidenschaft, die Zeit, das Geld, die ich in unsere Vision investiert habe und über die mein Haar weiß geworden ist – und nicht nur ich, jeder in der Gruppe. Das sollte anerkannt werden." Unabhängig vom Nazaré-Mythos weiß jeder von ihnen, welchen Beitrag er geleistet hat und welche Dynamik und welcher Wandel hier in Gang gesetzt wurden. Gefragt nach dem Unterschied zwischen damals und heute sagt Pisco: „Nazaré ist heute ein Ort der Lebensfreude. Das ist einer der Aspekte, auf die ich ganz besonders stolz bin. Für Nazaré ist das eine Goldgrube. Wir haben die Voraussetzungen dafür geschaffen, dass die Leute hier Geld verdienen. Inzwischen machen einige Restaurants im Winter mehr Umsatz als im Sommer."

DER SURFENDE KLEMPNER

Andrew Cotton

Eines hat sich seit den frühen Jahren nicht verändert: Nazaré tut alles, um Andrew Cotton zu vergraulen, und trotzdem kommt er immer wieder zurück. Jedes Jahr aufs Neue. Kein Ort der Welt hat ihn so geprägt wie dieser – im Guten wie im Schlechten: Hier zog er sich 2017 einen Wirbelbruch zu, hier verbrachte er in der Saison 2020/21 den Corona-Lockdown ganz allein in einem Wohnmobil auf dem Felsplateau, weit weg von seinen beiden Kindern. Hier ist aber auch der Ort, an dem er seinen Job als Installateur an den Nagel hing und berühmt wurde, weil er einige der höchsten Wellen in der Geschichte des Surfens bezwang. Und an keinem anderen Ort hat er so um sein Leben gefürchtet wie hier.

Zwölf Jahre nach seinem ersten Aufenthalt ist er wieder hier. Trotz – oder auch gerade wegen – seiner Erfahrungen blickt er beunruhigt in die Zukunft. Das betrifft die Frage, wie sein Leben nach der Big-Wave-Karriere weitergehen soll, aber auch die laufende Saison. Ob er es überhaupt noch draufhat? In seiner Peergroup genießt er durchweg hohes Ansehen und das hat in dieser vielfach testosterongesteuerten Welt, in der Konkurrenz und Ego eine große Rolle spielen, Seltenheitswert. „Alle lieben Cotty“, sagt Garrett McNamara mit einer Herzlichkeit in der Stimme, die seine Sympathien für den Surfer aus Devon spürbar werden lässt. Cotton muss man einfach gernhaben.

Mit seinem von Sonne und Meer gebleichten Haar und seiner entspannten Art wirkt er wie ein typischer Surfer. Man kann viel Spaß mit ihm haben. Er nimmt sich Zeit, macht sich Gedanken, hinterfragt sich selbst und ist ein viel interessanterer Gesprächspartner, als er selbst zu glauben scheint – und dazu ausgesprochen unterhaltsam.

Auf der langen Anreise zum Saisonstart, die ihn zusammen mit seiner Freundin Justine White, einer Skilehrerin, quer durch Europa führte, drängt es ihn zu einem Zwischenstopp in Peniche, einem anderen Surfspot 65 Kilometer weiter südlich. Die Wellen dort sind allerdings nur einen Bruchteil so hoch wie in Nazaré. Doch an manchen Tagen läuft es auf dem Wasser einfach nicht, auch wenn man viel Erfahrung mitbringt und die Wellen im Vergleich zu den Brechern, die man sonst bezwingt, zwergenhaft sind. Als er dann am Nachmittag in Nazaré ankommt, steuert er als Erstes die Red-Bull-Garage am Hafen an. Noch bevor er das vollgepackte Auto entlädt, begrüßt er dort McNamara mit einer innigen Umarmung. Nachdem McNamara die Saisonpause überwiegend in Hawaii und Cotton sie an der britischen Südwestküste verbracht hat, sind die beiden alten Freunde endlich wieder vereint. Am ersten Tag der Saison 2021/22 sind sie noch vor der Abenddämmerung auf dem Wasser und haben das Meer ganz für sich allein. Die meisten anderen Surfer müssen erst noch ihr Saisonlager aufschlagen.

Bevor Nazaré zum Surfmekka wurde, war es hier immer so leer. Es gibt ein Video von Cotton aus dieser Zeit, in dem er sich selbst mit einem unsicheren Lachen als „ziemlich mittelmäßigen Surfer mit ziemlich großen Ambitionen" beschreibt. Bis heute sieht und hört er sich nicht gerne in

Videoaufnahmen surfen oder reden. Aber er ist eine der tragenden Säulen von Nazaré und gehört zu den Pionieren der ersten Stunde. Sein Devon-Akzent hat sich in all den Jahren fern der Heimat nicht abgeschliffen. McNamara hätte vielleicht nie den Kontakt zu ihm und Al Mennie aufgenommen, hätte es nicht 2006 diesen spektakulären Jetski-Wipeout gegeben. Mennie war damals schon eine feste Größe am irischen Surfspot Mullaghmore, nahe der Grenze zur Grafschaft Donegal, Cotton hatte in Hawaii und auch in Irland schon etliche Monsterwellen bezwungen. Auf dem Jetski war er aber noch ein Neuling.

Auf YouTube kann man unter dem Titel *Worst Jet-Ski Wipeout Ever!* Aufnahmen von diesem Zwischenfall sehen. Cotton versucht, Mennie in eine Welle zu ziehen, kommt dabei komplett aus dem Gleichgewicht und rettet sich, als sich das Wasserfahrzeug verselbstständigt, mit einem Hechtsprung ins Wasser. Cotton schafft es zwar, sich wieder auf den Jetski zu schwingen, bekommt aber beim besten Willen den Motor nicht wieder zum Laufen. Deshalb beschließt er, wieder von Bord zu springen und mit dem Jetski im Schlepptau in den Hafen von Mullaghmore zu schwimmen. Heute muss er über diesen aussichtslosen Plan lachen. Zehn bis fünfzehn Minuten lang kämpft er sich mit aller Kraft voran, um festzustellen, dass ihn die Strömung nur noch weiter vom Ufer weggetrieben hat. Also späht er eine andere Stelle weiter oben an der Küste aus, um an Land zu kommen, aber auch das geht nach hinten los. Nachdem er noch eine Weile im Wasser um sich geschlagen hat, taucht ein Hubschrauber auf und lässt an einer Seilwinde jemanden herunter, der sich auf den Jetski setzt und Andrew anbietet, ihn auf das Gefährt zu ziehen.

Andrew hat es sich aber in den Kopf gesetzt, den Jetski in Eigenregie zu bergen, und lehnt die angebotene Hilfe ab, obwohl man ihn warnt, dass weder Rettungs- noch Fischerboote auf dem Meer unterwegs sind, die ihm helfen könnten. In der mittlerweile eisigen Kälte setzte er seine vergebliche Irrfahrt fort, bis der Helikopter erneut über ihm auftaucht. Wieder wird das Seil heruntergelassen, und diesmal wird Andrew mit größerem Nachdruck aufgefordert, sich hochziehen zu lassen, wenn er nicht irgendwann an der US-Küste angeschwemmt werden will. So kommt es schließlich, dass der Jetski auf dem Ozean davontreibt und Cotton ihm mit traurigem Blick hinterherblickt.

In den Surferforen, die damals das Internet zu erobern begannen, wurde er entsprechend durch den Kakao gezogen. Der Tenor der Kommentare lautete: „Er weiß nicht, was er tut“, und Cotton räumt ein, dass die Verfasser damit nicht ganz unrecht hatten. Wer ein Big-Wave-Surfer sein will, muss sich nicht nur auf dem Surfboard, sondern auch auf dem Jetski in den Wellen behaupten können. Cotton hatte den Eindruck, weder das eine noch das andere zu beherrschen, und das Naheliegende wäre gewesen, das Handtuch zu werfen. Wäre es nach ihm gegangen, hätte er das Big-Wave-Surfen damals vielleicht aufgegeben. Rückblickend sagt er: „Ohne Al hätte ich es wahrscheinlich drangegeben.“ Stattdessen meldete er sich zu einem Kurs bei K38 Water Safety an, wo man insbesondere das Jetskifahren bei hohem Wellengang lernt.

Als Cotton und Mennie besagte E-Mail von McNamara erhielten, ergriffen sie die Gelegenheit beim Schopf, auch wenn Cotton mehr als zehn Jahre später zugibt: „Ich war immer noch sehr unerfahren, hatte aber immerhin den Schein. In der

Praxis beherrschte ich das Jetskifahren eigentlich überhaupt nicht, aber ich erkannte die Chance, die sich uns bot. Also habe ich geschwindelt und behauptet, ich hätte es drauf." Ob er es je zum Big-Wave-Profisurfer gebracht hätte, wenn McNamara nicht auf sie zugekommen wäre, weiß er nicht. Cotton und McNamara verstanden sich vom ersten Tag an blendend, trotz ihrer sehr unterschiedlichen Charaktere. McNamara kann sehr laut und aufbrausend sein, auch wenn er als Veteran von Nazaré inzwischen sehr viel milder geworden ist. Der Brite entspricht im Gegensatz dazu eher dem klassischen Typ des lässig-entspannten Surfers. Was beide verbindet, ist ihre Liebe zum Meer und die Freude daran, nicht nur selbst auf den Wellen zu reiten, sondern auch andere in die höchsten Wellen ihres Lebens zu ziehen. Cotton ist seinem langjährigen Mitstreiter auf immer dankbar:

> „Wenn sich diese Gelegenheit nicht ergeben hätte, hätte ich das nie machen können. Wenn es Garrett nicht gäbe, gäbe es Nazaré in dieser Form heute nicht. Vielleicht hätte später irgendjemand etwas auf die Beine gestellt, aber er ließ sich nicht unterkriegen. Es gibt nicht viele auf dieser Welt, die so etwas zustande bringen. Von Garrett habe ich gelernt, was ein Mensch leisten kann: wie man überlebt, sich als Surfer auf Megawellen behauptet, sich Ziele setzt und fokussiert bleibt. Ich will ihm nicht zu viel Honig um den Bart schmieren, aber wenn ich Garrett nicht kennengelernt hätte, wäre ich wahrscheinlich heute noch Sanitärinstallateur in Barnstaple. Was mein Traum war, wusste ich, aber ich habe nicht daran geglaubt, dass er Wirklichkeit werden könnte."

In der Frühphase wurden sämtliche Kosten im Rahmen des North Canyon Project, das darauf abzielte, Nazarés Bekanntheitsgrad zu steigern (was, wie man Jahre später zugeben muss, ziemlich gut gelungen ist), von der Stadtverwaltung getragen. Cotton hätte weder für den Jetski noch für die täglichen Spritkosten das nötige Geld aufbringen können. Dank der städtischen Förderung konnten er und sein Kumpel Mennie den lieben langen Tag surfen. „Ich hatte nie die Zeit oder das Geld, um das Surfen richtig zu lernen. Aber wenn du zu den Besten gehören willst, musst du viel Zeit auf dem Wasser verbringen. Das ist ein hartes Stück Arbeit, aber mir hat es zum Durchbruch verholfen."

Wenige Jahre nach seinem gefährlichen Jetski-Wipeout zog er McNamara in die nach damaligem Stand höchste jemals gesurfte Welle. Cotton ist der einzige Brite, der in der Anfangszeit der Big-Wave-Surfer-Szene von Nazaré durchgehend dazugehörte. Für die aktuelle Saison hat er die ideale Bleibe angemietet: ein Haus mit Veranda und einem verlockenden Blick auf den Praia do Norte. Wenn er nicht gerade surft, verbringt er viel Zeit damit, einfach nur auf das Wasser zu schauen, das für ihn Spielwiese und Arbeitsplatz zugleich ist.

Während wir uns auf der Veranda unterhalten, legt er die Füße auf dem Geländer ab und kann beim Reden die ganze Zeit auf die Wellen blicken, auf denen das Sonnenlicht glitzert. Selbst in dieser Situation spürt er eine gewisse Angst und das Gefahrenpotenzial des Meeres. „Jede Welle ist furchteinflößend. In Nazaré siehst du das Meer ständig aus anderen Perspektiven, sodass der Wellengang mal höher, mal niedriger, mal harmloser und mal beängstigender wirkt. Von hier aus sieht es am wenigsten furchterregend aus." Für das weniger geübte Auge sehen die Wellen, die er meint, alle erschreckend gefährlich aus. „Vom Strand aus wirken die Wellen gigantisch hoch, vom Leuchtturm aus eher fett. Den schlimmsten Eindruck bekommt man, wenn man morgens unten am Strand steht. Da sagt man sich: Oh mein Gott! So ging es mir, als ich in dem Wohnmobil gewohnt habe. Da schaust du aufs Meer und denkst dir: Wie soll das ein Mensch überleben? Wie soll das gehen? Für die mentale Einstimmung ist der Blick von dieser Veranda sicher der beste."

Im Augenblick fühlt sich sein Leben ziemlich perfekt an. Die neue Saison beginnt; dank des milden Klimas ist es so warm, dass man noch im T-Shirt draußen sitzen kann. Auf der Veranda liegt eine Yogamatte, auf der er eben seine Morgenroutine absolviert hat. Hinter dem Haus befindet sich ein Spaßbad, von dem in früheren Jahren viel Lärm und Trubel ausging, das aber zurzeit wegen Corona geschlossen ist, weshalb Stille herrscht. Cottons Freundin gesellt sich auf einen Salat und ein Mineralwasser zu uns. Obwohl Andrew Cotton zehn Jahre jünger als McNamara ist, gehört auch er zu den älteren Surfern, die hier ihr Handwerk ausüben. Doch ist es erfrischend zu sehen, wie sehr seine Liebe zu den großen Wellen immer noch brennt.

VERLETZUNGSPECH

Sebastian Steudtner

Wasser ist das Element, in dem Sebastian Steudtner sich am sichersten fühlt, in dem er aber auch die größten Risiken eingeht. In seiner Familie wird gerne erzählt, wie er als kleines Kind, das gerade erst laufen gelernt hatte, mit torkelnden Schritten zum Rand des familieneigenen Swimmingpools taumelte und sich ins Wasser warf. Es folgten chaotische Szenen: Seine ältere Schwester rief lautstark Hilfe herbei, der Vater kam aus dem Haus gerannt, sprang ins Becken und fischte ihn aus dem Wasser. Viele Jahre später stützen sich Sebastians Erinnerungen an den Vorfall mehr auf spätere Erzählungen als auf das reale Ereignis. Bei Familientreffen erzählt seine Mutter immer wieder gerne, wie er ins Haus getragen wurde und zu hören bekam, er dürfe das nie wieder tun. Daraufhin sei er völlig ausgeflippt, wie es wütende Kleinkinder zu tun pflegen. Das Einzige, was er wollte, war im Wasser herumstrampeln, das Risiko war ihm gleichgültig. Von Beginn an übte Wasser eine unwiderstehliche Anziehung auf ihn aus – eine Anziehung, die in seinem Kopf wie der Gesang einer Sirene wirkte. Dieses Gefühl hat in all den Jahren nichts von seiner Intensität eingebüßt.

Sein Vater war berufsbedingt viel unterwegs. Auf seinen Flugreisen kaufte er gelegentlich kleine Lufthansa-Spielzeugflugzeuge, die er zu Hause in den Pool warf. Sebastian, der schon ein bisschen älter war, aber noch immer nicht richtig schwimmen konnte, sprang direkt hinterher, um sie zu holen. Wie ein junger Hund beim Apportieren tauchte er auf den Grund, paddelte, nach Atem ringend, wieder zum Beckenrand und brachte den Metallflieger zurück. So ging das eine ganze Zeit lang, bis sie ins Haus gerufen wurden – meist, weil das Essen auf dem Tisch stand.

Sebastian Steudtner kann sich, wie er sagt, bis heute an keinen Moment erinnern, in dem er nicht im Wasser sein wollte, trotz der offensichtlichen Gefahren, die sein Hauptberuf mit sich bringt. Vielleicht liebt er das Wasser auch deswegen so sehr, weil er in jungen Jahren ohne große Gewässer auskommen musste. Seine Heimatstadt Nürnberg gehört zu den Städten in Europa, die am weitesten vom Meer entfernt sind. Dabei war für das empfindsame Kind das Wasser das Element, in dem es sich ausleben konnte und wo ihm niemand Vorschriften machte. In der Schule redeten die Lehrerinnen und Lehrer mit Engelszungen auf ihn ein, besser aufzupassen und sich auf den Stoff zu konzentrieren. Sebastian war nicht dumm, aber er war gelangweilt. Zu Hause mahnte die Mutter ihren Sohn, der schon früh eine Neigung entwickelte, sich selbst in Gefahr zu bringen, immer wieder zur Vorsicht. Im Wasser perlten alle diese Anweisungen einfach an ihm ab. „Wasser war für mich immer Spaß pur“, sagt er. „Ich glaube, ich fühle mich dem Wasser auch deshalb so verbunden, weil mir dort niemand Vorschriften machen kann. Solange ich nicht im Wasser war, schärfte meine Mutter mir ein: Pass auf oder lass das sein. Aber wenn ich tauchen wollte, bin ich einfach getaucht. Wenn ich quer über den See schwimmen wollte, bin ich quer über den See geschwommen. Ich weiß noch, dass ich im Wasser dachte: Hier fühle ich mich sicher, hier habe ich alles unter Kontrolle. Das ist für mich der richtige Ort."

Steudtner hat eine besonnene Einstellung zu den Wellen. In vielerlei Hinsicht ist er der Tüftler unter den Surfern von Nazaré, der jeden erdenklichen technischen Fortschritt aufgreift, um seine Performance auf dem Wasser zu verbessern. Auf die Big Days bereitet er sich mit großer Akribie vor, dennoch hat auch er nicht die absolute Kontrolle. Der Gipsverband an seinem linken Bein, der dort angelegt wurde, noch bevor die meisten seiner Mitstreiter überhaupt zum Saisonstart eingetroffen waren, lässt auf einen verpatzten Saisonstart schließen.

Als er sich zum ersten Mal in dieser Saison auf die Wellen begab, fühlte er sich fitter und besser vorbereitet als je zuvor. In seiner stets sehr methodischen Vorgehensweise stellt er vor jedem Saisonstart zunächst einen neuen Plan auf. Dieses Mal lautete das Ziel: „gebarrelt werden" – also von der Welle vollständig umhüllt zu werden und sie wie in einem Tunnel abzufahren, während sie sich auf die Küste zubewegt und dann bricht. Beim Surfen im Barrel rächt sich jede falsche Bewegung. An dem fraglichen Tag waren die Wellen mit Kammhöhen von maximal 7,5 Metern für die Verhältnisse in Nazaré relativ überschaubar. Sebastian Steudtner setzte um, was er im Sommer trainiert hatte, und wählte seine Linie so, dass er gut in die Wellenröhre einfahren konnte. Zunächst formte die Welle den perfekten Tunnel, aber dann veränderte sie sich plötzlich, was in der unberechenbaren Brandung von Nazaré häufiger vorkommt. Die Welle holte ihn hinterrücks ein und warf ihn um. Auf dem rettenden Jetski stellte er fest, dass er im rechten Arm kein Gefühl mehr hatte. Erst als er im

Hafen an Land ging, merkte er, dass mit seinem Fuß etwas nicht stimmte. Laufen konnte er noch, seine Vermutung war, dass er sich eine kleine Fraktur zugezogen hatte. Beim Blick auf das Röntgenbild verzog der Arzt das Gesicht. Er habe auf dem Bild einen körnigen Bereich ausgemacht, der „eigenartig" aussehe. Von „eigenartig" wollte Steudtner verständlicherweise nichts hören. Aber der Fuß war gebrochen und an zwei weiteren Stellen beschädigt: Zur Mittelfußfraktur kamen eine Verletzung oben am Spann und eine Bänderverletzung an der Seite. Die Verletzungen waren so gravierend, dass an einer Operation kein Weg vorbeiführte. Die erste Prognose im Oktober lautete, ein Wiedereinstieg sei frühestens im Februar möglich. Die Saison drohte vorbei zu sein, bevor sie überhaupt angefangen hatte.

Vor der Taverna do 8 ó 80, einem der zahlreichen Promenadenlokale mit Blick auf den Südstrand von Nazaré, fährt Sebastian Steudtner in einem E-Porsche vor, sichtbares Zeichen eines Sponsorenvertrages mit dem deutschen Autobauer. Der Wagen ist Sinnbild des materiellen Erfolgs, den Sebastian sich in den vergangenen Jahren mit seinen Leistungen auf dem Wasser erarbeitet hat. Als er sich aus dem Wagen hievt und auf die Krücken stützt, eilt das Restaurantpersonal ihm sogleich zu Hilfe. Er sagt, dass er gut allein zurechtkommt. Die Mitarbeiter scharen sich um ihn und befragen ihn zu seiner Verletzung. Steudtner antwortet ebenso freimütig wie schicksalsergeben. Auf seltsame Weise ist die Misere auch eine Erleichterung für ihn. „Für mich ist das gar nicht unbedingt so schlecht – es nimmt den Stress raus", meint er. Er war auf eine Saison eingestellt, in der er sich ständig fit halten muss, in der Equipment und Team jederzeit und für jede erdenkliche Big-Wave-Session gerüstet sein müssen. Jetzt hat er eine andere

Mission: Er will es den Ärzten beweisen, den Stichtag für sein Comeback nach vorne schieben und sich mit voller Kraft in sein Rehaprogramm stürzen. Von früh bis spät konzentriert er sich auf dieses eine Ziel: Er will diesen Wettkampf gewinnen und in Topverfassung sein, bevor die Saison zu Ende geht und er wieder in seine Wahlheimat Österreich zurückkehrt. Alles ist darauf ausgerichtet, gesund zu werden und dann wieder in Form zu kommen. Sein Ernährungsberater hat ihm einen Speiseplan zusammengestellt, an den sich Sebastian genau hält. Er bestellt *picanha,* eine brasilianische Steakvariante, und als Beilage statt der vom Restaurant empfohlenen Pommes frites braunen Reis und gekochtes Gemüse, dazu eine Flasche Mineralwasser. Nach einem Abstecher in die Heimat, wo er einen Spezialisten aufgesucht hat, ist er heute den ersten Tag wieder in Portugal. Das Gespräch wandert vom Thema Wellen zu dem Haus, das er sich gerade im Hügelland unweit der Stadt bauen lässt. Steudtner hat bereits ein Apartment, in dem er wohnt, wann immer er hier ist. Und das ihm in der Frühphase der Saison als Stützpunkt dient, solange das Haus noch eine Baustelle ist.

Sein „mountain place", wie er es gerne nennt, ist eine moderne viereckige Villa mit Glasfront und steht mitten in der Natur. Von jedem Zimmer aus hat man einen direkten Blick auf die Wellen. Das Haus stand jahrelang leer, und niemand schien in der Lage zu sein, den Vorbesitzer zu ermitteln. Doch wenn Steudtner sich etwas in den Kopf gesetzt hat, bleibt er hartnäckig – so auch in diesem Fall. Es gelang ihm, den Eigentümer ausfindig zu machen und das Haus samt Grundstück 2020 zu kaufen. Das war, wie er sagt, „ein langer Prozess", aber er liebt Bauprojekte und betrachtet sie als Form der Meditation. Mit fast elterlichem Stolz vertieft er sich in die Smartphone-Bilder vom Baugeschehen und vom Swimmingpool, der gerade angelegt wird, damit er auch hier seiner Begeisterung für das Element Wasser frönen kann. Es entbehrt nicht einer gewissen Ironie, wenn jemand für ihn einen Pool baut, das ist ihm bewusst. Bei seinem ersten Job in einem vom Wasser geprägten Leben baute er im Alter von sechzehn Jahren Swimmingpools auf Hawaii. Ein Jahr zuvor hatte er gegen den Wunsch seiner Eltern die Schule abgebrochen. In den beiden Schuljahren zuvor war es einfach nicht gut gelaufen für ihn. „Ich hatte als Kind große Probleme“, erzählt er. „Ich hatte ADS [frühere Bezeichnung für Aufmerksamkeitsdefizit-Hyperaktivitätsstörung ADHS]. Ich war oft an Raufereien beteiligt und hatte keine Ahnung, in welche Richtung es beruflich einmal gehen sollte. Für den normalen Kram brachte ich wenig Interesse auf. Die Schule ließ mich kalt – nicht weil sie schwer, sondern weil sie langweilig war. Es war viel cooler, in den Wald zu gehen, ein paar Bäume zu fällen oder so zu tun, als wäre ich auf der Jagd. Meine Eltern konnten nicht verhindern, dass ich von der Schule abging. Mein Standpunkt war: Damit bin ich fertig. Es gibt da eine Stimme in mir, wenn die sagt, ich bin sicher, dann bin ich mir auch sicher. Ich glaube immer zu hundert Prozent an das, was ich tue, und gehe dafür jedes Risiko ein. Wo diese Selbstsicherheit herkommt, weiß ich nicht.“ Trotz ihrer Vorbehalte gaben seine Eltern schließlich ihre Zustimmung. Sebastian konnte ins 12 000 Kilometer entfernte Hawaii übersiedeln, um dort seine Träume von den Wellen zu verwirklichen – erst als Windsurfer und später als Surfer.

Das Haus auf dem Hügel und der topmoderne Porsche vor dem Restaurant lassen darauf schließen, dass dieser Vertrauensvorschuss gerechtfertigt war, auch wenn der Weg hierhin mit etlichen Stolpersteinen gepflastert war. Um Geld zu verdienen, arbeitete er sechs Jahre lang auf dem Bau. Der erste Bauherr war ein millionenschwerer amerikanischer Autohändler, der sich mit seinem Spitznamen „The Snake" vorstellte. Als der Pool einige Wochen später fertig war, verkaufte The Snake das Haus und suchte das Weite – ohne den Pool zu bezahlen. Heute muss Steudtner lachen, wenn er an diese Erfahrung zurückdenkt, die ihm auf jeden Fall eine Lehre war: „Der Rapper DMX hat mal gesagt: ‚Always trust everyone to be themselves' – trau jedem zu, dass er ist, was er ist. Soll heißen: Eine Schlange ist eine Schlange, ein Lügner ist ein Lügner, und ein Dieb ist ein Dieb. Du musst auch anerkennen, was du selbst bist."

Eine qualifizierte Ausbildung absolvierte der Teenager aus Deutschland nicht, aber er stellte fest, dass er eine natürliche Begabung mitbrachte und großen Gefallen an der Arbeit fand. „Ich liebe alles, was mit Bauen zu tun hat." Das war schon in seiner Kindheit so. Wie wenn größere Wassermassen im Spiel sind, strebt er auch hier nach Perfektion – auch wenn die, wie er inzwischen weiß, zumindest in den Wellen unerreichbar ist. „Ein Pool hat etwas Befriedigendes", meint er. „Da gibt es Gras, das du entfernst, und dann weißt du, wo der Pool sich befinden wird. Das erledigst du als Erstes. Es gibt auch im Sport Momente, in denen du gewinnst oder etwas erreichst, aber der Vorgang ist niemals abgeschlossen. Immer hätte man es so und so oder auch anders machen können. Bei einem Swimmingpool sagst du: Diese Mauer muss einen

Meter hoch sein, und sie wird einen Meter hoch. Perfekt. In den Wellen gibt es kein ‚perfekt'."

Seine eigene Poolbauexpertise in Kombination mit seinem Perfektionismus macht ihn zu einem anstrengenden Auftraggeber für die Bauleute. Bei seinem Infinitypool soll bis ins kleinste Detail alles stimmen, wenn er fertig ist. Seine Vorgaben für das Haus sind ähnlich anspruchsvoll. Doch trotz der Dimensionen des Bauprojekts bleibt das Wichtigste, wieder fit zu werden und wieder aufs Wasser zu kommen. Davon lebt er schließlich; er hat Sponsoren, die darauf bauen, dass er seine Spitzenstellung als Surfer der größten Wellen hält. Er kann es kaum erwarten, dass die Reha in Gang kommt. In den ersten Wochen soll er nur mit seinen Zehen wackeln ...

Steudtner ist bei allem, was er tut, von einem unglaublichen – vielleicht sogar ungesunden – Ehrgeiz angetrieben. Dieser Ehrgeiz ist so intensiv, dass einige der entspannteren Surfer zurückschrecken, aber der Elan und die Hingabe sind bewundernswert. Da er sportlich zurzeit außer Gefecht gesetzt ist, kann er sich ganz auf sein Surferleben außerhalb des Wassers konzentrieren. Am Morgen ist er schon früh auf den Beinen und fährt kurz nach Sonnenaufgang in seinem Porsche zu einem vom Autohersteller organisierten Fotoshooting. Schauplatz ist die normalerweise für den Verkehr gesperrte Landstraße zum Leuchtturm, die um diese Zeit noch menschenleer ist. Nachdem er den Tag der gesundheitlichen Wiederherstellung und den portugiesischen Bauarbeitern gewidmet hat, präsentiert er sich mir am Abend bei einem Dinner als fesselnder Gesprächspartner: Er ist offen heraus, äußert sich zu jedem erdenklichen Thema und redet mehr als zweieinhalb Stunden lang nonstop. Sobald er jemanden in seinen engsten Kreis hereinlässt, gibt er ihm ein Gefühl der Zugehörigkeit. Keine Frage ist ihm lästig, und er ist immer ansprechbar (wenn es gerade nicht passt, kommt er von sich aus darauf zurück, sobald es geht). In Bezug auf seine Mitmenschen gilt bei ihm in gewisser Weise das Ganz-oder-gar-nicht-Prinzip. „Ich pflege grundsätzlich keine oberflächlichen Beziehungen", sagt er. „Wenn jemand mein Freund ist, ist er für mich wie ein Bruder."

Der gebrochene Fuß gibt ihm im Augenblick die Gelegenheit, Bilanz zu ziehen und auf die vergangenen zwölf Jahre in Nazaré und den Druck, mit jeder Saison – jeder Welle – einen Schritt weiter zu gehen und die Grenzen neu auszuloten, zurückzublicken. Er lehnt sich im Restaurantsessel zurück und spricht darüber, dass die Auszeit ihm eine neue Perspektive eröffnet hat. „Eigentlich tut mir die Pause gut. Es ist eine nette Abwechslung, sich nicht wie ein Wahnsinniger in die nächste Saison stürzen zu müssen", bekennt er. Denn das ist nötig, um zur Elite der Big-Wave-Surfer in Nazaré zu gehören: totale Konzentration nur auf diese eine Sache. Er spekuliert darüber, ob seine veränderte Sichtweise dazu führen wird, dass er in Zukunft die Dinge anders angeht, ob er den Perspektivenwechsel in sein Surferleben integrieren wird. Aber gänzlich überzeugt ist er nicht, denn es passt nicht zu seiner mentalen Einstellung, die unentbehrlich für ihn ist, wenn er an Big-Wave-Tagen aufs Wasser geht. Im Grunde weiß er: Sobald der Fuß es wieder zulässt und die Chance sich bietet, wird er wieder in seinen gewohnten Modus zurückfallen.

Steudtner hat so etwas wie eine gespaltene Persönlichkeit, und das gilt vielleicht für alle Big-Wave-Surfer: An Land erscheinen sie alle relativ normal, sind lockere, nette, intelligente Typen, aber auf dem Wasser sind sie plötzlich mit einer

Bedingungslosigkeit bereit, ihr Leben aufs Spiel zu setzen, die für die meisten Menschen unbegreiflich ist. Sobald er auf dem Board steht, vollzieht sich bei Steudtner eine Persönlichkeitsveränderung. Er selbst sieht darin eine Ähnlichkeit mit Mike Tyson (der Deutsche zieht häufig Vergleiche zwischen dem Boxsport und seinem eigenen Sport). In seinem Podcast *Hotboxin' with Mike Tyson* erzählt der mehrfache Weltmeister im Schwergewichtsboxen, der auch abseits des Rings ein gefürchteter Gegner war, dass er stets von Selbstzweifeln geplagt wurde – bis er in den Ring stieg und der Kampf begann. „Vieles von dem, was Tyson beschreibt, kenne ich von mir", sagt Steudtner.

> „Es ist, als hättest du zwei verschiedene Wesen in dir. Das eine sagt, du bist ein Gott, das andere sagt, du bist ein Nobody, du bist nicht gut genug. Tyson spricht von einer extremen Angst vor dem Gegner und davor, gedemütigt zu werden und nichts wert zu sein. Doch sobald er in den Ring stieg, so Tyson, wurde er zum Gott und fühlte sich unbesiegbar. Er setzt sein Mundstück ein, schlägt die Fingerknöchel gegeneinander und macht sich bereit, um den Gegner zu erledigen – und weiß, dass er ihn allein mit seinem Blick bereits gebrochen hat. Bei mir ist es ähnlich: Sobald ich in der Welle bin, bin ich voller Selbstbewusstsein. Es ist einfach so. Ich weiß, dass ich es schaffen werde, selbst wenn ich dabei draufgehen sollte."

Aber er wird doch nicht wirklich sein Leben riskieren, nur für den Ruhm, eine einzige riesige Welle gesurft zu haben? „Du musst diesen Psychopathen in dir haben, und ich habe ihn definitiv in mir. Aber nicht jeder. Wenn du im Wellentunnel bist und dein Gehirn dir sagt, dass du bei dem Versuch, ans Ziel zu kommen, sterben wirst, dass du es entweder erreichst oder du auf dem Weg dahin stirbst, dann hängt alles davon ab – das unterscheidet dich von den anderen. Mehr Hingabe, mehr Entschlossenheit, mehr Disziplin, mehr Drive, mehr Energie."

Gleichzeitig ist ihm bewusst, dass diese „psychopathische" Komponente und dieser Ehrgeiz jederzeit sein Verderben und schlimmstenfalls den Tod bedeuten könnten. Deshalb tut er auf der anderen Seite alles, was in seiner Macht steht, damit es dazu nicht kommt – nicht für ihn selbst, aber auch nicht für seine Kumpel.

Von dem gebrochenen Fuß einmal abgesehen, weiß er von vielen Momenten zu berichten, in denen er weitergesurft ist, obwohl alle seine Antennen und nicht zuletzt sein Körper ihm signalisierten, dass es höchste Zeit sei, für heute Schluss zu machen. Bei einer besonders heftigen Surfsession in der letzten Saison erwischte ihn eine Welle dermaßen krass, dass er Wasser in die Lunge bekam. Er schwamm ans Ufer, um sich zu erholen, und spuckte sofort Blut auf den Sand zu seinen Füßen. Als der Lifeguard mit dem sichergestellten Surfboard auf ihn zukam und schauen wollte, wie es ihm geht, deckte Sebastian das Blut auf dem Sand zu. Ihm war klar, dass der auf Steudtners Gesundheit bedachte Lifeguard ihn mit Fragen gelöchert und zu verhindern versucht hätte, dass er noch einmal aufs Wasser geht. Minuten später war er wieder draußen und erwischte die zweifellos beste Welle des Tages.

DER ERSTE BIG SWELL DER SAISON

Nic von Rupp und Lucas Chianca

Die Wetterberichte melden Windgeschwindigkeiten von fast 130 Stundenkilometern über dem Zentralatlantik. In 2400 Kilometer Entfernung werden die ersten Regungen des Sturms und die Prognosen, mit welcher Wucht er auf das Festland treffen wird, bereits mit Spannung diskutiert. WhatsApp-Nachrichten werden hin- und hergeschickt, Vorhersagen über den ersten Swell dieser Big-Wave-Saison angestellt und alle bisher gemachten Pläne aufgeschoben oder auf Eis gelegt. Bei Einbruch der Nacht peitscht der Regen auf die Restaurants an der Strandpromenade, während hinter dem Leuchtturm die Luftströme bereits mächtig in Rage geraten. Im nahe gelegenen Hafen von Nazaré sind die im Schichtdienst arbeitenden Wachleute längst daran gewöhnt, dass manchmal auch am späten Abend oder schon in aller Herrgottsfrühe ein reges Kommen und Gehen herrscht. Sie kennen die meisten Gesichter vom Sehen, begrüßen sie mit einem kurzen Kopfnicken und lassen für die zu später Stunde noch putzmunteren Gäste die Sicherheitsschranke hoch.

Die Ankömmlinge gehören einer von zwei Gruppen an, die beide eine obsessive Beziehung zum Meer vor der Küste von Nazaré haben, das reich an Wolfsbarschen, Doraden, Gelbflossenthunfischen und Haien ist. Vor vielen Lagerhallen sieht man Fischernetze lose an den Wänden hängen; daneben stapeln sich Zuchtkäfige für die Schalentiere. Die Fischer versammeln sich üblicherweise bei ihren an der Kaimauer festgemachten Booten. In den Lagerhallen auf der gegenüberliegenden Seite ist die andere Gruppe zu Hause. Aus einem schwarzen Opel Kombi, der mit Dellen übersät und mit Surfausrüstung vollgepackt ist, ertönt laut die Stimme von Roddy Ricch, einem 25-jährigen US-Rapper aus Compton, dem berühmt-berüchtigten Vorort von Los Angeles. Die Opening-Line des Songs *I ain't tryna die young* passt gut zum Halter des Fahrzeugs, der Nic von Rupp heißt.

An der Fassade der Lagerhalle, die er gemeinsam mit seinem Team nutzt, prangt das Logo des Energydrinks Monster. Manche Surfer verfügen über ihre eigene Lagerhalle, andere teilen sich eine Halle zusammen mit dem Team, und wieder andere gehören zu großen Marken wie Red Bull. In von Rupps Lagerhalle steht die omnipräsente Hauptperson von dessen Crew: Sérgio Cosme. Cosme ist klein; mit seinen weit aufgerissenen Augen und seinem schrillen Kichern erinnert er auf skurrile Weise an die Figur des durchgeknallten Tommy DeVito, den Joe Pesci in Martin Scorseses *GoodFellas* spielt, wobei dessen aggressive Gangsterattitüde ihm allerdings völlig abgeht. Cosme ist sowohl Teamkollege als auch enger Vertrauter. Aber er nimmt auch sonst eine Sonderstellung ein – als der schon erwähnte „Schutzengel" zieht er die Surfer auf dem Jetski in die größten Wellen, die man sich vorstellen kann, und – noch wichtiger – sammelt sie auch wieder auf und bringt sie sicher ans Ufer, falls (wie so häufig) beim Kampf mit den Wellen etwas schiefgeht.

Wie Cosme lässt auch von Rupp seinem südländischen Temperament gelegentlich freien Lauf, doch er kann auch ganz entspannt sein – außer beim Thema Surfen. Auf der fast 200 Kilometer langen Fahrt vom Lissaboner Flughafen nach Nazaré steht von Rupp ständig im Austausch mit Cosme, den anderen Surfkollegen sowie den Fotografen und Kameraleuten, die am nächsten Tag ihre Rekordversuche dokumentieren sollen. Mantraartig sagt er dabei immer wieder „Es geht los" und „Das wird gigantisch". Während der Fahrt spielt er nervös mit einem kleinen Gerät herum, mit dem er die Mautstationen auf der Autobahn passieren kann, ohne anzuhalten. Auch darin zeigt sich die gespannte Vorfreude auf den folgenden Tag, an dem die See so stürmisch sein wird, dass kein vernünftiger Sterblicher sich hinauswagen würde. Als er kurz nach 22 Uhr am Lagerhaus ankommt, weiß von Rupp, ihm bleiben noch ungefähr sieben Stunden, bis der Wecker klingelt. Er hält sich mit diesem Gedanken aber nicht lange auf und bereitet stattdessen alles für den nächsten Morgen vor. Vieles davon ist simpel. Mit einem Textmarker schreibt er „Opel" auf ein Surfboard als Hinweis auf einen Sponsor; ein anderes Board, das für die ersten Big Waves der Saison extra neu angefertigt wurde, ist mit Aufklebern des Energydrinks Monster und seiner eigenen Marke, Brusco, versehen, die unter anderem Surfboardzubehör wie Tailpads, Leashes und wasserdichte Rucksäcke verkauft. Die räumliche Umgebung ist schlicht gehalten: Betonmauern aus Hohlblocksteinen, an einer Wand hängen Neoprenanzüge, an einer anderen unterschiedlich lange Surfboards. Es gibt ein kleines Badezimmer nach hinten raus und einen Kühlschrank, der je nach Anlass mit Wasser, Energydrinks oder Bier vollgepackt ist. Im oberen Stockwerk befindet sich ein kleines Schlafsofa mit Tisch;

der ausgeblichene Teppich würde besser in eine Studenten-WG als ins Hauptquartier des europäischen Big-Wave-Surfens passen. Draußen steht der Jetski, der in weniger als 24 Stunden schwer beschädigt sein wird, nachdem er in der Monsterbrandung mehrfach hin und her geschleudert und schließlich wütend am goldgelben Strand ausgespuckt wurde, wo verblüffte Zuschauer das Geschehen verfolgt haben.

Von Rupps bevorzugtes Restaurant vor und nach einem Big-Wave-Tag ist das A Celeste, das an diesem Abend aber schon geschlossen hat. Stattdessen gibt es Steak und Pommes frites im Restaurant Adega Oceano. Er hat das Gefühl, dass es morgen so weit sein könnte: Möglicherweise wird er die erste 100-Fuß-Welle der Geschichte surfen und seinen Namen in die Liste der Rekordbrecher eintragen. Laut Vorhersagen soll das Wetter für Megawellen dieser Höhe ausreichen; die Portugiesen sind voller Hoffnung, dass sie den Heiligen Gral des Big-Wave-Surfens erringen und den bisherigen Rekord von 80 Fuß (etwas mehr als 24 Meter) brechen werden, den der Brasilianer Rodrigo Koxa hier vor zwei Jahren aufgestellt hat. Eine solche Rekordjagd ist mit großer Gefahr verbunden. Von Rupp formuliert es so:

> „Wenn du von zwei Wellen kurz hintereinander unter Wasser gedrückt wirst, geht es um Leben und Tod, denn dann bist du ganze anderthalb Minuten unter Wasser. Das hört sich nicht viel an, aber es ist eine höllisch lange Zeit, zumal dir der Atem schon wegbleibt, bevor du fällst. Ich will morgen die höchste Welle meines Lebens surfen, aber das oberste Ziel ist, zu überleben und nicht

in Stücke zerlegt zu werden. Hier steht verdammt viel auf dem Spiel, es ist aber auch ein Rausch, der dir das Gefühl gibt, am Leben zu sein. Wenn du unter Wasser gerätst, ist die Kacke am Dampfen – dann kämpfst du ums nackte Überleben.“

Nazaré ist für seine brutale Brandung berüchtigt. Das Geheimnis dahinter – oder vielmehr darunter – ist ein bis zu 5000 Meter tiefer Unterwassercanyon, der bis ans Festland heranreicht, in der Nähe des Leuchtturms aber nur noch fünfzig Meter tief ist. Der Energiestrom, der sich in einer so gewaltigen Wassermenge aufbaut, muss irgendwohin entweichen. Außerdem trifft er, während er auf den Strand zuläuft, auf langsamere Wellen aus dem Flachwasser. Dieser plötzliche Zustrom erzeugt gewaltige Brecher, die eben jene stetig steigende Zahl Adrenalinsüchtiger anlocken, die sich hier mit den Elementen messen wollen. Ähnliche Bedingungen herrschen an allen großen Big-Wave-Surfspots. Im kalifornischen Mavericks geht ein Tiefseegraben sehr abrupt in seichtes Wasser über. Die Gewässer rund um Großbritannien dagegen sind schon weit vor der Küste so flach, dass die Energie früh verebbt und die Wellen nirgends auch nur annähernd die Größe von denen in Nazaré erreichen.

Nur wenige Hundert Meter von der Stelle entfernt, an der die gewaltigen Wassermassen, die ihren Höchststand am nächsten Vormittag erreichen sollen, auf das Festland treffen, quartiert sich von Rupp für die Nacht im Zulla Nazaré's Surf Village ein, einem winzigen Motel, das in den Sommermonaten durchgehend voll belegt ist. Heute ist von Rupp der einzige Gast, er schaltet ein kleines Elektroheizgerät ein, um das eiskalte Zimmer aufzuwärmen, und stellt den Wecker auf fünf Uhr. Da Nic einen Schlüssel für die Rezeption hat und sich frei im Gebäude bewegen kann, sperrt er am nächsten Morgen die Tür zum Frühstücksraum selbst auf. Neben dem Wellenrauschen ist das Brummen des Toasters das einzige Geräusch in der Dunkelheit, und seine glühenden Drähte sind die einzigen Wärmespender. Es gibt Toast mit Käse und Parmaschinken – zu nächtlicher Stunde im Supermarkt eingekauft –, dazu eine Kiwi und einen Apfel. Es wird die letzte Mahlzeit sein, bevor er fast zwölf Stunden später wieder aus dem Wasser steigt. Noch bevor die Sonne aufgeht, fährt von Rupp mit dem gleichen Fahrstil wie beim Surfen – zügig, aber umsichtig – über nasse Straßen zu seinem Lagerhaus, um die letzten Vorbereitungen zu treffen. Das Team sowie die ganze Entourage aus Konkurrenten und Freunden umarmen einander mit aufrichtiger Herzlichkeit. Die nervöse Anspannung hat seit dem Vorabend noch einmal zugenommen, vermengt sich jetzt aber mit Aufregung über die Aussicht, dass am Ende des Tages einer von ihnen der neue Rekordhalter sein könnte.

Diese Surfer entsprechen nicht dem herkömmlichen Klischee von einem Surfer und sehen auch nicht so aus. Keine sonnengebräunten Körper, dafür wettergegerbte Gesichter, in denen die Misshandlungen, die sie im Atlantischen Ozean erleiden, ihre Spuren hinterlassen haben. Die Neoprenanzüge, die sie tragen, sind mit Gaspatronen zum Aktivieren der aufblasbaren Schwimmwesten ausgestattet. Die sollen erstens den Aufprall auf dem Wasser abdämpfen, das sich zu Tausenden von Tonnen über ihnen auftürmt, und sie zweitens im Schleuderwaschgang der Fluten und dem darin ausgetragenen Überlebenskampf an der Wasseroberfläche halten. In der Montur ähneln sie Superhelden – von Wind und Wetter gestählte und mit allen Wassern gewaschene Figuren aus dem Marvel-Universum, deren Heldenstatus erkennbar wird, wenn sie am Ende des Tages an Land gehen und von der Menschenmenge bejubelt werden, die ihre halsbrecherischen Unternehmungen ehrfürchtig und voller Neugier verfolgt hat.

Unten am Wasser besteigen sie ihre Jetskis und machen sich auf den Weg in Richtung der Fluten, die donnernd an den Praia do Norte anbranden, Kulisse für die mächtigsten jemals gesurften Wellen, größer und konstanter als die auf Hawaii. Hawaii ist der traditionsreiche Geburtsort des Big-Wave-Surfens, wo vor etwa vierzig Jahren alles begann. Nazaré ist der Newcomer – und stark im Aufwind, sieht man sich den Betrieb auf dem Wasser und an Land an. Schon um neun Uhr früh ist auf dem Dach des Forts kein Platz mehr frei. 2014 verzeichnete das Fort, das dem portugiesischen Militärs gehört, im Laufe der Saison 40 000 Besucher. In der Saison 2019/20 zählte die Stadtverwaltung bereits 350 000. Auf den erodierenden Klippen rings um die Festung stehen weitere Hunderte von Schaulustigen, die kommen und gehen; während andere an den Vordereingang des Forts drängen und dort einen Euro Eintritt zahlen.

Die einzige Touristenattraktion im Fort ist ein kleines Museum, das dem Big-Wave-Surfen gewidmet ist. An den Wänden hängt eine Reihe von Boards, ein jedes mit einem Statement seines Besitzers versehen – eine Art Wall of Fame des Big-Wave-Surfens. Jedes Board erzählt eine eigene Geschichte. Auf dem von Antonio Silva steht: „Climbers have Everest, surfers have Nazaré. This is our Everest“ (dt. „Bergsteiger haben den Everest, Surfer haben Nazaré. Es ist unser Everest.“).

Eines gehört Axi Muniain, der wie Silva aus dem Baskenland stammt und regelmäßig bei den Big Days dabei ist. Er gilt als Enfant terrible des Surfsports und wird auch als „The Wave Madman" (dt. „Der Wellenverrückte") bezeichnet.

Die Klippen sind verschlammt und rutschig, kein standfester Untergrund für die dort versammelte Menschenmenge. Zwischen den Schaulustigen stehen hier auch die Spotter der Surfcrews, die die großen Wellen ausspähen und per Walkie-Talkie an die Surfer durchgeben, was sie sehen, aber auch in Not geratene Surfer an die Rescue-Crews melden. Die Spotter wechseln sich ständig ab, die meisten sind selbst Surfer – von Dino Carmo, dem sechsfachen portugiesischen Meister auf dem Bodyboard, bis zum ehemaligen Handballspieler Diogo Pedro, der es bei seinen eigenen Wellenritten lieber eine Nummer kleiner hat. Der Boden rumort wie bei einem mittleren Erdbeben. Die Wellen sind so ungestüm, dass ihr Sprühnebel noch sechzig Meter weiter oben die Gesichter befeuchtet. Mit ihrem entfesselten Getöse liefern sie zudem eine imposante Klangkulisse. Jeder gelungene Wellenritt wird mit Jubel in Brandungslautstärke honoriert; bei jedem Wipeout halten alle die Luft an und atmen – so scheint es – erst wieder aus, wenn der betreffende Surfer wohlbehalten aus dem Wasser gezogen wird. Aber nicht immer geht es glimpflich aus – wo große Wellen gesurft werden, gehören Verletzungen durch Wipeouts dazu.

Heute fällt der mit Spannung erwartete Swell nicht so gigantisch aus wie erwartet. Die höchsten Wellen liegen bei 18 bis 21 Metern. Damit bleibt Koxas 24-Meter-Rekord einen weiteren Tag ungebrochen. Für die beteiligten Crews hat der

Tag – wie jeder Tag – allerdings seinen Preis: Jetskis, die sich überschlagen haben, überflutete und an den Strand gespülte Motoren. Für von Rupp war der Tag auf dem Wasser besonders kostspielig. Als die Nacht hereinbricht, ist Cosme, der auch ein erfahrener Jetskimechaniker ist, wie immer zur Stelle, um sich in von Rupps Lagerhaus um das angeschlagene Gefährt zu kümmern. Schon bald wird darüber diskutiert, wer die Rechnung für die Reparatur übernehmen könnte. Von Rupp bringt es auf den Punkt: „Man lebt im Grunde ausschließlich dafür zu surfen, keiner macht sich Gedanken über die Kosten, bis die Kacke am Dampfen ist – und das ist sie jetzt." Das war gerade mal der erste Swell der Saison, und schon schlagen Schäden zu Buche – physisch und finanziell.

GLEICHSTELLUNG FEHLANZEIGE

Maya Gabeira

Um ein Haar wäre Nazaré für Maya Gabeira zum nassen Grab geworden. Doch die todesmutigen Eskapaden früherer Tage haben sie nicht verschreckt, inzwischen nennt sie es ihr Zuhause. Das „Girl from Ipanema" ist ganz in diesen Landstrich von Portugal übergesiedelt, 8000 Kilometer von Brasilien entfernt. Sie hat etwas von Dr. Jekyll und Mr. Hyde an sich. Äußerlich quirlig und kontaktfreudig, zieht sie sich dennoch gerne in ihr idyllisches Refugium oben in den Hügeln zurück, wo sie wie eine Einsiedlerin lebt, mit niemandem um sich außer ihren beiden Hunden. Der Kontrast zwischen der klaren Linienführung im Haus und den aufgewühlten Wellen, in die sie sich hineinstürzt, könnte größer nicht sein.

Das Haus liegt etwa zehn Autominuten vom Hafen entfernt. Bei meinem ersten Besuch ist die Landspitze, auf der es steht, in tief hängende Wolken gehüllt. Später zeigt sich, dass sie von hier aus eine atemberaubende Aussicht hat, aber im Moment sieht man nicht mehr als die Straße, die aus der Stadt herausführt, vorbei an etlichen Häusern, die in die Vegetation hineingebaut sind. Bei dieser Wetterlage kommt der geheimnisvolle Nimbus von Nazaré besonders zur Geltung. Eine Reihe ausgedienter, jahrhundertealter Geschütztürme entlang der Straße verleihen der Szenerie zusätzlich eine besondere Stimmung. Es ist nicht leicht, Mayas Haus zu finden, aber als ich in die Nähe komme, tritt sie plötzlich aus einer unscheinbaren Metalltür hervor und begrüßt mich mit einem Lächeln. Stormy, ein Australian Shepherd mit durchdringendem Blick, der nicht nur das Haus bewacht, sondern Maya auch als Trainingspartner dient, bellt mehrmals. Gabeiras zweiter Hund, Naza – beide Namen haben Bezug zu ihrer Surfkarriere und ihrem heutigen Wohnort –, begrüßt mich im Gegensatz dazu freundlich. Die beiden Hunde halten zusammen wie Pech und Schwefel und begleiten Maya auf alle ihre Surfreisen, sowohl in ihrer Wahlheimat als auch gelegentlich darüber hinaus.

Ihr Zuhause ist eine Oase. Zwar kann man das Meer von hier aus nicht sehen, weil das Haus und die Bäume, die das Grundstück einrahmen, den Blick versperren, aber man kann es an stürmischen Tagen sehr deutlich hören. Hinter einem sich automatisch öffnenden Garagentor wird ein saftig grüner Rasen sichtbar, umgeben von Bäumen und hohem Bambus und mit einem Swimmingpool in der Mitte. Auf einer Seite des Grundstücks steht ein tonnenförmiges Gebilde, in dem sich eine kleine Sauna befindet. Es ist die einzige bauliche Ergänzung, die Maya bei ihrem Einzug hier vorgenommen hat. Die Glasfront des Hauses macht neugierig auf das Innenleben. Dort empfängt den Gast eine coole und schnörkellose Innenarchitektur, die von allen Seiten Licht hereinlässt und auf zwei Seiten über Holztreppen ins Obergeschoss führt. Hinter dem Wohngebäude befindet sich das hauseigene Fitnessstudio; auf einem schmalen Glasfenster ist das Motto „Practice like a champion" (dt. „Trainiere wie ein Champion") zu lesen. An den Wänden hängen drei ihrer alten Surfboards, von einer befreundeten brasilianischen Künstlerin bemalt. Die Garage nutzt sie nicht etwa als Abstellplatz für ihr Ford-Wohnmobil mit Hybridantrieb, sondern für ihre zahlreichen Surfboards, Neoprenanzüge und sonstiges Equipment.

Das Objekt stand eine gefühlte Ewigkeit zum Verkauf. Maya hatte nie vor, in Nazaré Eigentum zu erwerben. Dennoch ertappte sie sich dabei, wie sie im Internet immer wieder auf die Anzeige für die Immobilie klickte und sich neugierig in sie vertiefte. Jedes Mal ließ sie sich davon abschrecken, dass das Haus zu weit vom Hafen und den Wellen entfernt zu sein schien. Bei genauerer Betrachtung wurde ihr jedoch klar, dass es eigentlich nur ein Katzensprung war. Ihr Interesse war geweckt, und sie vereinbarte einen Besichtigungstermin. Kaum hatte sie den Fuß über die Schwelle gesetzt, stand für sie fest: Das kaufe ich. Am Haus waren keine Arbeiten erforderlich, und sie hatte auch nicht die Absicht, ein größeres Heimwerkerprojekt daraus zu machen. Alles passte so, wie es war. Am nächsten Tag machte sie ein Angebot, und seitdem ist es ihr Zuhause.

Nachmittags hält Gabeira in ihren vier Wänden gerne einen Mittagsschlaf, den sie ihr „Nanna-Nickerchen“ nennt, worauf sie aber heute für unser Gespräch verzichtet. Die Hunde nehmen ihre angestammten Liegeplätze auf dem Sofa ein. Wenn Maya zum Surfen an den Strand fährt, kommen sie mit, passen auf ihre Sachen auf und toben sich aus. „Sie können schnüffeln, bellen und tun, worauf sie Lust haben. Wenn ich aus dem Wasser komme und sie sich danebenbenehmen, tue ich so, als gehörten sie nicht zu mir, und dann rennen wir ganz schnell weg!“ Naza, die bei unserem ersten Treffen vier Jahre alt ist, kam zuerst. Stormy, die ein Jahr jünger ist, wurde ein Jahr später Teil des Haushalts. Charakterlich sind die beiden sehr unterschiedlich. Naza ist für Maya der „Knuddelhund“ und ihre emotionale Stütze. Das geht so weit, dass Gabeiras Psychotherapeutin ihr ein Attest ausgestellt hat, mit dem sie auf Reisen mit öffentlichen Verkehrsmitteln den Hund auf dem Schoß halten darf. Naza ist weiter gereist als viele Menschen und unter anderem schon nach New York, Kalifornien, São Paulo, Rio de Janeiro und Amsterdam geflogen. Stormy dagegen ist für Maya so etwas wie ein Personal Trainer. Sollte sie jemals einen Weckruf benötigen, um an ihr Fitnesstraining erinnert zu werden, wäre der Australian Shepherd zur Stelle und würde sie anstupsen. „Er gibt mir nie einen Tag frei. Ich brauche keinen Trainer, das übernimmt er. Er will, dass ich laufen gehe, Fahrrad fahre oder was auch immer, und patscht mit der Pfote an mir herum, als wollte er sagen: Auf gehts, los!" Dabei ist Gabeira keineswegs nachlässig, was das Training betrifft, denn sie weiß: Wer surfen und in den Monsterwellen überleben will, muss fit sein. An manchen Tagen geht sie schon um 5:30 Uhr in ihr Fitnessstudio. Regelmäßig postet sie Bilder vom morgendlichen Work-out.

Die beiden Hunde buhlen eifersüchtig um Mayas Aufmerksamkeit, aber sie sind auch ein Team. Wenn sie auf einem Spaziergang etwas Interessantes entdecken, bellen sie einander herbei, oder sie sitzen geduldig am Strand und warten, bis Maya aus dem Wasser steigt, manchmal stundenlang. Seit sie denken kann, liebt die Brasilianerin Tiere. Im Gegensatz zu ihrer älteren Schwester Tami, die lieber mit Puppen spielte, bestand sie auf Stofftiere. Als sie fünf war, lag sie ihrer Mutter in den Ohren, weil sie, inspiriert durch eine Sendung im Fernsehen, unbedingt ein Pferd wollte. Noch heute sind ihr Tiere lieber als Menschen – es sei leichter, mit ihnen zu arbeiten und sich mit ihnen zu verständigen. Diese Einstellung ist zum Teil auf negative Erfahrungen zu Beginn ihrer Karriere zurückzuführen. Dass Tiere ihr besonders am Herzen liegen, sieht man auch daran, dass sie sich um eine Gruppe streunender Katzen kümmert, die von einem gleichfalls in der Gegend lebenden Rudel Hunde schikaniert werden. Einmal wurde sie Zeugin, wie ein Kätzchen von einem Hund angegriffen wurde, und brachte es zum Tierarzt, doch auf dem Weg dorthin starb es im Auto. Ihre Nebentätigkeit als Tierretterin bezeichnet sie als ein „weiteres Abenteuer". Zusammen mit einem Nachbarn hat sie direkt vor ihrem Haus ein kleines Baumhaus für die Katzen gebaut, um ihnen einen Zufluchtsort vor den Hunden zu verschaffen.

Maya räumt ein, dass das Alleinleben auch Phasen der Einsamkeit mit sich bringt, was durch die Coronapandemie in den letzten Jahren noch verstärkt wurde. Ein ganzes Jahr lang konnte sie nicht nach Hause zu ihrer Familie nach Brasilien fahren, und auch die Besuche ihrer Familie waren eingeschränkt. Normalerweise kommt ihre Mutter, Yamē Reis, jedes Jahr für drei Monate zu ihr. Über ein Jahr lang sah sie ihre Eltern und die anderen Familienmitglieder nur auf dem Computerbildschirm oder Smartphone-Display. Während dieser Zeit waren die Hunde ihre große Stütze – und sie sind es nach wie vor. Sie hat aber auch Freunde, zum Beispiel die Fotografin Ana Catarina und die Dokumentarfilmerin Stephanie Johnes, die viele Jahre an einem Film über Gabeira und ihr Leben innerhalb und außerhalb des Wassers arbeitete, der den Titel *Maya and the Wave* trägt (und im September 2022 beim Toronto Film Festival Premiere feierte).

Es ist November. Die Saison läuft langsam an, das Wetter ist noch warm, und die Winterstürme, die in Nazaré für den nötigen Aufruhr sorgen, sind noch nicht ganz bis zu Europas Westküste vorgedrungen. In den vergangenen Tagen sind die Wellen jedoch endlich so weit angewachsen – zwölf bis fünfzehn

Meter –, dass Maya den Jetski zum Tow-Surfen herausholen und trainieren kann. Es geht vor allem darum, für die Monsterwellen gewappnet zu sein, die in großer Zahl kommen werden. Sollte der morgige Tag 24 Meter hohe Wellen bringen, müsste sie offen zugeben, dass sie dafür noch nicht bereit ist. Aber eine gute Woche später hat sie den Eindruck, einen Schritt weiter zu sein. Ein großer Teil des Tages geht für die Vorbereitung drauf: Jetskis, Surfboards und Funkgeräte kontrollieren und genügend Trainingsstunden bestreiten, damit an den Big Days alles reibungslos und sicher abläuft. Zweimal pro Woche geht sie ins örtliche Schwimmbad und absolviert dort ein spezielles Atemtraining. Das entspricht im Wesentlichen dem Fahrplan aus dem Vorjahr – mit einer wichtigen Ausnahme: Sebastian Steudtner fehlt.

> „Das ist wie mit verschiedenen Schichten von Kleidung, die man übereinanderziehen muss, bevor man sich ins kalte Wasser stürzt. Ich denke, diese Woche ist gut geeignet, um die Boards, die Teams und die Funkgeräte zu testen. Ich muss viel Zeit ins Jetskifahren investieren und ausloten, wo ich stehe. Seit dem letzten Jahr haben wir ein ziemlich gutes System hier. Der einzige Unterschied ist, dass ich es nicht mit Seb zusammen mache. Gott zwingt mir seinen Plan auf, und ich sage mir: Verdammt, dann soll es wohl so sein.“

„Seb“ ist Sebastian Steudtner, der sich am ersten Tag der Saison verletzt hat und jetzt darum kämpft, wieder aufs Wasser zurückzukehren. Dass sich das richtige Duo zusammenfindet, ist beim Big-Wave-Surfen ein entscheidender Punkt. In der

Regel arbeiten die Surfer während der ganzen Saison als festes Zweierteam zusammen. Nicht immer, aber meistens gestaltet sich das als symbiotische Fifty-fifty-Arbeitsteilung. Auf dem Wasser verbringt jeder die Hälfte der Zeit mit Surfen, und in der anderen Hälfte zieht er den Partner oder die Partnerin auf die Wellen. Für die, die keinen festen Partner haben, ist weniger vorhersehbar, was in der Saison auf sie zukommt und mit wem sie sich an welchem Tag in die Monsterwellen begeben werden. Maya hat ihre Optionen für den Saisonstart immer wieder umgeworfen und neu sortiert. Mit Steudtner arbeitete sie zum ersten Mal in der Saison 2015/16 zusammen; als sie von seiner Verletzung erfuhr, dachte sie sofort: Shit, jetzt stehe ich ohne Team da. Es ist ungewiss, ob sie bei der bevorstehenden Tow Surfing Challenge überhaupt antreten kann. Für die Challenge, die von der World Surf League (WSL) ausgerichtet wird und wohl der größte Wettkampf ist, der in jeder Saison in Nazaré ausgetragen wird, braucht sie einen festen Partner. Kurz gesagt, ihre ehrgeizigen Pläne für 2021/22 hängen in der Luft; über der temperamentvollen Brasilianerin schwebt eine Wolke der Ungewissheit.

Zum Glück besitzt Maya die Fähigkeit, gerade in schwierigen Situationen, sich selbst zu beweisen, dass sie auf eigenen Beinen steht. Das war schon so, als sie mit siebzehn Jahren ihre Familie und ihre brasilianische Heimat verließ und auf gut Glück nach Hawaii ging, weil sie Riesenwellen surfen und ihren Traum verwirklichen wollte. In ihrer Anfangszeit in Nazaré – lange bevor sie sich mit Steudtner zusammentat – arbeitete sie mit ihrem Landsmann Carlos Burle zusammen. Was auch immer diese Partnerschaft ausmachte, sie hatte ständig mit Selbstzweifeln zu kämpfen, was aber ihre Entschlossenheit und ihren Glauben am Ende nur stärkte. „Das ist ein interessantes Phänomen: Wenn man sich auf jemanden verlässt und Erfolg hat, fragt man sich, ob der Erfolg auf den Fähigkeiten des anderen oder auf den eigenen beruht", sagt sie. „Diese Erfahrung habe ich über einen sehr langen Zeitraum mit Carlos gemacht. Als er mir den Laufpass gab – da war ich 26 Jahre alt – stellte ich mir unter dem Eindruck all der Dramen, traumatischen Erlebnisse und Kränkungen die Frage: Wie viel von meinem Erfolg ist darauf zurückzuführen, dass ich mit jemandem zusammen war, der viel besser und erfahrener war als ich? Dieser Gedanke und die damit verbundenen Selbstzweifel ließen mich nicht mehr los. Als ich dann mit Eric [Rebière] meinen ersten Weltrekord holte, war ich unsicher, wie ich das einschätzen sollte. Auch Seb war damals schon Teil des Teams. Meinen zweiten Weltrekord holte ich mit ihm, und zusammen haben wir in den letzten Jahren ein paar gute Wellen erwischt. Die spannende Frage wird sein, ob ich ohne Seb genauso gut zurechtkomme. Das ist eine schöne Herausforderung für mich."

Als Teenager nach Hawaii zu gehen – nur wenige Jahre nachdem sie zum ersten Mal auf einem Surfboard stand –, war ein mutiger Schritt. Immerhin ließ sie ein komfortables Leben in einer wohlhabenden Familie in Rio de Janeiro zurück, um sich im traditionsreichen Surfmekka mit den Besten der Welt zu messen. An der nach außen so selbstsicher erscheinenden jungen Frau nagten nachvollziehbar viele Zweifel, aber es gab weder WhatsApp noch FaceTime oder Skype, um mit der Familie Kontakt zu halten. Das Einzige, was es gab, war die immer gleiche Telefonzelle, von der aus sie einmal im Monat mit ihren Eltern sprach. Ähnlich wie später während der Hochphase der Coronapandemie sah sie anderthalb

Jahre lang ihre Familie nicht – und das in einer Phase, in der sie mit vielen Widrigkeiten zu kämpfen hatte, aber auch zügig lernte, für sich selbst zu sorgen. Was ihr gänzlich fehlte, war ein Netzwerk von Menschen, die sie unterstützten. Heute lacht sie – wenn auch etwas angespannt – über den einen oder anderen Spruch, den sie sich damals von ihren männlichen Surferkollegen anhören musste. Doch die Kränkung saß tief. Als sie sich zum ersten Mal – erst paddelnd und dann vom Jetski gezogen – auf die Wellen begab, lautete die allgemeine Meinung, Maya könne nicht surfen, Monsterwellen schon gar nicht, und lasse den Sport auf Kosten aller – sprich: auf Kosten der Männer – schlecht aussehen.

„Einige der Kommentare hingen mir lange nach. Die richtig gemeinen Bemerkungen taten weh. Wäre ich zu Hause bei meinen Eltern gewesen, hätte ich ihnen vielleicht davon erzählt, aber vor Ort hatte ich niemanden. Es war schwer. Ich war eine junge Frau, die hart arbeitete. Die Haltung der Männer mir gegenüber war: Warum kommt dieses Mädel den weiten Weg aus Brasilien zum Surfen hierher, die Girls auf Hawaii tun es doch auch nicht.“ Wenn sie eine Welle gut surfte, hieß es, das sei bloß Glück gewesen; wenn sie einen üblen Wipeout hatte, hieß es, sie könne froh sein, noch am Leben zu sein. „Ich konnte nichts richtig machen. In ihren Augen war ich das Mädchen, das immer nur Glück hatte. Es war ungerecht.“ Eine Entschuldigung von den Vertretern der Big-Wave-Surfer-Community, die sie als leicht zu beeindruckende Jugendliche verbal angriffen und ihr das Recht zu surfen absprachen, hat es bis heute nicht gegeben – wobei sie selbstbewusst davon ausgeht, dass nach all dem, was sie in den vergangenen anderthalb Jahrzehnten geleistet und erreicht hat, einige ihre Meinung inzwischen geändert haben dürften.

Sie hat bei aller Verletzbarkeit ein dickes Fell und ließ die spitzen Bemerkungen zu Wasser und an Land an sich abprallen. „Wenn du kritisiert wirst, musst du das wegstecken und dich umso mehr reinhängen. Du überlegst, was du daraus lernen kannst, um noch besser zu werden." Aus dieser Unsicherheit entstand der Drang, sich ständig weiterzuentwickeln und herauszufinden, wo sie sich verbessern und wie sie die Erwartungen der Community an sie als Big-Wave-Surferin noch übertreffen könnte. „Meine Grenzen wurden mir von außen gesetzt. Um mich herum gab es lauter Leute, die mich mit ihrem Gerede so verunsicherten, dass ich doppelt hart arbeiten musste, um Selbstvertrauen zu entwickeln und mich sportlich zu exponieren. Es ist hart, sich von der eigenen Gruppe nicht akzeptiert zu fühlen." Heute ist sie vollkommen akzeptiert, aber darauf hat sie lange warten müssen.

Die Überlegung, dass sie diese Widerstände auf dem Wasser bewusst als Motivationsverstärker genutzt haben könnte, lehnt sie ab. „Nein, so war es nicht. Ich war lange Zeit ziemlich eingeschüchtert, weil ich eine Frau war. Der Druck, der von den Alphamännchen ausging, und von denen gab es viele, war enorm. Big-Wave-Surfen war ihr Terrain. Wenn du als junge Frau angefeindet wirst, schüchtert dich das ein. Es ist nicht leicht, damit umzugehen. Männer mit ihren Egos und ihrem Testosteron mögen sich durch so etwas motiviert fühlen, aber für ein junges Mädchen ist es eher beängstigend." Sie macht keinen Hehl daraus, dass sie zeitweise ans Aufhören dachte. Der Impuls war aber nie so stark, dass sie ihm nachgegeben hätte. Ihre Liebe zum Meer und zu den Wellen

Hawaiis war immer größer. Die boshaften Bemerkungen, die sie sich jahrelang anhören musste, hatten eine Art Dominoeffekt auf ihre Umgebung. Das ging so weit, dass sie Mühe hatte, jemanden zu finden, der sie mit dem Jetski auf die Wellen zog. Sogar Burle, mit dem sie eng befreundet war, sei von anderen angegriffen worden, weil er sie auf Hawaii auf die hohen Riesenbrecher zog. Der Unmut, der Maya entgegenschlug, wurde noch verstärkt durch Sponsorenverträge, die sie erhielt, weil sie als eine Wegbereiterin des Frauensports gesehen wurde – mit weltweiter Strahlkraft und ihrer Zeit weit voraus.

Ihrer Meinung nach hatten ihre Probleme aber nicht nur mit ihrem Geschlecht zu tun. Es habe auch an ihrer Nationalität gelegen. Surfen sei ein Reviersport. In den Augen vieler war Hawaii für die Einheimischen reserviert und vielleicht noch für Amerikaner aus anderen Teilen der USA. „An solchen Orten wird dir klar zu verstehen gegeben, dass du nur eine Brasilianerin bist. Wir werden von oben herab behandelt. Für manche ist Brasilien ein Dritte-Welt-Land. Wir dürfen kellnern, die Jobs machen, die mit körperlicher Arbeit verbunden sind, aber nicht die Topjobs." In Nazaré erlebte Gabeira in dieser Hinsicht vom ersten Tag an genau das Gegenteil.

Inzwischen haben sich die Verhältnisse im Big-Wave-Surfen auf Hawaii und auch anderswo verändert. Dazu hat Maya nicht unwesentlich beigetragen, indem sie sich von all den Verunglimpfungen nicht hat unterkriegen lassen und damit den Weg für zukünftige Generationen geebnet hat. Doch die Bemerkung, dass sie für viele nachfolgende Frauen die Tür aufgestoßen habe, quittiert sie mit einem Schulterzucken. Zu diesen zählt unter anderem Justine Dupont, die zusammen mit Gabeira angetreten ist, um im Big-Wave-Surfen als Frauensport neue Maßstäbe zu setzen. Die beiden wetteifern unablässig um den Weltrekord für die größte jemals von einer Frau gesurfte Welle, den derzeit Gabeira hält. Sie verstehen sich gut, aber Gabeira legt Wert auf die Feststellung, dass Dupont und andere Surferinnen wie Michelle des Bouillons nicht mit den gleichen Widerständen zu kämpfen hatten wie sie zu Beginn ihrer Karriere.

> „Ich glaube nicht, dass sie sich mit den Dingen auseinandersetzen müssen, mit denen ich mich auseinandersetzen musste, als ich vor dreizehn Jahren Profi wurde. Durch die #MeToo-Bewegung und ähnliche Entwicklungen ist es inzwischen für Männer unzeitgemäß, sich öffentlich abfällig über Frauen zu äußern. Viele Sprüche, die ich damals immer wieder zu hören bekam und die die Männer ohne Hemmungen und ohne Reue von sich gaben, unterbleiben heute. Heute ist das mit Scham verknüpft, sodass Frauen anders behandelt und stärker akzeptiert werden. Heute ist das eine Frage des Anstands, dass Frauen anders und mit mehr Respekt behandelt werden."

Sie hofft, dass Dupont, des Bouillons und andere, die nach ihr kommen werden, solche Kämpfe niemals werden ausfechten müssen und dass sie sich unabhängig von ihrem Geschlecht akzeptiert fühlen und für Höchstleistungen die gebührende Anerkennung, nicht Anfeindungen, erfahren werden.

DER SCHUTZENGEL VON NAZARÉ

Sérgio Cosme

Wenn die Surf-, Tauch- und Kamerateams auf ihren Jetskis den Hafen von Nazaré verlassen, legen sie an der Hafenausfahrt einen kurzen Stopp ein und vollziehen ein kleines Ritual. Die Jetskis stellen sich eng nebeneinander, die Beteiligten fassen sich an den Händen und halten mit gesenkten Köpfen für einen Moment inne. Es gibt immer eine Person, die etwas sagt. Was gesprochen wird, ist unterschiedlich – mal ist es etwas Religiöses, mal etwas Spirituelles, mal etwas ganz Weltliches. Doch egal welche Botschaft verkündet wird, in welcher Sprache oder aus welchem Glauben – der Grundgedanke ist immer gleich: Alle wollen heil zurückkommen und noch viele Tage hier, auf einem der berüchtigtsten Gewässer Europas, weitersurfen. Auf Nichteingeweihte mag diese Form des Gebets im Hinblick auf das Bevorstehende befremdlich wirken, aber es ist zur Tradition geworden und wird fast immer praktiziert, ob die Wellen groß oder klein sind.

Wer den Hafen von Nazaré auf einem Jetski verlässt, muss unabhängig davon, wie erfahren er ist, eines beachten: Er muss sich immer gut an der Taille des Piloten festhalten, denn wenn er das nicht tut, wird er bei einem abrupten Tempowechsel vom Rücksitz geworfen und landet in der Heckwelle. An diesem eher ruhigen Tag sitzt hinter Jetskipilot Sérgio Cosme ein Neuling. Am Steuer eines zweiten Jetskis sitzt Nic von Rupp mit dem über siebzigjährigen Singer-Songwriter Jimmy Buffett auf dem Rücksitz. Die beiden Paare bilden eine Ausnahme von dem in Nazaré üblichen Partnerschaftsmodell, bei dem die Beteiligten abwechselnd mit Surfen und Fahren an der Reihe sind.

Der Amerikaner Buffett hat mehr als zwanzig Millionen Alben verkauft. Hits wie *Margaritaville* und *It's Five O'Clock Somewhere* machten den Sommer-Sonne-Insel-Sound seiner Gutelaunemusik berühmt. Er surft schon sein Leben lang. Gerade macht er mit seiner Familie Urlaub in Galicien und möchte bei seinem heutigen Abstecher zum ersten Mal einen Blick auf die Brandung von Nazaré werfen. Es ist nicht ungewöhnlich, dass Promis die Gewässer von Nazaré besuchen. Vor nicht allzu langer Zeit war die *Game of Thrones*-Darstellerin Maisie Williams da, und seit Beginn dieser Saison macht das Gerücht die Runde, der siebenfache Formel-1-Weltmeister Lewis Hamilton – auch er ein leidenschaftlicher Surfer – wolle Nazaré einen Besuch abstatten, sobald sich im Rennkalender eine Lücke auftue. Buffett ist mit seinem Privatjet aus den USA herübergekommen und hat sich dann in einem Auto mit Fahrer von Spanien nach Portugal chauffieren lassen. Für seinen Ausflug aufs Wasser hat die Stadtverwaltung zwei Jetskis zur Verfügung gestellt. Im Gegenzug posiert der Country- und Popmusiker für Fotos in den sozialen Medien: Buffett auf dem fahrenden Jetski, Buffett auf dem Surfbrett – allerdings nicht auf den Brechern, sondern im flacheren Wasser.

Nach dem Verlassen des Hafens schließt sich rechter Hand der Hauptstrand an; diagonal schweift der Blick hinüber zum Fort, das in rund einem Kilometer Entfernung in den Ozean ragt. Selbst erfahrene Surfer können sich einer gewissen nervösen Vorfreude nicht erwehren, wenn sie auf diesen markanten Punkt zusteuern. Doch sobald man das Fort hinter sich gelassen hat und um die Ecke in das Gebiet einfährt, in dem die berüchtigten Monsterwellen auf den Nordstrand zurollen, ist es mit der Normalität vorbei und das Chaos beginnt.

Cosme versucht, bei jeder Ausfahrt aufs Meer etwas dazuzulernen. Bevor er um die Ecke biegt, erreicht er die Pedra do Guilhim, zwei vorgelagerte Felsen, deren einstige Verbindung zum Festland vor Hunderten von Jahren von den Wellen erodiert wurde. Kein Surfer möchte bei stürmischer See an diese Felsen gespült werden. Es ist genau die Stelle, an der Andrew Cotton später in dieser Saison immer wieder atemlos im Wasser auf- und abtaucht. Cosme lässt den Blick schweifen. Er will herausfinden, wie man bei raueren Bedingungen mit dem Jetski sicher in diese Felszone hinein- und wieder herauskommt. Dabei wirkt er wie jemand, der bemüht ist, ein Rätsel zu knacken. Er schaut von einem Felsen zum anderen, beobachtet die Wellenströmung an diesem eher ruhigen Tag und versucht dahinterzukommen, wie er sich durchschlängeln könnte, wenn er hier einmal als Retter in höchster Not gebraucht würde.

Heute sind die Wellen nicht ganz fünf Meter hoch – für die Surfer ein Kinderspiel, für die beiden auf den Rücksitzen aber groß genug, um ein mulmiges Gefühl im Magen zu verursachen. Cosme spielt mit den Wellen, fährt direkt vor dem Barrel und am Barrel entlang, wobei der Schatten der Wellen an diesem sonnigen Tag eine malerische Kulisse bietet. Er beginnt zu erzählen, was alles schon schiefgelaufen ist, und von spektakulären Rettungsaktionen – etwa der, bei der er

Nic von Rupp zwischen den Felsen herausholte, bevor eine weitere Welle ihn um ein Haar übel zugerichtet hätte. Bei einer Rettung von Andrew Cotton gelang Cosme das perfekte Timing: Er kann den Surfer gerade noch packen und auf den Rücksitz seines Jetskis hieven, bevor mit voller Wucht das Weißwasser heranschießt und das Gefährt ins Schlingern bringt wie ein Auto bei Glatteis. Am Ende bekommt er den Jetski wieder unter Kontrolle und steuert ihn aus der Gefahrenzone. Vor Erleichterung stößt Cosme laute Jubelschrei aus. Doch als er sich zu seinem Kumpel umdreht und seine Freude mit ihm teilen will – ist der Rücksitz leer! Als Cotton realisiert hatte, dass der Jetski außer Kontrolle geraten war, hatte er es für sicherer befunden, abzuspringen und sich in den Fluten allein durchzuschlagen. Bei ihrer glücklichen Wiederbegegnung war Cotton kreidebleich. Er war überzeugt, dass das Meer Cosme verschlungen hatte.

Nachdem er mir diese Geschichte erzählt hat, fährt Cosme mit Vollgas zurück Richtung Hafen. In seiner Gesellschaft muss man sich einfach wohlfühlen – ein Mann von kleiner Statur, der mit seinem Lachen alle mitreißt und sich angewöhnt hat, jeden in seiner Umgebung eine „Legende“ zu nennen. Jeder zweite Satz wird von einem Kichern begleitet, das manchmal etwas Manisches hat. Er kann aber auch seinem südländischen Temperament freien Lauf lassen und mächtig aus der Haut fahren, was bei seiner stressigen und verantwortungsvollen Aufgabe gar nicht so selten vorkommt. Cosme hat als Big-Wave-Surfer angefangen, sich inzwischen aber einen Namen als einer der besten Jetskipiloten gemacht. Seine Rettungsaktionen haben in Nazaré mittlerweile Kultstatus und brachten ihm den Spitznamen „Schutzengel von Nazaré“ ein, der bei ihm echte Rührung auslöst. „Es ist schön, das zu hören", gibt er offen zu. „Als ich es zum ersten Mal irgendwo las, dachte ich: Mit diesem Ehrentitel bin ich eine Art Jesus!", lacht er. „Aber im Ernst: Dass mir die Leute diesen Namen gegeben haben, ehrt mich und macht mich sehr dankbar. Sie hätten mir auch andere schlimme Spitznamen verpassen können, aber Schutzengel – das gefällt mir. Wer wird nicht gerne als Engel bezeichnet? Hier zu leben, zu arbeiten und diesen Sport auszuüben, ist keine leichte Sache." Gerade hier, an einem der härtesten Surfspots der Welt, empfindet Cosme die Bezeichnung als einen Ausdruck des großen Vertrauens, das seine Kollegen draußen auf dem Wasser in seine Fähigkeiten haben. „Für mich ist das unglaublich – einfach irre", sagt er und schüttelt ungläubig mit dem Kopf.

Cosmes Geschichte in Nazaré beginnt, lange bevor McNamara zu seinem erst Ritt auf den Wellen hierhergelockt wurde. Geboren wurde er etwa auf halbem Weg zwischen Nazaré und Lissabon in einem Ort, der ebenfalls als Surfspot bekannt ist: Santa Cruz. Dort sind die Wellen allerdings kleiner. Seit seinem fünften Lebensjahr fuhr Cosme mit seiner Familie regelmäßig sonntags nach Nazaré. Dort aßen sie zu Mittag oder zu Abend und spazierten anschließend die malerische Promenade entlang, die Kinder oft mit Eistüten in der Hand. Diese Gepflogenheit ist auch heute noch bei vielen Familien der Region üblich. Bei dem Gedanken, dass ihn das Leben einmal in einem großen Kreis herumgeführt hat, um ihn am Ende wieder am Ausgangspunkt abzusetzen, muss er schmunzeln. „Es ist komisch, dass ich wieder hier gelandet bin", sagt er. „Die Wellen waren ja immer schon hier, sozusagen von Natur aus, aber dass ich auch schon hier war, bevor es richtig losging, ist eine schöne

Vorstellung. Ich habe nie auf die großen Wellen geachtet, später bin ich dann auf ihnen gesurft und herumgefahren."

In seiner Jugend waren Motoren seine große Leidenschaft. Von seinen Eltern hat er diese Begeisterung nicht geerbt, aber es gab jemand anderen, mit dem er diese Liebe teilte: seinen Cousin Ricardo. Beide kamen im selben Jahr zur Welt, ihre Geburtstage liegen nur zwei Wochen auseinander. Sie waren so gut wie unzertrennlich, hingen nach der Schule und an den Wochenenden, in den Sommer-, Weihnachts- und Osterferien zusammen ab. In die Welt der Zweiräder wurde Cosme von seinem Onkel eingeführt. Im Alter von drei oder vier Jahren saß er zum ersten Mal auf dem Sattel eines Motorrads und durfte am Lenkrad herumspielen. Zwei Jahre später klauten er und sein Cousin das Motorrad, als ihre Eltern nicht zu Hause waren, und fuhren damit durch die Straßen. Bis heute ist er sich nicht sicher, ob sie jemals davon erfahren haben. In Nazaré ist Cosme nicht nur Rescue-Fahrer, sondern wird auch regelmäßig zur Reparatur und Wartung der Jetskis herangezogen, er ist so etwas wie der „Reparateur vom Dienst". Er kauft auch alte Autos, repariert sie und verkauft sie wieder – allerdings mehr als Hobby denn als Beruf. Seine Leidenschaft für Motoren ist ungebrochen. Sobald das charakteristische Brummen an sein Ohr dringt, ist seine Neugier geweckt.

Seine zweite Leidenschaft gilt dem Meer. Seit er denken kann, ist er gerne auf dem Wasser – und steht gerne auf dem Surfboard. „Ich möchte am liebsten immer im Wasser sein. Beim Big-Wave-Surfen kann ich beides perfekt miteinander verbinden." Nach Ansicht von Cosme gibt es zwischen Motorrädern und Jetskis mehr Gemeinsamkeiten, als man denkt: Beide schütteln einen zum Beispiel ordentlich durch – das

Motorrad an Land und der Jetski auf dem Wasser. Beim Besuch eines Jetskikurses bekam er die Empfehlung: Die Welle immer schön langsam auf und ab durchqueren. Als im Meer vor Nazaré die erste Doppelwelle auf ihn zurollte, wollte er das frisch Gelernte ausprobieren, doch die zweite Welle erwischte ihn mit voller Wucht und hätte den Jetski beinahe in Stücke zerlegt. Da sagte er sich: Nie wieder. „Beim Motocross gebe ich mehr Gas und mache einen großen Double statt zwei regulärer Jumps. Ich dachte mir, wäre doch gut, wenn ich das auf dem Wasser auch so machen könnte. Solche Sachen trainiere ich, wenn ich allein auf dem Jetski bin und niemand da ist, den ich bergen muss.“ In einem Punkt unterscheiden sich Dirt Bikes und Jetskis: Auf dem Jetski lässt sich die Adrenalinausschüttung nicht steuern. Wenn Cosme auf dem Zweirad sitzt und müde wird, fährt er einfach ein bisschen langsamer. Und wenn er mit jemandem unterwegs ist, der nicht so erfahren ist, lässt er es ruhiger angehen. Das Meer nimmt da keine Rücksicht.

> „Auf dem Dirt Bike hält der Adrenalinschub dreißig Sekunden an. Beim Surfen stehst du stundenlang unter Adrenalineinfluss – selbst dann, wenn gerade ein anderes Team auf dem Wasser ist. Du schüttest die ganze Zeit Adrenalin aus – du haust alles raus, bis du wieder im Hafen bist. Für mich gilt auf dem Motorrad wie auf dem Jetski: Immer volle Kraft voraus. Ich liebe Adrenalin, ich liebe Geschwindigkeit, ich liebe das Röhren der Motoren. Aber wenn du Menschen aus dem Wasser holen musst, musst du ganz anders vorgehen. Dann schüttest du Angstadrenalin aus, weil du dafür verantwortlich

bist, Leben zu retten. Das ist etwas komplett anderes als ein Sport, bei dem es nur um Vollgas und Spaß geht."

Cosme bezeichnet sich nach wie vor als Big-Wave-Surfer, auch wenn seine Ritte auf dem Surfboard in den vergangenen Jahren seltener geworden sind. Ihm ist aber auch bewusst, dass die meisten ihn als denjenigen kennen, der an den Big Days auf dem Jetski sitzt. Vor ein paar Jahren nahm McNamara – der in Nazaré als Surfer und als Jetskipilot brilliert – Cosme zur Seite und sagte zu ihm: „Du surfst gerne, und du fährst gerne. Sérgio, du solltest auf ein Pferd setzen und nicht auf zwei. Wenn du dich als Surfer beweisen willst, sei Surfer. Wenn du dich als Fahrer beweisen willst, sei Fahrer." Das veränderte seine Einstellung, zumal er selbst bereits wusste, dass er ein besserer Fahrer als Surfer war. Hinzu kam eine andere Ausgangslage. Erst in den letzten Jahren sind immer mehr Jetskispezialisten auf den Plan getreten. „Vor fünf Jahren", so Cosme, „gab es keine guten Fahrer. Das hat sich geändert."

Diverse Verletzungen haben für ihn die Kluft zwischen Surfen und Jetskifahren noch größer werden lassen. Da er zu Beginn der Saison 2021/22 körperlich angeschlagen ist, kann Cosme nur auf dem Jetski sitzen, aber nicht auf dem Board stehen. In der Saison zuvor, an einem Tag im Februar, steckte er zusammen mit seinem Teampartner Nic von Rupp auf einmal eingekeilt zwischen zwei Wellen. Cosme hatte versucht, das Wellental zu überspringen, verkalkulierte sich aber trotz seines fahrerischen Könnens und krachte mit seinem Gefährt voll in die zweite Welle. Er schlug mit dem Mund gegen den Lenker, verlor zwei Vorderzähne und ein Stück Knochen und trug eine aufgeplatzte Lippe davon. Als er blutüberströmt in den Hafen zurückkehrte, zuckte er nur mit den Schultern: „Das Leben geht weiter." Getreu diesem Motto schwang er sich vier Tage später mit ein paar Freunden auf sein Dirt Bike, verletzte sich dabei am vorderen Kreuzband im Kniegelenk und musste operiert werden. Für den Rest der Saison fuhr er regelmäßig zwischen Nazaré und seinem Physiotherapeuten in Lissabon hin und her, um wieder fit zu werden. Er nimmt es gelassen und sieht es als Teil des Spiels, für das er sich nun mal entschieden hat, aber die Regeneration ist langwierig und gestaltet sich zwischenzeitlich frustrierend. Als zu Saisonbeginn die Surfer aus allen Himmelsrichtungen nach Nazaré zurückkehren, sind zwischen seinen Zähnen noch immer die dünnen Fäden zu sehen, die von den Reparaturmaßnahmen im Mund stammen. Das Gebiss sieht wieder gut aus, aber das Knie bleibt eine Baustelle. Gut möglich, dass das Thema Surfen sich für die Saison erledigt hat, aber Cosme glaubt, so weit wieder in Schuss zu sein, dass er mit dem Jetski auf den Monsterwellen kreuzen kann.

Neben der Verletzung treibt ihn eine andere Sorge um: Corona. Er wohnt Tür an Tür mit seiner Mutter Liliana, die weit über siebzig Jahre alt ist. Seine Angst, dass er sich mit dem Virus anstecken und es ins häusliche Umfeld einschleppen könnte, ist zum Teil eine Altlast aus der Saison davor, als die Pandemie in vollem Gange war, aber trotzdem immer noch sehr real. Die räumliche Nähe im Dorf führt dazu, dass sich das Virus schnell ausbreitet, sobald auch nur eine Person infiziert ist. In der vergangenen, aber auch in der laufenden Saison sind Surfspots Hotspots.

Die erwähnte Jetskispritztour mit Jimmy Buffett ist auch das erste Wiedersehen mit Nic von Rupp. Die beiden Portugiesen, die in der kommenden Saison wieder ein Zweierteam bilden wollen, sind wie Blutsbrüder, die einerseits immer enger zusammenwachsen, andererseits aber auch oft aneinandergeraten. Doch kein Streit ist so groß, dass er nicht beigelegt werden könnte. Seit 2018 sind sie ein Team – Batman und Robin als Surfduo. Eines Abends, lange nach Abschluss des Surftags, stehen die beiden vor einem Restaurant an der Strandpromenade. Die Surfergemeinde hat sich versammelt, um die Höhepunkte des Tages zu feiern, Cosme und Nic dagegen diskutieren hitzig die Bilanz des Tages: zwei gekenterte Jetskis und eine nicht versicherte Videokamera, die kaputtgegangen ist und nun irgendwie bezahlt werden muss. Doch als sich das Treffen auflöst, sind die Wogen wieder geglättet. Eine Freundin scherzt, sie seien wie ein Ehepaar, und die Art und Weise, wie Cosme über diese Bemerkung lacht, lässt tatsächlich auf eheähnliche Verhältnisse schließen. „Es stimmt, wir zanken wie ein altes Ehepaar – ab und zu muss das sein. Manchmal schreie ich ihn an, und er schreit zurück, aber das ist normal. Zwischen Nic und mir gibt es eine große Verbundenheit, und diese Verbundenheit brauchen wir.“ Sie ist nicht nur wichtig für ihre Freundschaft, sondern auch für ihre Kommunikation auf dem Wasser – und auch dort wird viel geschrien. „Wenn ich als Fahrer noch besser werden kann, will ich versuchen, noch besser zu werden. Ich will, dass er zu mir sagt: Sérgio, lass uns das besser hinkriegen.“ Wenn sich zwei am Schleppseil abwechselnd in lebensgefährliche Situationen ziehen und dann wieder gegenseitig herausfischen, entsteht ein unzerstörbares Band.

Zu viele Wechsel in einer Crew können eine Gefahrenquelle sein. Zweierteams, die fest zusammenbleiben, entwickeln eine

Harmonie und einen sechsten Sinn, der signifikant mehr Sicherheit bedeutet und die Wahrscheinlichkeit erhöht, dass beide Surfer in die größten Wellen gelangen. Deshalb halten Cosme und von Rupp an ihrer bewährten Partnerschaft fest. Auch andere waren eine Zeit lang Mitglieder in ihrem Team und haben es wieder verlassen, zum Beispiel Rafael Tapia, ein chilenischer Weinimporteur und Big-Wave-Surfer. Der Südamerikaner kommt seit Jahren immer wieder zu Stippvisiten nach Nazaré und vergleicht diese Besuche gerne mit einer Drogenabhängigkeit, von der er nicht loskommt. Einen großen Teil des restlichen Jahres verbringt er damit, sich das Geld für das Surfen zu verdienen. In dieser Saison heißt Cosmes und von Rupps wichtigster Surfpartner Pedro Scooby. Scooby ist ein verwegener, partyverrückter Brasilianer, der Nazaré zur Saisonmitte wieder verlassen will, um in der brasilianischen Version von *Promi Big Brother* aufzutreten. Wichtiger Bestandteil eines jeden Teams ist der Spotter, der oben auf den Felsen steht und mit seinem Überblick die Jetskipiloten zu den richtigen Wellen und später auch zu der Stelle lotst, an der sie einen Surfer wieder auflesen können, wenn er umgerissen wurde. Der Traumkandidat für den Posten des Saisonspotters ist Adriano „Strodjy" Cordeiro, der normalerweise mit dem Brasilianer Lucas „Chumbo" Chianca – dem Lionel Messi des Big-Wave-Surfens – und seiner Crew zusammenarbeitet. Da Chianca zumindest zu Beginn der Saison nicht in Nazaré ist, entstand die Idee, Cordeiro an Bord zu holen, bis Chianca eintrifft. Doch Cordeiro ist seinem Surfer so treu ergeben, dass er auf keinen Fall „fremdgeht" und sich nicht einmal für einen Tag Cosme und von Rupp anschließt.

In einem Team mit hoher Fluktuation sind Cosme und von Rupp die Konstanten. Sie kennen und verstehen sich bis ins kleinste Detail, sodass sie oft ohne Wort auskommen. Wenn er sich auf dem Wasser von Cosme mit dem Jetski am Schleppseil in die Monsterwellen ziehen lässt, befindet sich von Rupp meistens zehn bis zwölf Meter hinter seinem Freund. Die Jetskimotoren und erst recht die Megawellen um sie herum machen so viel Lärm, dass ein möglichst hohes Maß an blindem Verständnis und ein gutes Lungenvolumen unerlässlich sind. „Häufig können wir den anderen nicht hören und müssen schreien – sodass es manchmal wirkt, als wäre ich ein Irrer", sagt Cosme und spricht zur Veranschaulichung auf einmal ganz laut. „Ich schreie, und er fragt mich: ‚Warum schreist du mich an?' Aber ich schreie ihn ja nur an, damit er mich hört." Die intensive Arbeit an ihrer Kommunikation und deren ständige Weiterentwicklung ermöglicht es ihnen, sich auch in brisanten Situationen immer wieder in eine gute Position innerhalb einer Welle zu bringen. Es gibt die Glücksmomente, in denen sich der Wellenritt perfekt anfühlt, und es gibt Momente, die aus dem Ruder laufen und in denen beide mit vereinten Kräften verhindern, dass die Situation eskaliert. Und es gibt Situationen, in denen einer oder alle beide die Beherrschung verlieren. Die Basis für alles, so der Schutzengel, ist eine zwischenmenschliche Beziehung, die in den vergangenen Jahren so stabil geworden ist, als wäre sie in Stein gemeißelt. „Probleme gibt es im Leben natürlich immer wieder, aber mit einer großen Freundschaft lässt sich alles viel leichter bewältigen."

DER BLICK VOM UFER

Spotter, Fotografen und Filmer

An Surftagen – auch bei niedrigerem Wellengang – findet sich am rechten Rand der Felsen von Nazaré, weit oberhalb der Wellen und in einiger Entfernung von den Schaulustigen, eine Gruppe von Menschen mit Klappstühlen und großen Schirmen ein. Die Schirme dienen als Schutz vor der Sonne, wenn sie denn mal scheint. Von früh bis spät, von der Ankunft des ersten Surfers bis zu dem Moment, in dem der letzte Feierabend macht, halten sie hier die Stellung. Da müssen die Büsche hinter ihnen schon mal als Toilette herhalten. Jeder hat einen Feldstecher um den Hals hängen, in den Händen halten sie Funkgeräte, die gelegentlich mit einem knackenden Geräusch zum Leben erwachen und Nachrichten aus dem Wellengetümmel übermitteln. Diese Leute sind die Spotter – eine Art Lebensversicherung für die Big-Wave-Surfer von Nazaré.

Die Bezeichnung „Spotter" – das englische Wort für Späher oder Beobachter – sagt, was ihre Aufgabe ist: Sie sollen alles im Auge haben, was auf dem Wasser passiert. Gutes wie Schlechtes. Sie sagen an, in welche Wellen sich die Surfer ziehen lassen sollen, und – was vielleicht noch wichtiger ist – sie dirigieren die Rescue-Jetskis dorthin, wo die Surfer voraussichtlich wieder auftauchen werden. Am häufigsten fällt dabei das Wort „esquerdo" (dt. „links"), das schnell und fast rhythmisch in das Funkgerät gebellt wird, um den Jetskipiloten von sich aus gesehen nach links zu dirigieren, bis der Surfer aus der Welle auftaucht – oder in ihr versinkt. Wenn der Retter den Surfer dann im Schaum des Weißwassers nicht sieht, muss der Spotter ihn ausfindig machen und die Bergungsaktion steuern und koordinieren. Jedes Team hat mindestens einen Spotter. Manche bekommen ein Tageshonorar, andere sind für die Dauer einer Saison bei einem Surfer oder einem Team angestellt. An Tagen mit besonders großen Brechern arbeiten die Teams manchmal auch mit zwei Spottern. Die Aufgabe ist vergleichbar mit der Rolle des Renningenieurs in der Formel 1. Ähnlich wie bei einem Grand-Prix-Rennen schweigt der Funk über weite Strecken, und nur gelegentlich werden Informationen durchgegeben. Doch sobald ein Surfer auch nur vorübergehend von der Bildfläche verschwindet, ertönen panische Stimmen aus den Funkgeräten – meist auf Portugiesisch, manchmal auf Englisch, je nachdem auf welche Sprache sich das jeweilige Team verständigt hat. Bei der Rettungsaktion ziehen alle an einem Strang. Ist der Surfer in Sicherheit, wird wieder auf Normalbetrieb umgestellt, und die Spottertruppe kehrt in ihren entspannten Modus aus plaudern, scherzen und zwischendurch etwas essen zurück.

Die Spotter, denen das Leben der Surfer anvertraut wird, sind allesamt Einheimische. Weil sie hier aufgewachsen sind, kennen sie das Meer in diesen Breiten besser als jeder andere. An ruhigeren Tagen vertreiben sich viele von ihnen die Zeit auf dem Wasser: als Bodyboarder. Im Mittelpunkt der hiesigen Gruppe steht Adriano Cordeiro alias „Strodjy“. Der Spitzname stammt aus seiner Jugendzeit. Als Kind wurde er in der Schule mit dem Beinamen „Monkey“ schikaniert. Als er einen Schulwechsel nutzen wollte, um ihn loszuwerden, lief im Fernsehen eine brasilianische Sendung – rätselhafterweise mit Untertiteln in einer osteuropäischen Sprache. Er las diese Untertitel vor dem Fernseher laut vor und äffte sie in der Schule nach, ohne ein Wort zu verstehen. Außerdem behauptete er in jugendlichem Übermut, ein Flüchtling zu sein. So kam der Name Strodjy in die Welt und blieb an ihm hängen. Sogar seine Mutter Tina nennt ihn so, wenn seine Freunde dabei sind. Cordeiro ist ein Energiebündel. Zusammen mit seiner Mutter betreibt er in der ehemaligen Wohnung seiner Großmutter in Sítio eine hübsche Pension. Das Haus heißt Casa do Mar (dt. Haus am Meer) und hat vier Gästezimmer, die alle mit Meeresmotiven dekoriert und mit von Mutter und Sohn handgefertigten Möbeln eingerichtet sind. Von den Zimmern geht der Blick über die kopfsteingepflasterten Straßen. Es ist nur ein kurzer Fußweg bis zu den Klippen, von denen aus man die Surfer beobachten kann. Seine täglichen Surfreports, die auf Instagram Kultstatus haben, beginnt Cordeiro jedes Mal mit einem aufgedrehten und lautstarken „Bom dia, bom dia, bom dia!“ (dt. „Guten Morgen, guten Morgen, guten Morgen!“). Aus den frühmorgendlichen Berichten, bei denen er vom Felsen aus über das Meer blickt, erfährt die Big-Wave-Community, was für ein Tag sie erwartet.

Cordeiro ist der Spotter von Lucas Chianca und gilt allgemein als einer der Besten seiner Zunft, weshalb Cosme und von Rupp ihn schon öfter angefragt haben. Doch Cordeiro ist Chianca treu ergeben und betrachtet ihn und sich als Brüderpaar. Diese Brüderschaft geht so weit, dass der eine die Sätze des anderen zu Ende formuliert und einer über die Witze des anderen lacht, bevor die Pointe erzählt ist. Sie verstehen sich blind, sodass sie die Kommunikation zwischen Klippe und Jetski auf ein Minimum beschränken können. Kurz gesagt: Chiancas Spotter spricht nur, wenn es absolut notwendig ist – wie ein guter Trainer weiß er genau, wann der Zeitpunkt gekommen ist, das Wort zu ergreifen. Die beiden sind sich sehr ähnlich. Beide sind voller Elan, lachen gerne und haben immer ein Lächeln auf den Lippen. In Cordeiros Augen ist Chianca der „Pablo Picasso des Big-Wave-Surfens", weil er auf dem Wasser Dinge veranstaltet, zu denen andere nicht in der Lage sind. Welche Rolle ihm, Cordeiro, dabei zukommt, ist ihm selbst nicht ganz klar – Staffelei oder Malerpinsel vielleicht? Er zuckt mit den Schultern und lacht über den schrägen Vergleich. Cordeiro erinnert sich noch gut an die Anfänge von Garrett McNamara und an die Aufregung, die die Ankunft des Hawaiianers bei einer kleinen Gruppe von Surfern und Bodyboardern auslöste. Cordeiro kam damals zur Klippe und schaute McNamara und seinem Team beim Wellenreiten zu. Eines Tages wurde er gefragt, ob er Spotter sein wolle. Er bekam ein Walkie-Talkie in die Hand gedrückt, das nicht richtig funktionierte, und erhielt die Anweisung, er solle sich an die Arbeit machen. Anfangs war die Aufgabe der Spotter vor allem auf die Sicherheit ausgerichtet. Im Laufe der Zeit wurde daraus aber zunehmend eine eher taktische Funktion, bei der es darum ging zu erkennen, welche Wellen es wert waren, angesteuert zu werden. Die Lernkurve war steil, mittlerweile weiß Cordeiro besser als die meisten, wie Nazaré tickt. „Ich bin wie ein Vogel – ich habe den Überblick", beschreibt er seine Rolle. „Ich warte einfach nur. Manchmal reden wir eine halbe Stunde lang kein Wort, weil es keine neuen Informationen gibt." Angesichts seines Sprechtempos und der Menge an Wörtern, die aus ihm heraussprudeln, kann man sich kaum vorstellen, dass er überhaupt jemals längere Zeit still ist. „Am Anfang habe ich noch jede Information durchgegeben, aber die Surfer wollen nicht zu viel Gerede."

Bei seinem Job geht es vor allem darum, in kritischen Situationen einen kühlen Kopf zu bewahren. Früher war Cordeiro bekannt dafür, in dramatischen Momenten ins Funkgerät zu schreien. Inzwischen weiß er, dass das nichts bringt – egal wie nervenaufreibend die Situation ist. Er und die anderen Spotter müssen die ruhigsten Menschen auf dem Felsen sein. Cordeiro hat das Glück, dass Chianca selten in brenzlige Situationen gerät. Das liegt vor allem an dessen großem Können als Surfer, aber auch daran, dass er von seinem Spotter, der wie ein Marionettenspieler an Land die Fäden in der Hand hält, im richtigen Moment zu den richtigen Wellen dirigiert wird. Chiancas Anweisung vom Meer aus lautet immer gleich: Jederzeit die höchstmögliche Welle für ihn ausgucken.

Die Tage können lang und die geforderte dauerhaft hohe Konzentration anstrengend sein, doch Cordeiro ist meistens gut gerüstet. Er bringt sich etwas zu essen und zu trinken mit, oder andere versorgen ihn über den Tag hinweg. Wenn er auf den Felsen steht, ist er zwar Hunderte von Metern von den Wellen entfernt, aber im Geiste ist er mitten auf dem Wasser. „Ich habe das Gefühl, ich bin der Surfer. Es ist, als wäre ich mit ihm zusammen dort. Und dann denke ich: Was würde ich jetzt wissen wollen? Welche Informationen hätte ich gerne, wenn ich auf dem Wasser wäre?" So viel Spaß der Job ihm auch bereitet und so meisterhaft er ihn beherrscht, stressfrei ist er nicht. Er hat genug Beinahe-Unfälle in seinem und in anderen Teams erlebt, um zu wissen, wo die Gefahren lauern und dass jedes Team durch eine lächerliche Kleinigkeit in eine Katastrophe schlittern kann. „Ich mache mir viele Gedanken, weil meine Aufgabe nun mal darin besteht, Menschen vor Gefahr zu bewahren. Du machst dir Sorgen um ihr Leben, und der Gedanke, dass du sie an die falsche Stelle lotsen könntest, belastet einen enorm.“ Diese Sorge ist in Nazaré allgegenwärtig.

Es gibt noch eine weitere Gruppe von Beobachtern, die aus Nazaré nicht wegzudenken ist: Jeden Tag wimmelt es auf den Felsen über dem Meer von Menschen, die mit ihren Kameras die Brecher und Surfer filmen und fotografieren. Das Plateau rund um die Spitze des Leuchtturms ist voll von ihnen. Und es dient auch als Landeplatz für die diversen Drohnen, die aufs Meer hinausgelenkt werden, um die Wellen aus der Vogelperspektive aufzunehmen. Besonders draufgängerische Filmer wagen sich als Jetskibeifahrer in die Fluten, um dort ultimativ dynamische Videos zu drehen.

Ein mit allerlei Equipment vollgepacktes Moped, die behandschuhte Faust des Fahrers umklammert ein abgenutztes Kamerastativ: Tim Bonython schlängelt sich den kurzen Weg von seiner Eigentumswohnung in Sítio – vorbei an der Schranke, an der für die meisten anderen Fahrzeuge Schluss ist – zum Aussichtspunkt, von dem aus der Blick über das Surferparadies schweift. Es ist noch nicht richtig hell. Er klappt das Stativ auseinander, bringt seine Kamera, eine Red Epic Weapon, in Position und stellt beides in die rote Erde zu seinen Füßen, während sich unten auf dem Meer die ersten Jetskis und Surfer einfinden und ihren Tag auf den Wellen beginnen. Während eines Großteils der Saison ist Bonython auf dem Felsen anzutreffen. Sobald hier gesurft wird, macht er stundenlang Aufnahmen, die er dann am Abend bearbeitet. Der Australier, dessen Videos in den sozialen Medien die neuesten Megawellen effektvoll in Szene setzen, versprüht stets gute Laune und gerät regelmäßig ins Schwärmen über seine Nazaré-Bilder vom Tage. Bonythons Weg zum Surf- und Wellenfilmer begann in den 1980er-Jahren und damit viel früher als der der meisten anderen hier in Nazaré. Damals filmte er die sieben bis neun Meter hohen Wellen am australischen Bells Beach, wo die Schlussszene des Actionfilms *Gefährliche Brandung* (Originaltitel *Point Break*) gedreht wurde. Zwei Wochen nach dem Kinostart 1991 wollte plötzlich jeder seine Videoaufnahmen sehen. Das sei, so Tim Bonython, sein „Ticket“ gewesen. Er erkannte, dass er mit dieser Tätigkeit sehr gut seinen Lebensunterhalt verdienen konnte. Und Nazaré, das er wie die meisten Menschen zum ersten Mal im Internet sah, wurde zu seiner neuen Wirkungsstätte. Zu seinen legendären Filmaufnahmen gehört auch jene von Rodrigo Koxas Weltrekord auf der 24-Meter-Monsterwelle.

Die Kameracrews, die ihr kollektives Auge ständig auf die Brandung richten, sind für Nazaré enorm wichtig. Ohne sie gäbe es keine bewegten Bilder. Keine Clips, die viral gehen könnten. Die Experten hätten keine Rekordwellen zu vermessen, die Wellen könnten gar nicht zum Gesprächsthema werden. Die Zahl der filmenden Zuschauer steigt ebenso wie die Zahl der Surfer unten auf dem Wasser. Viele von ihnen arbeiten fest für einen bestimmten Surfer oder eine Crew oder werden für einen Big Swell gebucht. Andere, wie Bonython, fotografieren für sich selbst, einige für die HBO-Dokumentation *100 Foot Wave*.

Als McNamara zum ersten Mal hierherkam, um die Brecher zu bezwingen, war Jorge Leal der einzige Kameramann. Seine Videos und Fotos waren Voraussetzung für den Nazaré-Boom. „Seither hat sich viel verändert", sagt Leal mit einer Art Vaterstolz, ohne den alten Zeiten nachzutrauern. „Nazaré war im Winter wie ein Geisterdorf. Es gab nur ein paar Fischer und ihre Familien, sonst nichts." Jorge Leal, der aus Porto stammt, wurde von Paulo Caldeira – einer der Schlüsselfiguren in der Entstehungsgeschichte von Nazaré – ins „Gründungsteam" geholt. Die beiden kannten sich aus früheren Zeiten. Leal hatte an einer Kunstschule in Porto studiert, wo sein Interesse für Film geweckt wurde. Bis dahin sei er nicht besonders interessiert daran gewesen, sagt er, auch wenn sein Vater erzählt, Leal habe schon bei Familientreffen mit seiner Super-8-Kamera gefilmt. Caldeira holte ihn dazu, weil er dachte, dass Fotos und bewegte Bilder nützlich für das Marketing sein könnten. Leal war sofort Feuer und Flamme. „Nazaré und ich – das war Liebe auf den ersten Blick. Der Ort hat auch dank seiner wunderschönen Natur etwas Einmaliges. Szenisch ist Nazaré mit dem Leuchtturm und den Klippen und Felsen davor etwas ganz Besonderes. Irgendwie zieht einen das in seinen Bann." Seit Jahren fühlt er sich mit Nazaré eng verbunden und ist hier zu Hause. Wenn er an die Anfänge zurückdenkt, gibt er gerne zu, dass er sich sein Handwerkszeug erst aneignen musste. Dabei kam ihm seine schnelle Auffassungsgabe zugute. Er studierte die Seewetterkarten und experimentierte mit seiner Position auf der Klippe, um den idealen Aufnahmewinkel zu finden. Besonders stolz war er, als er McNamara auf seiner ersten Rekordwelle einfing – und zwar per Foto und Video gleichzeitig, unterstützt von seinem Assistenten To Mané. Von diesem Moment an war Nazaré freigegeben für die Weltbühne. Inzwischen, so scherzt er, stehende Tausende da und fotografieren und filmen, wenn die großen Wellen kommen, aber für ihn bleibt es „ein besonderes Gefühl, der Erste gewesen zu sein". Heute arbeitet er besonders eng mit Gabeira und Steudtner zusammen, zu deren Dokumentationen er unzählige Aufnahmen beigesteuert hat. Außerdem stellte er anlässlich des zehnjährigen Jubiläums von Nazaré eine Ausstellung mit dem Titel „Naza10" zusammen. Für die Zukunft wünscht er sich mehr Gemeinschaftssinn in der hiesigen Surfercommunity. „Big-Wave-Surfer haben Riesen-Egos, die in ihrer Größe gut zu den Wellen passen. Das erschwert manchmal das Miteinander", meint er. „Fakt ist: Gemeinsam sind wir stärker und können Nazaré zu einem noch wichtigeren Zentrum für die Big-Wave-Community machen."

Jeder kann seine eigene Geschichte darüber erzählen, wie es ihn nach Nazaré verschlagen hat. Pablo Garcia ist ein kolumbianischer Kameramann, der inzwischen in Los Angeles lebt und dessen Portfolio weit über die Motivwelt der Wellen hinausgeht. Das Thema Surfen rückte in sein Blickfeld, als er Keanu Reeves und Patrick Swayze in dem schon erwähnten Film *Point Break* (1991) sah. Damals drehte er gerade einen Dokumentarfilm über einen Fußballer in Portugal und hörte während der Dreharbeiten von den Monsterwellen von Nazaré. Er nahm Kontakt zu Maya Gabeira auf, und die beiden beschlossen, einen Film zu drehen. In den ersten Tagen brach jemand sein Auto auf, riss die Rückbank heraus und stahl die Kameraausrüstung aus dem Kofferraum. Mancher hätte das wohl zum Anlass genommen, seine Sachen zu packen und das Weite zu suchen. Stattdessen fuhr Pablo nach Lissabon, mietete dort eine neue Ausrüstung und blieb weitere zwei oder drei Monate, filmte jeden Tag und kommt seitdem in jeder Saison wieder. „Am Anfang wusste ich nichts über Nazaré – geschweige denn über das Surfen oder was eine Wellenvorhersage ist.“ Für ihn liegt der Reiz vor allem darin, dass die ungezähmte Natur hier direkt vor der Haustür liegt und so leicht erreichbar ist. Außerdem ist kein Tag wie der andere, sodass es immer wieder etwas Neues zu filmen gibt. Das Suchtpotenzial liegt für ihn in der Gesamtsituation und den unendlichen Möglichkeiten fürs Filmen, die dieser Ort bietet.

Trotz seiner Begeisterung fürs Wasser ist Garcia nie Surfer geworden. Bei Laurent Pujol ist das anders. Als er 2006 zum ersten Mal aus seiner Heimat im Südwesten Frankreichs nach Nazaré kam und – lange bevor McNamara auf der Bildfläche erschien – die Wellen am Praia do Norte für sich entdeckte, kam er als Profisurfer, nicht als Kameramann. Den Fluten von Nazaré war Pujol allerdings selbst an ruhigeren Tagen nicht gewachsen. In den folgenden Jahren sah man ihn dort nicht mehr. Dann kam er vor vier Jahren gezielt zum Filmen und kehrt seitdem jede Saison zurück. Laurent Pujols Job ist gefährlich. Mit dem Jetski übers Meer zu fahren, kann eine heikle Angelegenheit sein. „Es kann alles Mögliche passieren“, sagt Pujol. Man kann sich im Schleppseil verfangen oder – noch schlimmer – in den Propeller geraten. Oder von einem außer Kontrolle geratenen Jetski getroffen werden. In der letzten Saison flog ihm das Kameragehäuse ins Gesicht und schlug ihm zwei Vorderzähne aus, von denen sich einer in die Unterlippe bohrte. Trotzdem lässt Pujol keinen Big

Swell aus. Draußen auf dem Wasser ist sein Stresspegel hoch: „Hundert Prozent“, wie er sagt. Doch er liebt dieses rauschhafte Gefühl, wenn das Adrenalin durch seine Adern schießt, während er versucht, die spektakulärsten Brecher vor die Linse zu bekommen, ohne dabei vom Jetski zu fallen. Und er hat noch eine dritte Aufgabe: Gelegentlich springt er als Verstärkung für das Sicherheitsteam ein, wenn auf dem Meer etwas schiefläuft.

Auf dem Höhepunkt der Coronapandemie war auf den Aussichtsfelsen weitaus weniger los. 2020/21 ist bislang die einzige Saison, die Bonython versäumt hat, seitdem er regelmäßig nach Portugal kommt. Doch jetzt, wo man wieder normal reisen kann, trifft man den ruhigen und freundlichen Australier regelmäßig an, wenn man den asphaltierten Weg zum Aussichtsfelsen hinunterschlendert. Er ist nicht wegzudenken aus dieser speziellen Gruppe der Big-Wave-Community, die großen Anteil daran hat, dass die Welt erfährt, was in Nazaré passiert.

SUCHE NACH ANERKENNUNG

Sebastian Steudtner

Die Geschichte des Weltrekords für die höchste jemals gesurfte Welle hat ihre skurrilen Seiten. Im Internet findet man unzählige Videos, die angeblich zeigen, wie jemand auf einer dreißig Meter hohen oder noch höheren Welle reitet. Mal sind es die Surfer selbst, die das behaupten, mal ihre Follower. Belege, die den Anspruch untermauern, sucht man vergeblich. Hier gilt offenbar: Wenn man etwas nur laut genug verkündet, werden es die Leute schon glauben. Sebastian Steudtner ist trotzdem zuversichtlich, dass der Weltrekord ihm zugesprochen und damit der bisherige 24-Meter-Rekord, den Rodrigo Koxa 2017 in Nazaré aufstellte, eingestellt sein wird. Gerüchten zufolge deuten die Messungen auf eine Wellenhöhe von neunzig Fuß hin – also etwas über 27 Meter. Offiziell bestätigt ist es allerdings auch über ein Jahr nach Steudtners Wellenritt noch nichts.

Auf den Aufnahmen vom Oktober 2020 wirkt die Welle gigantisch, aber um den Höhenunterschied zwischen zwei Monsterwellen zu bestimmen, bedarf es eines geschulten Auges. Auf den Videos sieht es aus, als würde Steudtner, nachdem er das Seil losgelassen hat, fast senkrecht nach unten surfen, bevor er den Gleitwinkel ändert. Um die heftigen Stöße abzufedern, geht er tief in die Knie. Ein entspannter Wellenritt ist das nicht; seinem Körper ist die Anspannung anzusehen.

Als ahnte er plötzlich, wie riesig der Brecher ist, schaut er sich kurz nach dem gewaltigen Wellenberg um und verliert fast das Gleichgewicht, doch mit einer schnellen Auf- und Abwärtsbewegung der Arme fängt er sich und kann so verhindern, dass er bei 82 Stundenkilometern – so die vom Sensor an seinem Board gemessene Spitzengeschwindigkeit – vom Brett stürzt. Als das Weißwasser der gebrochenen Welle heranrauscht, trifft es zuerst auf den hinteren Teil des Boards, aber Steudtner hält sich auf den Beinen. Dann prasselt ein zweiter Schwall mit noch größerer Wucht auf ihn ein. Nachdem ein Miniwasserfall ihn kurz verschwinden lässt, taucht er unter dem Jubel der Zuschauer wieder auf, und man hört einen einzelnen Ruf: „He's out – yeah!" Steudtner springt mit dem Brett lässig über den Kamm einer auslaufenden Welle und schaut sich, statt zu feiern, sofort nach dem Jetski um, der ihn aufnehmen wird. Die Videos von dieser Aktion wurden im Internet fast eine halbe Milliarde Mal angeklickt – damit ist sie wahrscheinlich die meistgesehene Welle der Surfgeschichte.

Steudtner, der nach dem missglückten Saisonstart verletzungsbedingt zum Zuschauen verdammt ist, weiß noch immer nicht, ob er Grund zum Weltrekordjubel haben wird. Wochen und Monate sind vergangen – und noch immer schweigt sich die World Surf League darüber aus, welchen Platz Steudtners Welle in den Annalen des Surfsports einnimmt. Es ist verständlich, dass die Warterei nervt. Innerlich ist Steudtner überzeugt, den Rekord gebrochen zu haben – die Wellenhöhe schätzt er, wie die Gerüchteküche, auf rund 27 Meter. Trotzdem hat er Zweifel, ob der Rekord jemals offiziell bestätigt wird. Diese Zweifel haben eine Vorgeschichte. Schon früher hatte er gelegentlich das Gefühl, in den Rekordbüchern und bei den Awards übergangen zu werden – vor allem bei den Big Wave Surf Awards, die als der Oscar seiner Sportart gelten. Nun befürchtet er, dass es ihm mit dem erhofften Weltrekord erneut so ergehen könnte.

Dabei hat er seinen Platz in den oberen Rängen der Weltspitze bereits seit 2010 sicher. Damals gewann er als erster Europäer jenen Award, mit dem jedes Jahr eine Rangliste der höchsten und gewaltigsten Brecher aus den vorangegangenen zwölf Monaten aufgestellt wird. Im Dezember 2009 hatte er sich seinen Weg durch eine überraschend schnelle und kraftvolle Welle gebahnt: Er zieht erst nach rechts und dann nach links, bevor er die Wellenwand der Länge nach von oben nach unten absurft und am Ende nach oben aus der Welle hinausschießt.

Zu diesem Zeitpunkt hatte Steudtner bereits einen weiten Weg zurückgelegt, seit er als abenteuerlustiges Kind im Familienurlaub in der Bretagne zum ersten Mal auf einem Surfbrett stand, ohne zu ahnen, wohin ihn das führen würde. Die erste Welle, die ihm einen Preis einbrachte, erwischte er passenderweise in den Fluten von Maui, von denen er als Teenager gelesen hatte und die er schon früh persönlich aufsuchte. Seine ersten Versuche in den Gewässern von Hawaii unternahm er mit Brett und Segel – und zwar so erfolgreich, dass er sich für den World Cup Circuit im Windsurfen qualifizierte. Doch beim Windsurfen fehlte ihm der Nervenkitzel. Er merkte schnell, dass ihn das Wellenreiten mehr reizte, nicht zuletzt wegen der höheren Risikobereitschaft, die es erfordert. Nelson Armitage, der mit fünfzehn Geschwistern aufwuchs und in der hawaiianischen Surfercommunity eine bekannte Größe war, nahm ihn unter seine Fittiche. Er wurde Steudtners

Mentor und führte ihn in die Welt des Big-Wave-Surfens ein. Wie man andere Surfer mit dem Schleppseil in die Brecher zieht, lernte der wissbegierige Teenager aus Deutschland unter anderem von Dane Kealoha, einem berühmten Tuberider. Steudtner war anfangs nicht klar, was für eine große Nummer Kealoha in der Surfszene von Hawaii war – „für mich war er einfach Uncle Dane" –, und er genoss das unkomplizierte Leben im Pazifischen Ozean in vollen Zügen. Er war äußerst lernbegierig und setzte alles daran, immer besser zu werden. Seine Begeisterung für die Monsterwellen wurde 2010 mit dem erwähnten Award und 15 000 Dollar Preisgeld belohnt, die sein Leben veränderten. Kurz darauf kehrte er trotzdem für eine Weile in die Surfwüste Deutschland zurück und sah sich nach einer Beschäftigung fernab des Meeres um. Er nahm einen Job als Türsteher an und gründete eine eigene Sicherheitsfirma. Mit seinen Gedanken war er aber die ganze Zeit woanders. Mit der Firma wollte er vor allem Geld verdienen, um so schnell wie möglich zu den Riesenwellen zurückkehren zu können. Sein Surfoscar bescherte ihm in der Heimat eine gewisse Bekanntheit. Es ging ihm nie darum, prominent zu werden, und er meidet den dazugehörigen Rummel, wann immer er kann, aber die Medaille und die Videos von seiner Welle, die im Internet viral gingen, machten ihn in Deutschland zu einem anerkannten Extremsportler.

Jahre später erkennt ihn auf der Straße noch immer nicht jeder, aber sein Name und seine Erfolge sind allgemein bekannt. Das bringt ihm eine Menge Einladungen zu Promiveranstaltungen ein, die er meistens ablehnt. Von einem solchen Event ist er gerade zurückgekehrt: Er hat in Deutschland an einem Spendenmarathon teilgenommen, der im Fernsehen ausgestrahlt wurde und bei dem er mit dem ehemaligen Schwergewichtsboxer Wladimir Klitschko zusammentraf, der über die Jahre zu einem engen Freund geworden ist. Beide verbindet die Liebe zum Boxsport und der Hunger nach Erfolg.

Auch während des Aufbaus seiner Sicherheitsfirma behielt Steudtner das Ziel Big-Wave-Surfen fest im Blick. Doch da er keine Sponsoren und somit wenig Mittel hatte, musste er seine Pläne vorerst auf Eis legen – bis er im Winter 2011 Irland für sich entdeckte, das damals als der Ort mit den größten Wellen in Europa galt. Steudtner quartierte sich für die Saison in dem winzigen Dorf Mullaghmore ein, einer bekannten Big-Wave-Surfing-Location. An einem Tag, den Steudtner allein auf dem Wasser verbracht hatte, traf er bei Einbruch der Dunkelheit auf dem Rückweg zum Hafen auf einen Surfer mit einer lose um den Hals hängenden GoPro. Er hatte gerade eine Welle erwischt und war von ihr sofort über den Haufen geworfen worden. Steudtner und Tom Butler hatten auf Anhieb einen Draht zueinander und wurden Big-Wave-Partner. Äußerlich wirken die beiden völlig gegensätzlich: Butler spricht den für seine Heimat Cornwall typischen, leicht gedehnten Dialekt und ist in vielerlei Hinsicht der klassische Surfertyp, während man Steudtner die Ernsthaftigkeit, mit der er den Sport betreibt, ansieht. Aber im Wasser entwickelten die beiden schnell einen ähnlichen Ehrgeiz. Während ihrer Zeit in Irland sahen sie auch die ersten Bilder von Nazaré und beschlossen spontan, ihre Sachen zu packen und hinzufahren. Mit einem Volkswagen-Wohnmobil, bis oben vollgestopft mit Surfboards, Ausrüstung und einem für die portugiesischen Brecher viel zu schwachen Jetski, rollten die beiden in Nazaré ein.

Für die dortige Brandung waren sie unpassend ausgestattet, und weder das Viererteam von der Stadtverwaltung noch McNamara und seine Jungs nahmen die Neuankömmlinge mit offenen Armen auf. Wenig später hatten sie dennoch einen Jetski mit ausreichend PS aufgetrieben und waren somit startklar, als ein gewaltiger Swell auf die Küste zurollte, den Steudtner noch heute als eine der größten Dünungen bezeichnet, die er je an diesem Ort erlebt hat. Aus dem Trip in die Riesenwellen wurde jedoch nichts. „Angeblich fehlte uns die erforderliche Genehmigung“, erzählt Steudtner. „Dabei hatten sie uns seit Monaten mit genau diesem Jetski gesehen. Aber kaum taucht auf den Seegangskarten eine riesige Dünung auf, kommt plötzlich die Polizei und fragt: ‚Entschuldigung, können wir mal Ihre Papiere sehen?‘ Und dann wurde die Genehmigung, die wir hatten, einfach eingezogen – nur für die Zeit des Big Swell ...“ Die beiden Surfer fühlten sich wie Kinder, zu denen auf dem Spielplatz jemand sagt, dass sie dort nicht spielen dürften. Sie ließen sich aber nicht unterkriegen. Durch die Widerstände fühlten sie sich erst recht angespornt. Die treibende Kraft war der umgänglichere Butler. „Tom mag ein Gentleman sein“, sagt Steudtner, „aber er ist auch ein grandioser Wettkämpfer. Im Wettkampf ist er ein Killertyp – genau wie ich. Wir hatten beide die Einstellung: Denen werden wir es zeigen.“

Steudtner und McNamara sind nicht immer einer Meinung. Beide haben Respekt vor der Leistung des anderen, aber ihre Persönlichkeiten sind sehr unterschiedlich. Der Deutsche hatte zumindest anfangs den Eindruck, dass McNamara Nazaré als sein Reich betrachtete. Weil er diesen Surfspot entdeckt hatte, schien er andere, die nicht zu seinem Team gehörten, für fehl am Platz zu halten. Damals war Nazaré im Winter wie ausgestorben. Heute sind die Restaurants selbst an Winterabenden auch unter der Woche brechend voll mit Surfern, ihren Crews und Touristen. Aber als er und Butler hierherkamen, waren viele den ganzen Winter über geschlossen – die meisten gab es mangels Nachfrage noch gar nicht.

Eine ähnliche Entwicklung nahm Steudtners finanzielle Situation, seit er damals mit wenig Geld, einem mehr oder weniger nutzlosen Jetski und praktisch ohne einen Unterstützer nach Nazaré kam. Heute kann man kaum glauben, dass ihm die geschäftliche Seite seines Sports nicht schon immer im Blut lag. Inzwischen umwerben ihn Weltmarken wie Porsche, Samsung und Siemens. Aber er macht keinen Hehl daraus, dass ihm dieser Aspekt seiner Tätigkeit zunächst zuwider war und ihm alles andere als leicht fiel; er verlor oft schnell das Interesse. Doch das änderte sich mit der Zeit. Ihm wurde klar, dass er Unterstützung brauchte, um finanziell zu überleben und seine Sportlerkarriere weiterverfolgen zu können. In jungen Jahren erntete er reihenweise Absagen von diversen Sponsoren. Er schwor sich, niemals mit ihnen zusammenzuarbeiten, auch nicht, sollten sie irgendwann von sich aus auftauchen. Im Laufe der Jahre ist er in dieser Hinsicht nachsichtiger geworden, sodass er heute darüber schmunzeln kann. „Damals nahm ich alles sehr persönlich, weil es sich in der jeweiligen Situation sehr persönlich anfühlte. Das Wichtigste, was ich in den vergangenen zehn Jahren gelernt habe, ist, locker zu lassen."

Auf dem Höhepunkt seiner Karriere kann der 36-Jährige mit Fug und Recht behaupten, eine der großen Erfolgsgeschichten von Nazaré geschrieben zu haben, was man auch an seinen Wohnstätten, seinem Auto und seinen Sponsoren ablesen kann. Ein Surfer ist teils – in seinem Fall in erster Linie – Sportler, teils Geschäftsmann. Für viele seiner Mitstreiter ist das wichtigste Vertriebsmedium der Instagram-Account. Am beliebtesten sind Videos von Monsterwellen und Wipeouts, aufgenommen von den Fotografen und Kameraleuten auf der Klippe oder aus der Drohnenperspektive, gespickt mit Sponsorenhinweisen und allerlei Einblicken in die Welt der Big-Wave-Surfer – von der Vorbereitung auf eine Surfsession bis zu deren angenehmen und weniger angenehmen Nachwirkungen. Obwohl Steudtner, gemessen an der Anzahl der Social-Media-Posts, zu den weniger Produktiven gehört, hat er immerhin über 225 000 Follower auf Instagram. Diese Zahl wird allerdings von der brasilianischen Fraktion in den Schatten gestellt: Maya Gabeira und Lucas „Chumbo" Chianca nähern sich der Millionengrenze, während sogar sechs Millionen Menschen das Treiben von Pedro Scooby bei der brasilianischen Version von *Promi Big Brother* verfolgen. So oder so ist Instagram aus der Geschichte von Nazaré nicht wegzudenken. Unter den Surfern kursiert der nur teilweise scherzhaft gemeinte Spruch: Was nicht auf Instagram ist, hat in Wirklichkeit nicht stattgefunden.

Steudtner sieht diese Entwicklung kritisch. Seit er verletzungsbedingt nicht aufs Wasser kann, hat sich seine Perspektive verändert. Nachdenklich sitzt er an einem Tisch im Restaurant A Tosca, das an einer der Straßen liegt, die zur Strandpromenade führen, und sich passenderweise neben dem Hotel befindet, in dem er bei seinem allerersten Aufenthalt hier wohnte. Er räumt ein, dass die sozialen Medien für Follower und Sponsoren eine wichtige Plattform sind, sagt aber, dass er selbst sich im Vergleich zu vielen Kollegen, die pausenlos in den sozialen Netzwerken aktiv sind, stark zurückhält. „Viele werden zu Influencern. Seit unserem letzten Treffen war ich nicht mehr auf dem Wasser und musste mich damit begnügen, aus der Ferne zuzuschauen. Es ist nur ein Blick von außen, aber es ist interessant zu beobachten, wie sich die Leute verhalten und wie sich ihr Verhalten durch die Anwesenheit von HBO verändert." Was er meint, sind die laufenden Dreharbeiten des amerikanischen Senders HBO für den Dokumentarfilm *100 Foot Wave*. Steudtner sieht mit Sorge, dass für viele nicht mehr der Sport, sondern Instagram und Influencing im Mittelpunkt stehen. Jede Saison bringt eine frische Welle von Surfern und Influencern nach Nazaré, die Steudtner manchmal an eine „außer Kontrolle geratene Kindergartengruppe" erinnern. Darüber bleibe manches – Wichtigeres – auf der Strecke. Beispielsweise ist es mit den Verbesserungen bei der Sicherheit in den vergangenen zehn Jahren nicht so schnell vorangegangen wie erhofft. Über den Frust, den das bei ihm auslöst, hat er sich ausführlich mit Klitschko ausgetauscht.

Der Surfer ist nicht nur leidenschaftlicher Boxer und Muay-Thai-Kämpfer, er hatte auch einen persönlichen Kampf zu bestehen, um dorthin zu kommen, wo er heute steht. Und das war mitunter ein einsamer Kampf. Von Wladimir Klitschko, „Dr. Eisenhammer", bekam er folgenden Ratschlag: Es sei wichtig, sich seinem Umfeld anzupassen, trotzdem müsse man immer seinen eigenen Weg gehen. Der Satz hat bei dem Surfer eine Nachdenklichkeit ausgelöst, die auch jetzt am Restauranttisch zu spüren ist. Er fragt sich, warum er eigentlich immer noch in Nazaré ist, obwohl er keinen Gipsfuß mehr hat und wieder normale Schuhe trägt. „Alles, was ich hier machen kann, habe ich bereits zehnmal gemacht. Warum also noch mal? Ich bin gerne Privatmensch. Mediale Aufmerksamkeit reizt mich nicht besonders – im Gegenteil. Ich mag das nicht. Wenn ich viel Geld verdienen wollte, würde ich etwas ganz anderes machen.“ Da drängt sich die Frage auf: Warum geht er auf dem Wasser immer noch volles Risiko? Ein Grund ist sicher die Adrenalinsucht, die mit der lebenslangen Liebe zum Wasser eng verbunden ist. Zudem ist Surfen zwar eine Individualsportart, verlangt aber auch viel Teamarbeit. Steudtner schätzt das. Er umgibt sich mit Menschen, die er sorgfältig aussucht – angefangen von den Surferkollegen über die Jetskipiloten und Ärzte bis zu den Rettungsschwimmern und Fotografen. Und dann ist da noch der Ehrgeiz, der Beste zu sein. Aber lässt sich der auf die Jagd nach der höchsten Welle oder dem größten Titel reduzieren? „Die Titeljagd war für mich nicht der Ausgangspunkt, und was die Awards angeht, werde ich wahrscheinlich noch fünfmal in Folge verarscht. Meine Motivation wird zurückkommen, sobald das Ziel wieder ein sportliches ist und es sich weniger um Titel dreht.“ Dass er im Augenblick nicht surfen kann, trägt nicht gerade zum Frustabbau bei. Dem Fuß geht es zwar von Woche zu Woche besser, aber bis Steudtner wieder seiner Lieblingsbeschäftigung nachgehen kann, braucht er Geduld. Momentan scheint es bis dahin noch ein weiter Weg zu sein – und bis zum Rekord auch.

DER LOKALMATADOR

Nic von Rupp

Auf dem Weg hinunter zum Haus hat man das Gefühl, irgendwo falsch abgebogen zu sein: Eine holprige Schotterpiste führt scheinbar in eine Sackgasse, wären da nicht zwei Häuser, die beide hinter hohen Hecken versteckt sind. Die Zufahrt zum Grundstück auf der linken Seite ist durch ein grünes, elektrisches Tor gesichert, das sich langsam öffnet und den Blick auf einen gepflegten, kopfsteingepflasterten Weg freigibt. Der Weg führt zu einem Anwesen, das wie eine Oase wirkt. Neben der Zufahrt liegt die freundliche Schäferhündin Leka und lässt sich von dem ankommenden Auto nicht aus der Ruhe bringen, derweil sich ein Gärtner um die perfekt gemähten Rasenflächen und die Beete rund um das Haus kümmert. Es wurde für von Rupps Eltern auf dem weitläufigen Grundstück neu gebaut. Daneben liegt das ursprüngliche Haus der Familie, in dem Nic von Rupp mit seinen beiden Brüdern aufwuchs und das heute als Ferienhaus vermietet wird.

Auf der Parzelle neben dem elterlichen Anwesen hat sich Nic von Rupp ein eigenes Haus bauen lassen. Der Besitzer sieht aus, wie man sich einen Surfer vorstellt: das Haar gebleicht vom salzigen Meer und der Sonne über Portugal sowie an anderen heißen Orten, die er auf der Suche nach den höchsten Brechern bereist, wenn in Nazaré Offseason ist. Nic trägt Ganzjahresbräune und lässt immer wieder den einschlägigen Surferjargon hören, doch das ist nur der äußere Eindruck: Er spricht fünf Sprachen fließend – Englisch, Portugiesisch, Deutsch, Französisch und Spanisch.

Die Eltern sind stolz auf das, was ihr Sohn geleistet hat. Vater Roman war eine Zeit lang sein Manager und steht ihm, wenn nötig, auch heute noch mit Rat und Tat zur Seite. Trotzdem hadern er und seine Frau Isabel manchmal mit der Berufswahl ihres Sohnes. Bei ihr geht das so weit, dass sie sich nicht einmal Videos von ihm ansieht, und wenn sich ein besonders großer Swell auf Nazaré zubewegt, will sie davon erst hören, wenn alles vorbei ist. Ein Swell ist Roman von Rupp besonders in Erinnerung geblieben. In dem Hotel, in dem er übernachtete, klapperten die Fensterläden, so stürmisch war das Wetter, in das sich sein Sohn hineinstürzen wollte. „Durch die Wucht der Brecher, die auf die Küste trafen, schepperten an Land die Fenster – und mein Sohn war mittendrin." Auch er hält sich heute lieber fern.

Zusammen mit Alex Botelho gilt von Rupp als bester portugiesischer Big-Wave-Surfer seiner Generation. Irgendwie passt es, dass sein Geburtsort keine 150 Kilometer vom heutigen Hotspot der europäischen Big-Wave-Surfszene entfernt liegt. Als Kind hatte er Angst vor den Felsen, eine leichte Unterwasserphobie hat sich bis heute gehalten. „Dass man als Anfänger Angst vor den Wellen hat, ist normal. Ich hatte aber Angst vor den Felsen. Das ist nicht normal. Nichts auf der Welt machte mir mehr Angst, als in seichtem Wasser auf einem Stein zu stehen. Meine Surflehrer gewöhnten mich an die Felsen, wenn der Wasserstand niedrig war, aber es hat lange gedauert, diese mentale Blockade zu überwinden." Isabel hat noch das Bild vor Augen, wie sich ihr Sohn mit Tränen in den Augen an den Händen des Surflehrers festhält, um sich seiner Angst zu stellen. Trotzdem war das Meer direkt vor der Haustür für die drei lebhaften Brüder die im wahrsten Sinne des Wortes naheliegende Möglichkeit, überschüssige Energie loszuwerden. Ihr Haus lag nur wenige Gehminuten vom Praia Grande entfernt, einem – wie der Name schon sagt – riesigen Strand, gleichzeitig war die Hauptstadt des Landes, Lissabon, nur 45 Autominuten entfernt.

Auf der einen Seite des Grundstücks befindet sich ein Pool, auf der anderen Seite führen steile Treppen von den darüberliegenden Felsen zu dem Weg, über den man zur Straße und zu den beiden anderen Häusern der Familie von Rupp gelangt. In seinem Haus lebt Nic mit seiner Freundin Matilde Reymão Nogueira, einer Schauspielerin, und der Hündin Maya. Der Surfer und die Schauspielerin sind ein attraktives Paar. Gemeinsam treten sie bei Glamour-Events auf dem roten Teppich auf, und die portugiesischen Medien berichten über sie. Aktuell spielt Reymão in der portugiesischen Soap *Por Ti*, in der zwei Dörfer darum kämpfen, welches von beiden für einen geplanten neuen Staudamm überflutet werden soll. Reymão spielt die Umweltaktivistin Luísa Melchior, die sich in den Mann verliebt, der für das Staudammprojekt verantwortlich ist. Über ihre erste Begegnung mit von Rupp sagt Reymão: „Am Anfang war ich überhaupt nicht begeistert von ihm – das hat zwei Monate gedauert." Beide lachen gleichzeitig, sodass schwer zu sagen ist, wie der Beginn ihrer Beziehung wirklich ablief. Beide haben ein strammes Programm: Reymão muss ständig Text lernen und ist viel für Dreharbeiten unterwegs, und Nic von Rupp lässt alles stehen und liegen, sobald ein Big Swell auf Nazaré zurollt. Es gibt Zeiten, in denen ihr geschäftiges Leben in zwei getrennten Welten Stress verursacht und sie vorübergehend länger voneinander getrennt sind, aber es ist ihnen gelungen, ihre unterschiedlichen Lebensmodelle unter einen Hut zu bringen. Stolz erzählt von Rupp, dass seine Partnerin gerade erst von einer großen europäischen Agentur unter Vertrag genommen wurde.

Wer sein Leben mit einem Big-Wave-Surfer teilt, erlebt unweigerlich auch dunkle Stunden mit. Reymão war gerade in Nazaré, als im letzten Jahr von Rupps enger Freund Alex Botelho fast ums Leben gekommen wäre. Bis heute hat sich von Rupps Landsmann und Surfkollege nicht vollständig davon erholt – zumindest nicht mental. Die Lunge, die stark in Mitleidenschaft gezogen war, arbeitet wieder normal, aber die psychischen Folgen sind so gravierend, dass es Botelho bis heute schwerfällt, über den Unfall zu sprechen. Seit der Tow Surfing Challenge von 2020 hat er sich nicht wieder in die Riesenwellen gewagt. Damals war er nach dem letzten Wellenritt des Tages von seinem Partner aufgesammelt worden, doch plötzlich wurde ihr Jetski von zwei Wellen aus unterschiedlichen Richtungen erfasst und in die Luft geschleudert. Botelho landete auf dem Brustkorb und verletzte sich beim Aufprall an der Lunge. Zehn Minuten lang trieb er bewusstlos im kalten Wasser. Die Ärzte staunen noch heute, dass er überlebte und keine Hirnschäden davontrug. Die an ein Wunder grenzende Rettung wurde sogar Gegenstand einer Studie. Reymãos Hauptsorge gilt jedoch ihrem Freund. Und obwohl sie – wie er betont – „super unterstützend“ ist, gibt es Momente, in denen es ihr schwerfällt, ihm beim Surfen zuzusehen. „Sie war dabei, als Alex fast ertrunken wäre“, erzählt von Rupp in fließendem Englisch, in das sich portugiesische, britische und amerikanische Akzente mischen. „Manchmal flippt sie aus, aber so ist das hier eben."

Das Beziehungsleben ist in Nazaré nicht immer einfach; vom Partner wird viel Verständnis und ein dickes Fell verlangt. Dieser Sport zwingt fast zur Ichbezogenheit. Das liegt zum einen an dem Gefahrenpotenzial, zum anderen an der selbstverständlichen Entschlossenheit, mit der die Surfer aufstehen und losziehen, sobald sich ein Big Swell ankündigt. „Beruf und Leidenschaft gehen nahtlos ineinander über", sagt von Rupp. „Mein Leben steht im Zeichen des Surfens, aber es ist wichtig, die richtige Balance zu finden. Wenn du jemanden an deiner Seite hast, der dich unterstützt, sei es deine Freundin oder deine Familie, kannst du mehr erreichen. Das Surfen ist dein bester Freund und gleichzeitig dein schlimmster Feind. Es macht dich zum Egoisten. Es gibt nur dich, deine Welle und sonst nichts." Nur wenige können diese Haltung nachvollziehen, am ehesten noch Freunde, die selbst surfen und diese Leidenschaft teilen. Eine Leidenschaft, die tief im Innern verwurzelt ist und sich nicht selten negativ auf das tägliche Leben auswirkt. „Bei vielen Familientreffen und Geburtstagen bin ich nicht dabei. Unsere Realität unterscheidet sich sehr stark von der vom Rest der Gesellschaft. Natürlich versuche ich, das auszugleichen." Erschwert wird dieser Spagat dadurch, dass von Rupp und seine Kollegen oft nach dem Prinzip „jetzt oder nie" handeln müssen, denn der Zeitraum, in dem sie in ihrer hyperdynamischen Disziplin brillieren können, ist begrenzt. Andererseits ist ihm klar, dass das nicht gesund ist: „Ich will nicht für immer so leben. Ich will meine Zeit im Surfsport auskosten und dann weiterziehen."

Zum Auftakt der Saison 2021/22 tut Nic von Rupp seinem Vater, der mit dem amerikanischen Sänger Jimmy Buffett befreundet ist, einen Gefallen und fährt mit diesem und Sérgio Cosme bei gemächlichem Wellengang in die gerade mal vier bis fünf Meter hohen Wellen.

Eine Verabredung mit von Rupp, ist – gelinde gesagt – ein fließender Prozess. Es kommt vor, dass er für die Mittagsstunde ein Treffen an der Lagerhalle vorschlägt, in der er seine Surfboards und das sonstige Equipment aufbewahrt, und sich zweieinhalb Stunden verspätet. Man gewöhnt sich daran, seine Zeitangaben bestenfalls als vage Schätzungen zu betrachten – mindestens eine Stunde später als vereinbart zu erscheinen, ist eine gute Faustregel. Auch wenn die Warterei nervtötend sein kann, sind seine Einblicke in die eigene Mentalität und die seiner Mitmenschen klug und fundiert; und er ist in der Lage, eloquenter als viele andere über Wellen zu sprechen, einschließlich ihrer Vor- und Nachteile. Außerdem trägt er sein Herz auf der Zunge: Wenn er von Tiefpunkten spricht, dann fühlen die sich auch wie absolute Tiefpunkte an, umgekehrt sind seine Beschreibungen von Höhepunkten von ansteckender Euphorie erfüllt. Selbst wenn die Gefühlslage mal irgendwo dazwischen liegt, ist es fesselnd. Niemand sonst kann so lebhaft vermitteln, wie es ist, auf einer Monsterwelle zu reiten. Bei seinen Schilderungen hat man das Gefühl, mittendrin zu sein. Als ich ihm zum ersten Mal beim Wellenreiten zusehe, landet er mit zwei kaputten Jetskis ziemlich ramponiert am Strand und überlegt mit seinem Team, woher sie das Geld für die 25 000 Euro teure Kamera nehmen sollen, die im Weißwasserchaos irreparable Schäden davongetragen hat. Szenen wie diese kann man auch vom Ufer aus gut verfolgen, aber wenn er von Momenten erzählt, die vom Festland aus schwieriger zu beobachten sind, ist man schnell gebannt. Seine Augen beginnen zu leuchten, wenn er darüber spricht, wie es sich anfühlt, von einer Welle eingehüllt zu werden, die sich fünfzehn Meter oder höher über einem auftürmt. „Du spürst, wie das Blut dir durch die Adern in den Kopf schießt. Wenn alles glatt läuft, fühlst du dich absolut unbesiegbar. So eine Welle zu überleben, ist ein Wahnsinnsgefühl. Du bist aufs Ganze gegangen und dem Teufel von der Schippe gesprungen, es ist nicht zum Äußersten gekommen ...“, sagt er und blickt ins Leere, während er in Gedanken dieses Äußerste durchspielt, das jede Vorstellungskraft übersteigt. Trotzdem fühlt er sich gerade dann am lebendigsten, wenn etwas schiefgeht, wenn er kentert und ums Überleben kämpfen muss. „Ich meine den Moment, wenn ich von einer riesigen Welle erwischt werde und heil wieder rauskomme. Es haut dich vom Board, das Wasser drischt auf dich ein, und plötzlich bist du wieder obenauf, springst auf den Jetski – und lebst noch.“ Häufig setzen Verletzungen dieser Euphorie ein jähes Ende. „Du bewegst dich die ganze Zeit auf dünnem Eis, und plötzlich kommt der Moment, wo du dich verletzt. Dann fühlst du dich elend und bist am Boden zerstört.“

Wenn man von den Felsen aus zusieht, wie ein Surfer kentert, spielt sich das in einem Wahnsinnstempo ab. Auf dem Surfboard fühlt es sich noch viel schneller an, auch wenn von Rupp beim Erzählen alles so genau wiedergibt, als habe es sich in Zeitlupe abgespielt. Es beginnt damit, dass der Surfer den Kopf nicht mehr oben halten kann und aus dem Gleichgewicht gerät; die Schieflage erfasst den ganzen Körper. Der Sturz vom Brett ist aber erst der Anfang. Auf den Surfer stürzen gigantische Wassermassen ein. Von Rupp vergleicht das mit einer Explosion. Der Kopf schaltet blitzschnell in den Überlebensmodus. „In dem Moment schießen dir alle möglichen Gedanken durch den Kopf", sagt Nic von Rupp und taucht innerlich noch einmal in den übermächtigen Wirbel ein, lässt noch einmal alles vor seinem inneren Auge ablaufen. „Du hast Angst und Hoffnung zugleich; dann kommt der Kampfgeist ins Spiel." Auf keinen Fall darf sich der Surfer dem Schockzustand hingeben, der sofort von ihm Besitz ergreift. „Du denkst nur: Heilige Scheiße, das passiert gerade wirklich. Es geht alles so schnell, dass du gar nicht hinterherkommst." Er vergleicht die Situation mit extremen Stress- und Angstmomenten, wie man sie auch an Land erlebt, nur in zugespitzter Form aufgrund der Atemprobleme, die sich sehr schnell bemerkbar machen.

> „Deine Lunge schaltet auf Notbetrieb, aber du spürst den zunehmenden Sauerstoffmangel. In dem Moment wird dir klar, dass du tief in der Scheiße steckst. In deinen Ohren fängt es an zu pochen. Du öffnest die Augen, und um dich herum ist alles Schwarz. Es reißt dich hoch, reißt dich runter, wirbelt dich herum. Du versuchst, so ruhig wie möglich zu bleiben, und weißt nicht, was passiert. Es ist die Steigerung dieses Gefühls aus der Kindheit, wenn du dir wehgetan hast und nach deiner Mama schreist. Es dreht dir den Magen um; in dem Moment bestehst du nur noch aus Angst."

Obwohl ihm bewusst ist, was alles passieren kann, und er solche Momente schon oft erlebt hat, fährt er immer wieder mit einer positiven Einstellung aufs Wasser raus. Das Denkmuster bleibt immer dasselbe: Alles wird gut – dann, ganz plötzlich, ist nichts mehr gut. „Dann denkst du: Scheiße – und jetzt?" Und genauso schnell, wie alles angefangen hat – die Panik, die brutalen Wassermassen, der Flashback in die Kindheit, das Schreien nach der Mama, das Ringen nach Atem – genauso schnell ist es auch wieder vorbei. Er wird – meistens von Cosme – aus dem Weißwasser gefischt, düst auf dem Rücksitz des Jetskis aus der Gefahrenzone und schnappt nach Luft. Nie fühlt er sich so lebendig wie in diesem Moment.

MESSMETHODEN

Kleine Wellenkunde

Im Jahr 2004 wurden auf dem Meeresgrund vor Nazaré mit einem Mehrstrahl-Echolot die Überreste eines deutschen U-Boots aus dem Zweiten Weltkrieg geortet. U-963 wurde am 20. Mai 1945 versenkt und liegt bis heute in hundert Meter Tiefe. Die 48-köpfige Besatzung wurde vollständig an Land gebracht und in Kriegsgefangenschaft genommen. In den gigantischen Wassermassen, die den North Canyon von Nazaré füllen, nehmen sich das U-Boot und andere gesunkene Schiffe geradezu winzig aus. Die Iberische Tiefsee-Ebene, die zu diesem Canyon führt, ist die größte Unterwasserschlucht Europas und eine der größten weltweit – rund 230 Kilometer lang und bis zu 5000 Meter tief. Wie dieser Tiefseegraben entstanden ist, ist bis heute ungeklärt. Klar ist nur, dass er Teil eines komplexen geologischen Gebiets ist, das nach Ansicht der Wissenschaftler mit der Nazaré-Störung in Verbindung steht, einer Verwerfungslinie, an der entlang Erdbeben auftreten können.

Das erklärt zum Teil, warum die Wellen gerade in Nazaré eine so enorme Wucht entwickeln. Unmittelbar vor dem Leuchtturm grenzen die steil abfallenden Wände des Canyons an den flachen Festlandsockel; wo sie aufeinandertreffen, staut sich die Energie und baut sich mit unterschiedlicher Geschwindigkeit ab. Dadurch türmen sich gewaltige

Wasser- und Energiemassen auf. Die Höhenunterschiede zwischen Festlandsockel und Canyon haben Einfluss darauf, wann und in welcher Form die Welle bricht oder sich krümmt. Die große Besonderheit von Nazaré ist, dass das hier sehr abrupt geschieht.

Ein zweiter Aspekt ist der sogenannte Shoaling-Effekt: Wenn die Welle auf den Nordstrand zuläuft, nimmt ihre Höhe sukzessive zu. Es gibt nicht viele Orte auf der Welt, an denen man das Brechen von Wellen in der Natur so gut beobachten kann wie in Nazaré. Der portugiesische Wellenexperte João Cruz erklärt den Vorgang gerne mit einem anschaulichen Vergleich. „Man stelle sich vor, die Welle sei eine Betonwand – ihre Masse ist ja ähnlich gewaltig – und darunter liege ein riesiger Teppich. Und dann zieht jemand an diesem Teppich." Der untere Teil verlangsamt sich schneller als der obere Teil. Je höher die Welle ist, desto schneller drängt sie nach unten. „Wenn die Welle in flacheres Gewässer vordringt, wird das Brechungsverhalten vor allem durch ihre Geschwindigkeit bestimmt. Der entscheidende Faktor ist die sogenannte Dissipation – der Widerstand, der am Fuß der Welle einsetzt, sodass das Wellental schneller abbremst als der Wellenberg. Dadurch bricht die Welle irgendwann." In Nazaré ist dieser Effekt deutlich stärker als an Küsten, wo die Wellen erst viel näher am Ufer brechen. Der steile Anstieg zum Ende des Canyons hin treibt die Wellen zusätzlich in die Höhe.

Cruz verfolgt seit geraumer Zeit das Big-Wave-Surfen in Nazaré und auch im irischen Mullaghmore, wo er lebt. Dort schaut er oft den Surfern zu, die sich in die Monsterwellen wagen. Für ihn ist es kaum zu glauben, dass man sich freiwillig in solche

Wassermassen stürzt – vor allem, wenn man wie Gabeira dabei schon einmal fast sein Leben verloren hat. Er wundert sich umso mehr, als er die nüchternen Fakten kennt: Jeder Kubikmeter, der sich hinter einem Surfer aufbaut, wiegt eine Tonne – so viel wie ein Kleinwagen. Türmt sich die Welle zwanzig Meter hoch auf, kommen auf einen Abschnitt, der so breit ist wie der Surfer auf seinem Board, unfassbare 20 Tonnen.

Auf den Wellen ist kein Tag wie der andere. Je nach den Bedingungen fahren manche Surfer schon im Morgengrauen raus und surfen bis zur Abenddämmerung oder bis der Tank des Jetskis leer ist. Einige haben Proviant an Bord, um sich bei einer kurzen Essenspause auf See zu stärken. Andere steuern zur Mittagszeit den Hafen an, um etwas zu essen und sich eine Verschnaufpause zu gönnen. Wieder andere Teams fahren erst später am Tag aufs Meer oder beschränken sich auf ein bis zwei Stunden. Oftmals dümpeln sie einfach zu zweit auf dem Jetski vor sich hin und warten auf die richtige Welle – die jedoch ausbleibt. Irgendwann drehen sie bei und ziehen unverrichteter Dinge ab, ohne eine einzige Welle geritten zu haben.

An Tagen mit Hochbetrieb wimmelt es auf dem Wasser vor Surfern und Jetskis, auf denen Surfcrews, Rescue-Piloten und Kamerateams unterwegs sind, die inmitten des Getümmels versuchen, ein paar gute Bilder einzufangen. Wer dann vom Festland aus versucht, einen Surfer vom anderen zu unterscheiden, hat es schwer. Im Laufe der Saison prägt man sich nach und nach die Farben ihrer Neoprenanzüge und Surfboards, ihr Jetskimodell oder ihre Körperhaltung auf dem Board ein und merkt sich, wie sie die Arme bewegen, um das Gleichgewicht zu halten. Doch auch nach wochenlangem

Zuschauen passiert es immer wieder, dass man denkt, einen Surfer erkannt zu haben, nur um später festzustellen, dass es jemand ganz anderes war.

Das Treiben auf dem Meer wirkt chaotisch. Der Bereich, in dem sich die Surfer in die höchsten Wellen stürzen, ist relativ überschaubar: Das ganze Geschehen spielt sich vor der Kulisse des Forts mit seinem kleinen Leuchtturm ab. Das vermeintliche Chaos hat aber häufig mehr Struktur, als es scheint. Die Surfer reihen sich zwar nicht in einer Warteschlange auf, aber eine gewisse Ordnung gibt es trotzdem. Jeder kommt an die Reihe. Wann es so weit ist, wird untereinander auf dem Wasser entschieden. Manche haben einen Ruf als Vordrängler. Das verschafft ihnen vielleicht kurzfristig einen Vorteil, wenn es darum geht, die beste Welle zu erwischen, aber langfristiges Denken ist in Nazaré auf jeden Fall sinnvoller. In diesen grimmigen Fluten ist es nicht gut, Feinde zu haben. Der Kampf um den Startplatz verläuft nicht immer harmonisch, aber ob man an einem bestimmten Tag die höchste Welle erwischt, ist zu einem großen Teil Glückssache und hängt davon ab, ob das eigene Team gerade an der Reihe ist und ob man im Team gerade derjenige ist, der auf dem Board steht.

Lange bevor Nazaré zum Mekka des Big-Wave-Surfens wurde, war es ein heiliges Gesetz, dass man sich paddelnd in eine Welle hineinbegibt. Mit der Zeit begannen einige Surfer laut darüber nachzudenken, ob man nicht wie beim Wasserski Rennboote einsetzen könnte, um sich gegenseitig in die größeren Wellen zu ziehen, die anders unerreichbar waren. Erste Vorstöße in diese Richtung sind bereits aus den 1960er-Jahren überliefert. Seit dieser Zeit bis Anfang der 1990er-Jahre gab es – naheliegenderweise auf Hawaii, der Wiege des

Surfsports – immer wieder sporadische, aber erfolglose Versuche. Die große Wende kam, als Laird Hamilton, Buzzy Kerbox und Darrick Doerner ihre Köpfe zusammensteckten und zur allgemeinen Verwunderung mit einem Zodiac (einem motorisierten Schlauchboot) aufs Meer hinausfuhren, an dessen Heck sie ein Seil befestigt hatten. Abwechselnd hängten sie sich an das Seil und ließen sich zu den Riesenwellen ziehen. Im Laufe der Zeit wurde das Zodiac durch den Jetski ersetzt – skeptisch beäugt von den Traditionalisten, die diese Methode für unvereinbar mit dem Geist des Surfsports hielten.

Das Interesse am Big-Wave-Surfen mithilfe dieser innovativen Technik stieg sprunghaft an, als Hamilton am 17. August 2000 in Teahupo'o auf Tahiti eine Monsterwelle bezwang, die als Millenniumwave Furore machte. Hamiltons Ritt auf diesem Brecher dauerte nur wenige Sekunden, dann wurde er in das darunterliegende Riff geschleudert und hatte Glück, dass er unverletzt blieb. Nachdem Hamilton die nach damaliger Ansicht höchste Welle aller Zeiten gesurft hatte, gewann die Sportart viele neue Fans. Zum zehnjährigen Jubiläum seines legendären Wellenritts sagte er auf www.surfline.com: „Das war ein Teil des Plans. Wir wollten Wellen surfen, die als unsurfbar galten. Wir hatten schon etwas Erfahrung mit dem Tow-in-Surfen, und ohne Tow-in wäre es nie und nimmer möglich gewesen, auf diesem Brecher zu surfen. Es war ein echter Durchbruch. Diese Aktion lieferte mir und anderen den Beweis, dass man solche Brecher tatsächlich surfen kann, und seitdem haben es viele Leute immer wieder bewiesen. Man muss einfach an das Unglaubliche glauben."

Sebastian Steudtner erlernte das Tow-in-Surfen auf Hawaii, aber den Wellenritt, mit dem er den bislang von Rodrigo Koxa gehaltenen Rekord einzustellen hofft, absolvierte er in Nazaré. Die Höhe einer Welle von der Küste aus zu messen, ist keine exakte Wissenschaft. Wo setzt man an, wenn man eine Welle vermessen will? In Nazaré gleicht keine Welle der anderen, weder in der Brechung noch in der Höhe noch in der Art und Weise, wie ein Surfer sie surft. Die Surfer selbst sind unterschiedlich groß – das Spektrum reicht von Justine Dupont mit 1,70 Metern bis zu C. J. Macias mit 1,95 Metern. Ende der Saison 2020 wurde lebhaft über zwei Wellen diskutiert: Die eine war im November 2019 von Justine Dupont, die andere drei Monate später von ihrer größten Konkurrentin, Maya Gabeira, gemeistert worden. Es ging um den neuen Weltrekord der Frauen, den bis dahin die Brasilianerin mit 20,7 Metern hielt, und gleichzeitig – geschlechtsübergreifend – um die höchste Welle, die überhaupt in dieser Saison gesurft worden war. Als man im September 2020 endlich die Ergebnisse bekanntgab, wurde Duponts Welle auf 21,6 Meter und Gabeiras Welle auf 22,4 Meter taxiert.

Wellenmessen ist eine emotionsgeladene Angelegenheit. Manche behaupten steif und fest, ihre Welle sei höher gewesen, und fühlen sich ungerecht behandelt, andere nehmen die Bekanntgabe schulterzuckend zur Kenntnis, wohl wissend, dass bei diesem Thema auch ein Rest Willkür bleibt. Als Justine Dupont leer ausging, machte sie ihrem Ärger in den sozialen Netzwerken Luft. In einer ausgiebigen Schimpftirade, die sie auf Instagram postete, zweifelte sie das Messergebnis an und schoss sich auf die World Surf League ein. Ihre zentralen Vorwürfe lauteten: Gabeira habe ihrer Meinung nach „die Welle nicht zu Ende gesurft“, die Messmethode sei fragwürdig und die Bilder, die ein „Dream-Team von Wellenexperten“ bei der Vermessung der Welle ihrer Rivalin herangezogen hatten, seien erst nach Einsendeschluss übermittelt worden. Die Botschaft war eindeutig: Dupont hatte das Gefühl – und hat es vermutlich bis heute –, dass der Weltrekord für die höchste jemals von einer Frau gesurfte Welle in Wahrheit ihr gehöre. Sie erklärte, sie fühle sich durch dieses „völlig unfaire" Verfahren zutiefst verletzt. „Zuerst wollte ich laut losschreien, dann war mir zum Heulen zumute, und schließlich sagte ich mir ‚Kopf hoch!' und ‚Keep Smiling!'. Ich wollte mir meinen Stolz und den Spaß am Big-Wave-Surfen nicht nehmen lassen. Ich weiß, dass ich noch höhere Wellen bezwingen kann und auf Rekorde nicht angewiesen bin." Und doch steht in den Rekordbüchern, dass der Weltrekord der Frauen von Gabeira gehalten wird und nicht von Dupont.

Um die Wellenhöhe so exakt wie möglich zu bestimmen, lässt sich die World Surf League regelmäßig von Wissenschaftlern und Forschern der Scripps Institution of Oceanography im kalifornischen San Diego beraten. Dort arbeitet Professor Falk Feddersen. Er war an dem Wellenvermessungsprojekt beteiligt, an dem auch die University of California, die University of Southern California und das Department of Aerospace and Mechanical Engineering in Los Angeles mitgewirkt haben. Mit seinen langen Haaren und dem grau melierten Bart sieht Feddersen nicht nur aus wie ein Surfer, er spricht auch so. Geboren und aufgewachsen in St. Thomas auf den amerikanischen Jungferninseln, zog er später nach Kalifornien, wo er alle möglichen Wassersportarten ausprobierte, inklusive Surfen. In der Schule war er gut in Mathe und Physik. Er verknüpfte kurzerhand seine geistigen Interessen mit seinen Hobbys und wurde Meeresforscher. Sein Spezialgebiet ist das

Verhalten von Wellen auf dem letzten Kilometer vor der Küste. Seine ersten Schritte auf dem Gebiet der Wellenvermessung unternahm er bei der Kelly Slater Wave Company (benannt nach dem Firmengründer und Surfsuperstar Kelly Slater), die spezielle Workshops für interessierte Wissenschaftler veranstaltete. Dann bekam er das Angebot, zusammen mit Kollegen wie Adam Fincham und Michal Pieszka Methoden für die Vermessung von Riesenbrechern zu entwickeln. „Wellenvermessung ist ein schwieriges Unterfangen, keine reine Wissenschaft. Da ich es oft mit ungenauen Daten zu tun habe, folge ich der Devise ‚Probieren geht über Studieren'. Das heißt: Man wendet eine Methode an und verwendet die dann auch bei der Reproduktion. Wenn alle Ansätze ein übereinstimmendes Ergebnis liefern, spricht sehr viel für dieses Ergebnis. Gibt es trotzdem noch Probleme? Natürlich – ideal ist das nicht." Bei der Bestimmung der Wellenhöhe wird eine Vielzahl von Faktoren einbezogen. Anhand von Drohnenvideos und Fotos wird der Höhenunterschied zwischen Wellenberg und Wellental taxiert, und zwar einmal auf Meereshöhe und einmal von der Felsspitze aus. „Es gibt Parallelen zur Archäologie", sagt Feddersen. „Man trägt eine Menge Foto- und Videomaterial zusammen und rekonstruiert etwas, obwohl man die Daten nicht hat, die man im Idealfall bräuchte. Das ist methodisch nicht optimal, aber wenn man unvoreingenommen an die Sache geht, kommt man zu dem Ergebnis, dass Mayas Welle im Durchschnitt einen Meter höher war als die Welle von Justine."

Bei Steudtners Welle ist der Prozess noch nicht abgeschlossen. Feddersen hat mit der Vermessung nur am Rande zu tun. Der Deutsche ist nach wie vor unsicher, ob die Rekordentscheidung am Ende zu seinen Gunsten ausfallen wird. „Ich peile den Weltrekord seit fast zehn Jahren an und habe ihn bis jetzt nicht erreicht“, sagt er. „Deshalb wäre es für mich eine Riesenbefreiung. In den nächsten zwei Wochen wird das Messergebnis vorliegen, ich habe so ein Bauchgefühl.“ Tatsächlich heißt es noch ein weiteres halbes Jahr warten. Mit dem endgültigen Urteil wird es absurderweise vor Mai 2022 nichts – mehr als anderthalb Jahre nach Steudtners Wellenritt. In diesem Hochgeschwindigkeitssport, in dem so viel mit Vollgas agiert wird, geht manches quälend langsam voran.

DEM TOD VON DER SCHIPPE GESPRUNGEN

Maya Gabeira

Es gibt nur wenige Arbeitsplätze, die gefährlicher sind als Nazaré. Das hat mit den Unwägbarkeiten und Risiken vor Ort zu tun. Im Fall von Maya Gabeira kommt hinzu, dass Steudtner in der Saison 2021/22 nicht an ihrer Seite sein wird. Die Saison ist noch jung, aber Gabeira hat bereits das Gefühl, dass sie „schräg" werden könnte. Es ist unklar, mit wem sie an den Big Days aufs Meer fahren könnte und ob sie an Events wie der Tow Surfing Challenge teilnehmen kann. Mit Steudtner herrschten klare Verhältnisse. Als langjährige Freunde und Surfpartner auf den Wellen von Nazaré wissen beide, wie der andere auf dem Wasser und an Land arbeitet, und profitieren von den Erfahrungen des anderen. Ihre Beziehung ruht auf einem soliden Fundament. Beide sind höchst versierte Jetskipiloten und in der Lage, sich gegenseitig in die höchsten Brecher zu ziehen. Wenn es darauf ankommt, sind beide zu waghalsigen Bergungsmanövern fähig, von ihren über die Jahre perfektionierten Surfkünsten ganz zu schweigen. Sie teilen sich die Ausrüstung – Jetskis, Funkgeräte und sogar Surfboards – und das Personal, von den Spottern auf dem Felsplateau bis zu den Leuten, die versuchen, jede ihrer Aktionen in der Brandung mit der Kamera festzuhalten. Und dann sind sie während der Saison mit all ihren Höhen und Tiefen fern der Heimat Freund, Vertrauter und Ratgeber füreinander.

Als Ersatzmann hätte Gabeira am liebsten einen Partner, den sie schon kennt. Sie ruft Tom Butler an, der Nazaré gut kennt, aber es gelingt ihr nicht, ihn zurück nach Portugal zu locken. Butler war nach Garrett NcNamara einer der Ersten, die nach Nazaré kamen, und einer der ersten Surfpartner von Steudtner. Doch seit zwei Jahren hat er sich nicht mehr blicken lassen und bleibt lieber in Großbritannien bei seiner Frau Emily und ihrem gemeinsamen Sohn Ziggy. Butler hat sich von Nazaré abgenabelt und leitet inzwischen in seiner Heimat Cornwall eine gemeinnützige Hilfsorganisation für geistig und körperlich behinderte Schulkinder. Seine Liebe zum Element Wasser begann in den Rockpools an der Constantine Bay im Norden Cornwalls, in denen er als kleiner Junge mit seinen Eltern baden ging. Der nächste Schritt war das Bodyboarding, und mit elf Jahren stand er zum ersten Mal auf einem Surfbrett. Mit gerade einmal sechzehn Jahren wagte er sich als Surfer in die Brandung des Cribbar-Riffs in Newquay und reiste noch im selben Jahr nach Hawaii. Es war der Auftakt zu einem Surferleben, das ihn im Alter von 23 Jahren an der Seite von Steudtner schließlich nach Nazaré führte. „Es klingt wie ein Klischee, aber wenn du einmal solche Megawellen erlebt hast, kommst du davon nicht mehr los. Der Rausch und die Befriedigung sind so intensiv, dass du unbedingt mehr davon willst“, sagt der Engländer. „Es ist wahre Liebe; das ist der Grund, warum ich das mache.“ Dass er trotzdem nicht zurückkommt, liegt nicht an traumatischen Erlebnissen, von denen es einige gab.

Beim Paddling Contest der World Surf League 2016 geriet er einmal vor den Augen seiner ganzen Familie in große Not. Er wollte bei diesem Wettbewerb einen bleibenden Eindruck hinterlassen und wusste, dass er dafür eine gute Welle erwischen musste. Also beschloss er, es mit dem nächsten großen Brecher aufzunehmen – der war dreizehn bis vierzehn Meter hoch, doch die Sache ging schief. „Ich erinnere mich noch an jedes Detail. Ich war die ganze Zeit bei Bewusstsein." Butler schlug extrem hart auf dem Wasser auf und wurde sofort in die Tiefe gezogen. Er hörte ein lautes Krachen – das Surfboard hatte sich an der Seite in seinen Kopf gebohrt; entweder das Board oder die daran befestigte Fußleine riss ihm ein Ohrläppchen ab. Mit der stark blutenden Wunde rang Butler verzweifelt nach Luft – die Atmung setzte nicht von selbst wieder ein. Er weiß noch, dass irgendjemand versuchte, ihn zu bergen, bevor er an den Strand gespült wurde. Seine Frau und seine Mutter verfolgten das Drama zu Hause live im Internet und hatten zunächst keinen Ansprechpartner, um sich nach seinem Zustand zu erkundigen. Sein Bruder stand am Strand und musste hilflos mit ansehen, wie das Grauen seinen Lauf nahm und sein Bruder von den Sanitätern vor Ort versorgt wurde. Im Krankenhaus, so der Brite, habe man ihm „ein Stück Plastik" in die lädierte Lunge eingeführt, damit sie sich wieder mit Luft füllte. Die Prozedur sei ihm in dem Moment „echt mittelalterlich" vorgekommen: Beim schmerzhaften dritten Versuch, die Thoraxdrainage zu legen, hätten ihn zwei Pfleger festgehalten. Bis heute ist die Erinnerung an diese „Höllenqual" nicht verblasst. Seine Frau telefonierte stundenlang alle möglichen Krankenhäuser ab, bis sie in den Nachrichten hörte, dass er schwer verletzt, aber nicht in Lebensgefahr sei. Auf eine bizarre Art und Weise genoss er solche schlimmen Momente sogar, weil sie etwas Rauschhaftes hatten.

Trotzdem kann ihn Gabeira nicht dazu überreden, auch nur für einen Teil der Saison zurückzukommen. „Es ist für mich schon ein bisschen in den Hintergrund gerückt", bekennt Tom Butler. „Ich vermisse es, aber ich war jetzt auch zehn Jahre lang dabei. Irgendwann komme ich wieder." Angesichts seines sesshaften und umtriebigen Lebens in der Heimat scheint diese Rückkehr nicht unmittelbar bevorzustehen. Nach Butlers Absage versucht Maya Gabeira ihr Glück bei dem Franzosen Eric Rebière, der früher kleinere Wellen surfte, es bis zur World-Tour-Teilnahme brachte und dann auf die Big Waves umstieg. Gleichzeitig gilt er als einer der besten Jetskipiloten nicht nur in Nazaré, sondern weltweit.

Beim Big-Wave-Surfen kommt es auf das Team an. Sehr vieles hängt davon ab, wie jeder Einzelne es mit dem Fitnesstraining hält, mit den Poolsessions, dem regelmäßigen Surfen an ruhigen und an stürmischen Tagen, vom Zustand der Ausrüstung und davon, ob sichergestellt ist, dass alles auf den Punkt vorbereitet ist. Draußen auf den Megawellen ist dann jeder Surfer die Summe dessen, was er an Teamkollegen und Material um sich hat. Mit Rebière besteht bereits eine Vertrauensbasis. Doch so gut eine Partnerschaft auf dem Papier auch aussehen mag, es braucht Zeit, um sie auf dem Wasser mit Leben zu füllen. Es geht darum, die jeweiligen Fähigkeiten aufeinander abzustimmen und möglichst viel Zeit gemeinsam auf dem Wasser zu verbringen, um so etwas wie einen sechsten Sinn zu entwickeln. Insofern gibt es auch trotz ihrer positiven Grundhaltung keine Garantie, dass sie und

Rebière auf dem Wasser harmonieren werden. Sie weiß: Es ist ein Wagnis, das ebenso gut scheitern wie gelingen kann. „Gut möglich, dass ich den besten Piloten von ganz Hawaii hierherhole, und kaum sitzt er auf dem Jetski, erkennt er kein einziges meiner Signale, und ich habe keine Ahnung, was er da surft und redet“, erklärt sie.

> „Wenn du als Surf-und-Jetski-Duo viel zusammen auf dem Wasser bist, kommst du ohne Worte aus. Du weißt, was der andere denkt, wenn er etwas tut. Du weißt: Jetzt hat er sich eine bestimmte Welle ausgeguckt, die er heranrollen sieht. Du musst wissen, was der Pilot tut, bevor er es tut. Bei dem ganzen Wind, den Wellen und den anderen Leuten willst du nicht auch noch Stress mit der Verständigung haben. Wenn man sich so gut kennt, dass man keine Worte braucht, ist alles viel einfacher. Das erreichst du nur, wenn du viel Zeit zusammen verbringst. Mit Seb und Carlos habe ich unendlich viel Zeit verbracht, aber zum Glück war ich mit Eric auch schon viele Stunden unterwegs.“

Ein Team für den Saisonstart zu finden und dann kurz darauf erneut eins suchen zu müssen, ist Stress pur. Der Druck ist häufig Thema unter den Surfern, ebenso wie die Frage, wie man sich fit hält, am Leben bleibt oder seinen Lebensunterhalt verdient. Andererseits scheinen die Surfer den ganzen Stress auf eine fast schon masochistische Art und Weise zu genießen, wie Gabeira offen zugibt: „Die wirklich guten Dinge im Leben sind nie einfach. Und wenn doch, sind sie mir bisher noch nicht begegnet. Jedes Ziel, das du erreichen willst, jedes Problem, das es in der Welt zu lösen gilt, erfordert ein gewisses Maß an Stress und Angst, denn wenn etwas leicht ist, ist es auch nicht sehr befriedigend." Nach einem überaus turbulenten Start hat Gabeira inzwischen mit Nazaré ihren Frieden geschlossen und strahlt an diesem Ort des Wahnsinns sogar eine gewisse Gelassenheit aus.

Als sie im Oktober 2013 zum ersten Mal hierherkam, fiel sie nicht durch mangelndes Selbstvertrauen auf, wie man es vielleicht von einer Surferin erwarten würde, die auf Hawaii unaufhörlich schikaniert, eingeschüchtert und kleingemacht worden war. Im Gegenteil: Die Surfer, die schon in Nazaré ansässig waren, erzählen, dass die brasilianische Truppe mit Gabeira, Carlos Burle und Gefolge bei ihrer Ankunft fast ein bisschen angeberisch aufgetreten sei. Sie alle waren mit dem erklärten Ziel angereist, die Welle zu bändigen, von der sie schon so viel gehört, die sie aber bisher nur aus der bequemen Position vor dem Computerbildschirm gesehen hatten. Im Rückblick mag es überheblich erscheinen, dass sie weder den Rat der anderen einholten noch über die notwendige Sicherheitsausrüstung verfügten, die man für ein solch gefährliches Unternehmen braucht. Nur wenige Tage später geschah dann auch das Unglück. Noch heute spricht man über Gabeiras Unfall im fast ehrfürchtigen Flüsterton – so unglaublich ist es, dass sie damals mit dem Leben davonkam. Selbst wenn man weiß, wie es ausging, läuft es einem kalt den Rücken runter, wenn man die Videoaufnahmen sieht.

Ihr Kampf mit den Elementen dauert fast neun Minuten. Burle versucht in dieser Zeit alles, um seine um ihr Leben kämpfende Partnerin zu retten, zunächst jedoch vergeblich. Kurz zuvor hat er auf dem Jetski Gabeira am Schleppseil hinter sich hergezogen, als eine gigantische Welle auf sie zurollt. Gabeira kommen plötzlich Zweifel, sie ist unsicher, ob sie der Welle gewachsen ist, und äußert ihre Bedenken. Aber ihr Tow-in-Partner beruhigt sie und überredet Gabeira, es zu versuchen. Und schon wird sie in eine Welle katapultiert, die man noch lange mit ihr in Verbindung bringen wird. Nachdem sie das Seil losgelassen hat, erkennt sie, dass der Brecher unglaublich schnell ist. Sie ist auf einmal in einem Tempo unterwegs, das sie auf einem Surfboard so noch nie erlebt hat. Die Wasserwand um sie herum erscheint ihr doppelt so hoch wie alles, was sie jemals vor Hawaii oder sonst wo gesurft hat. Einmal in der Welle gefangen, federt sie den ersten Stoß mit den Knien ab und hält das Gleichgewicht. Auch den zweiten Stoß kann sie noch abfangen, obwohl ihr die Schockwelle durch Mark und Bein geht und auch das Board erfasst. Für einen Augenblick verschwindet sie aus dem Blickfeld der Kamera, die jede ihrer Bewegungen verfolgt. In diesem Moment wird ihr klar, dass ihre Zweifel und ihre Zögerlichkeit berechtigt waren. Immer schneller jagt das Board über das Wasser, und es wird immer schwieriger, die Unebenheiten in der Welle auszugleichen. Sie surft um ihr Leben, das Ende der Welle und ein möglicher Ausstieg aus ihr sind schon fast in Sichtweite. Trotz des wahnwitzigen Tempos ist sie im Kopf klar genug, um zu wissen: Schon ein kleiner Fehler wäre verheerend.

Wenn sie heute an diese traumatische Szene zurückdenkt, weiß sie nicht mehr genau, ob es der dritte oder der vierte Stoß war, der sie vom Board fegte und ins Wasser schleuderte. Sie wurde dermaßen schnell aus der Bahn geworfen, dass auf den Aufnahmen kaum zu erkennen ist, was genau in diesem Augenblick passiert. Beim Aufprall auf dem Wasser brach sie sich sofort das Fußgelenk – eine Verletzung, die erst bemerkt wurde, als sie im Verlauf des Tages in ein zweites Krankenhaus eingeliefert wurde; so gravierend war die andere Verletzung, die sie davontrug, als sie mit dem Gesicht voran ins Wasser gerammt wurde und die Welle über ihrem Kopf zusammenstürzte.

Nach der Wucht der ersten Welle bekommt sie fast keine Luft mehr, doch die nächste Welle ist mindestens genauso gewaltig und reißt ihr die Rettungsweste vom Körper, als sie über sie hinwegrollt. In diesem Moment verliert sie das Bewusstsein, das im Folgenden immer wieder kurz aufflackert, bevor sie erneut ohnmächtig wird. Immer wieder taucht sie für kurze Momente aus dem schwärzesten Schwarz im schäumenden Weiß der Wasseroberfläche auf. In diesen Millisekunden über Wasser holt sie tief Luft, bevor der nächste Schlag kommt, während Burle alles in seiner Macht Stehende versucht, um sie ausfindig zu machen und zu bergen. Erschwerend kommt hinzu, dass Burles Funkgerät kurz zuvor den Geist aufgegeben hat. Sich ohne Funkverbindung auf einen solchen Brecher einzulassen, ist ein Fehler, der heute niemals mehr passieren würde. Viele Lektionen werden in Nazaré auf die harte Tour gelernt. Die Folge ist, dass kein Spotter auf dem Felsplateau in der Lage ist, Burle zu seiner Surfpartnerin zu dirigieren. Gabeira verlassen zunehmend die Kräfte, und sie beginnt, sich innerlich von ihren Lieben zu Hause in Brasilien zu verabschieden. „Zu diesem Zeitpunkt wusste ich, dass ich in ernsthaften Schwierigkeiten steckte und mich auf meinen Instinkt verlassen musste." In ihrem Überlebenskampf ist sie völlig auf sich allein gestellt. Dreimal kommt ihr Partner herangefahren, um sie zu retten, dreimal scheitert er an den Turbulenzen des Weißwassers.

Einmal scheint er sogar in eine Position zu kommen, von der aus er Gabeira retten könnte, aber da er sich mit der Meerestopografie von Nazaré nicht gut auskennt, verschätzt er sich und trifft Gabeira obendrein mit dem Rettungsschlitten, der für die Bergung von Surfern hinten am Jetski hängt. Sekunde um Sekunde, Minute um Minute vergehen. Gabeiras Atemnot wird immer schwerer, und sie verliert für immer längere Phasen das Bewusstsein. Später erinnert sie sich, dass von all ihren Sinnen nur noch ihr Gehör intakt war – im Nachhinein erfuhr sie, dass das Hören der letzte Sinn ist, der aussetzt, bevor ein Mensch stirbt. Sie weiß noch, dass sie dachte: „Das wars; das überlebe ich nicht." Doch selbst im Todeskampf ist sie noch geistesgegenwärtig genug, um nach dem Schleppseil zu greifen, als Burle zu einem weiteren Rettungsversuch ansetzt. Diesmal kommt er nah genug mit ihr ans Ufer, sodass er sie aus dem Wasser hieven kann.

Als sie endlich den Strand erreichten, war Gabeira bewusstlos und musste reanimiert werden. Auf YouTube findet man erschütternde Videoaufnahmen, die zeigen, wie die Retter eine Herzdruckmassage durchführen. Gabeira glaubt, dass sie eine Art posttraumatische Belastungsstörung erlitten hat, auch wenn die nie offiziell diagnostiziert wurde. Monatelang konnte sie sich die Aufnahmen nicht anschauen, sie hätten sie zu sehr aufgewühlt. Inzwischen kann sie fast dabei lachen, auch wenn es ein angespanntes Lachen ist, denn sie weiß nur zu gut, wie knapp sie dem Tod entkommen ist. „Am Anfang tat es weh, die Bilder anzusehen. Das erste Mal war extrem schmerzhaft, beängstigend und verstörend. Ich durchlebte alle Gefühle noch einmal sehr, sehr intensiv. Heute habe ich mehr Abstand. Ich habe alles verarbeitet und kann mir die

Aufnahmen anschauen, ohne dass diese Emotionen wieder hochkommen.“ Wenn sie das Video heute ansieht, hat sie das Gefühl einer um Jahre verzögerten außerkörperlichen Erfahrung. „Ich habe fast das Gefühl, das bin gar nicht ich. Ich hatte wahnsinniges Glück an dem Tag – meine Zeit war eben einfach noch nicht gekommen. Ich hatte intensiv trainiert, aber es war auch viel Glück und das eine oder andere Wunder im Spiel, sodass ich noch am Leben bin.“

Die seelischen Narben sind verheilt, aber die körperlichen Folgen spürt sie bis heute. Der gebrochene Knöchel war bald wieder intakt, aber eine Rückenverletzung, die auch nach mehreren Operationen einer ständigen Behandlung und Pflege bedarf, wird sie für den Rest ihres Lebens an diese Begegnung mit dem Tod erinnern. Dreimal wurde sie am Rücken operiert, eine schmerzhafte Strapaze, bei der es nicht nur um die Begradigung der Wirbelsäule ging, sondern darum, überhaupt wieder laufen zu können. Von einer Rückkehr in die Monsterwellen ganz zu schweigen. Sie hatte ständig Schmerzen. Schon Hinsetzen und Aufstehen waren ein Kampf. Gegen die Schmerzen wurden ihr sogar Morphium und andere Opiate gespritzt. Die erste OP war ein Fehlschlag, die zweite auch. Anderthalb Jahre nach dem Unfall wusste sie: Die einzige Lösung war ein dritter Eingriff. Sieben Ärzte winkten ab. Der achte war bereit, die Operation durchzuführen – eine sogenannte Wirbelsäulenfusion. Das war, wie Gabeira aber erst später klar wurde, die entscheidende Wende. „Ich hatte wahnsinnige Schmerzen und dazu noch das Trauma, außerdem war ich verunsichert und hatte Angst vor den Wellen. Diese Unsicherheit wurde noch verstärkt durch den ganzen Medienrummel und die Ungewissheit, ob ich den Surfsport je wieder so betreiben könnte, wie ich mir das vorstellte.“ Ihr erster Aufenthalt in Nazaré erwies sich insofern als ziemlicher Fehlschlag. Es wurde öffentlich kritisiert, dass sie überhaupt gekommen war. Der Tenor der Botschaften, die sie am Krankenbett erreichten, lautete: „Das ist nichts für dich, Maya.“ Diese Kommentare machten ihr noch Jahre später zu schaffen. „Dass solche Gedanken in deinem Kopf Achterbahn fahren, kannst du kaum verhindern, wenn du nicht hundertprozentig fit bist. Ich habe jahrelang gekämpft, um körperlich und emotional wieder auf die Beine zu kommen. Die Frage war: Bin ich stark und mutig genug, das zu überwinden, was mir vier Jahre lang im Kopf herumgespukt ist?“ Hätte sie schnell wieder aufs Wasser zurückgekonnt, um die Dämonen zu vertreiben, wäre es vielleicht einfacher gewesen.

Im März 2017 wurde ihr zum ersten Mal offiziell bescheinigt, dass sie wieder gesund und ihre Verletzungen auskuriert waren. Zum ersten Mal seit dreieinhalb Jahren konnte sie Gewichte heben, fünfzehn Minuten sitzen oder in einer bestimmten Position verharren und einigermaßen schmerzfrei gehen. Obwohl ihr an diesem Ort so viel Leid zugefügt worden war, verspürte sie nicht den Wunsch, Nazaré und seinen Megawellen den Rücken zuzukehren. Aber es dauerte noch weitere sieben Monate, bis sie sich wieder in die Brandung wagte.

In den Jahren nach dem Unfall sah sie, dass es wegen der körperlichen Einschränkungen möglicherweise nie wieder so werden würde wie früher. Sie musste sich Gedanken darüber machen, was sie tun könnte, falls auch die dritte Operation erfolglos bliebe. „Ich brauchte einen Plan B. Mir stand nicht der Sinn nach einem Plan B, aber die Möglichkeit war sehr real. Also stellte ich mir immer wieder die Frage: Was für einen Job könnte ich machen, was für einen Weg kann ich einschlagen, was kann ich tun, wenn es nicht funktioniert?" Aber sie kam zurück. Seit Ende 2017 ist sie eine feste Größe in Nazaré und genießt großen Respekt bei der internationalen Surfergemeinde. Anders als auf Hawaii, wo sie sich von ihren männlichen Kollegen so schlecht behandelt fühlte, war die einzige Feindseligkeit, der sie in Nazaré begegnete, das Meer und die Brandung.

> „Ich habe mich hier auf Anhieb zu Hause gefühlt. Nachdem ich in meinem vorherigen Surfumfeld auf so viel Ablehnung gestoßen war, war es für mich Gold wert, dass hier der Ozean mein einziger Gegner war. Ich nehme diese Herausforderung jeden Tag an und schließe dazu jeden Tag Frieden mit dem Meer. Ich stimme es freundlich. Als ich hier in Nazaré zum ersten Mal in den Hafen kam, wurde ich nicht wie auf Hawaii von zwanzig Typen angestarrt. Ich konnte einfach ungestört mein Ding machen. Das war unglaublich wohltuend."

So wurde ausgerechnet der Ort, der sie fast das Leben gekostet hätte, zu ihrer Heimat. Mehr noch als Brasilien. Fünf Jahre nach ihrem Comeback kann sie sich nicht vorstellen, nicht mehr in ihrem Haus zwischen Bergen und Küste zu leben. Die Anziehungskraft ist auch nach Jahren ungebrochen. „Offensichtlich liebe ich diesen abgelegenen Ort, Tausende Kilometer von meiner Familie entfernt, immer noch heiß und innig – mit zwei Hunden und einer Garage voller Surfboards. Ich könnte überall auf der Welt leben und alles Mögliche machen, und trotzdem bleibe ich hier, obwohl es im Winter oft bitterkalt ist und ich aus Rio komme. Das beweist mir, dass ich diesen Ort immer noch liebe." Andererseits kennt sie auch nichts anderes und wollte auch nie etwas anderes – sie liebt auch die tägliche Routine:

> „Ich komme gegen diese festen Abläufe gar nicht an: aufwachen, Wellen reiten, zurückfahren, essen, trainieren, Nickerchen. Nach zwanzig Jahren weiß man gar nicht mehr, was andere Menschen stattdessen machen. Um herauszufinden, wie eine andere Wirklichkeit aussehen könnte, müsste ich erst mal recherchieren, denn meine Wirklichkeit war immer diese hier. Ich weiß nicht, wie es ist, sich nicht auf die Saison zu freuen, nicht im August und September eisern zu trainieren, ein Leben ohne Stress, Angst, Vorfreude, Zweifel und: surfen, surfen, surfen. Und bumm – im März ist plötzlich alles vorbei. Ich wüsste nicht, warum ich etwas anderes machen sollte, solange die Leidenschaft nicht nachlässt."

Ähnliche Gedanken gingen damals auch der Siebzehnjährigen durch den Kopf, als sie auf Hawaii die ersten Megawellen zu Gesicht bekam und sich an Ort und Stelle in die Elemente stürzen wollte, um herauszufinden, was sie in dieser Umgebung über sich selbst lernen könnte. „Für mich gab es viele Erfahrungen zu machen: das intensive Leben, die Magie der Big Waves, die Tatsache, dass ich keine einzige Frau auf den Wellen reiten sah – da dachte ich: Wie cool wäre es, wenn da draußen eine Frau mitmischen würde?" Für sie waren die Jungs auf dem Wasser Helden, deren Wagemut sie faszinierte. Sie wollte auch so sein. „Ich hatte das Gefühl: Wenn ich

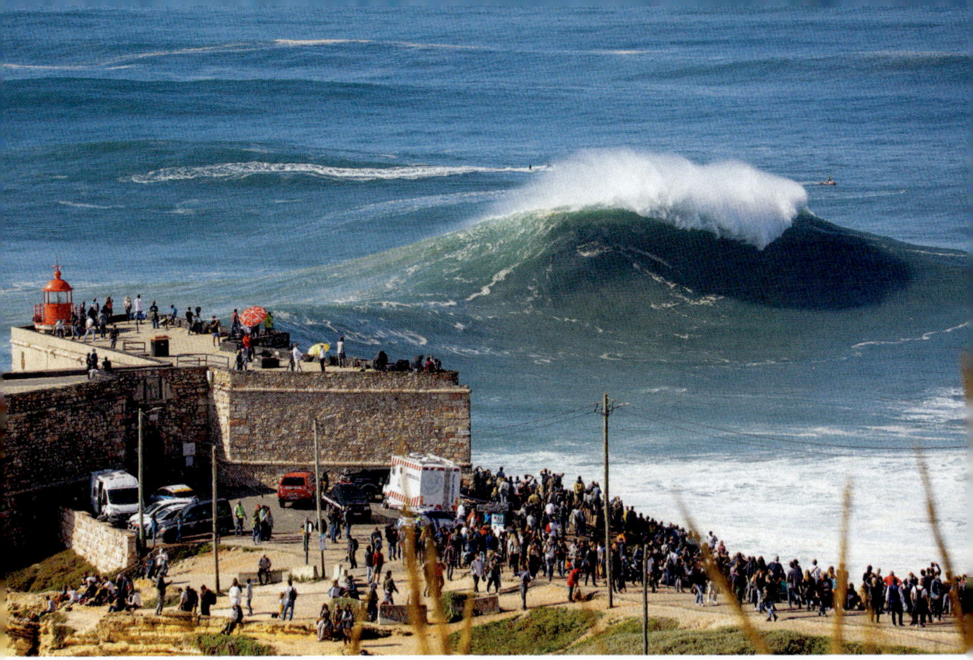

Spotter, Fotografen, neugierige Zuschauer: Sie alle versammeln sich rund um das Fort von São Miguel Arcanjo mit seinem roten Leuchtturm, um den besten Blick auf die Riesenwellen zu haben.

Die Weltrekordwelle von Sebastian Steudtner, gesurft am 29. Oktober 2020. 18 Monate musste er warten, bevor am 25. Mai 2022 sein Rekord mit 26,21 Metern (86 Fuß) bestätigt wurde.

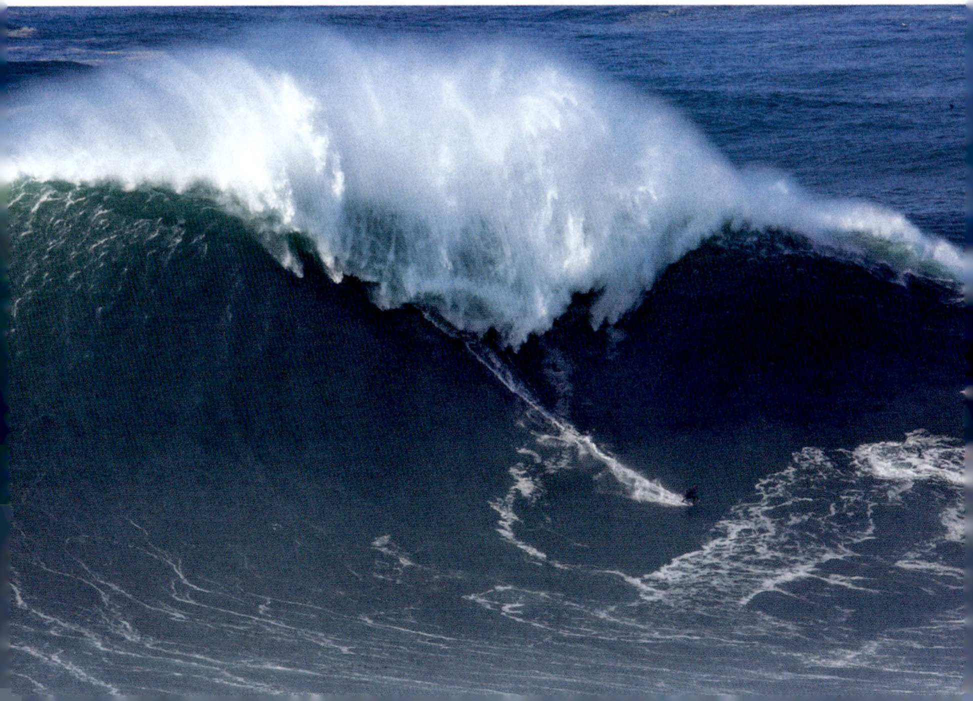

Die Crews müssen oft stundenlang warten, bis die Spotter, die das Geschehen von den Klippen aus beobachten, sie in die perfekte Welle lotsen. Mitunter kommt es zu Rangeleien um die besten Plätze.

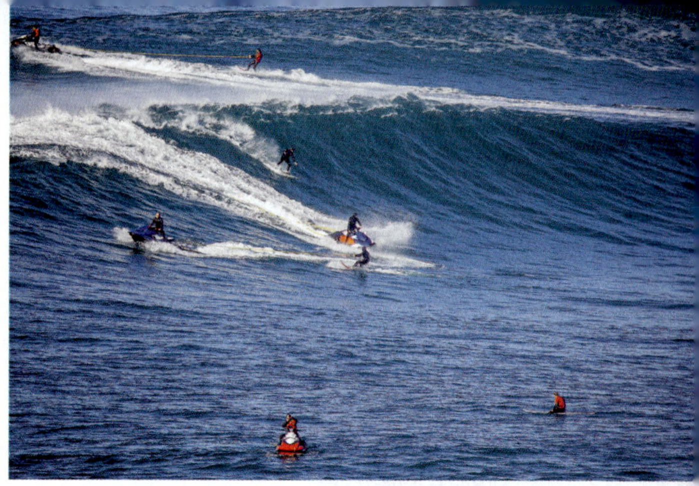

Praia do Norte (links) und der Hauptstrand von Nazaré (rechts), getrennt durch das Fort und die Klippen, die einen einzigartigen Blick auf die großen Wellen bieten. Vor dem Hauptstrand ist der steil abfallende Unterwassercanyon zu erkennen.

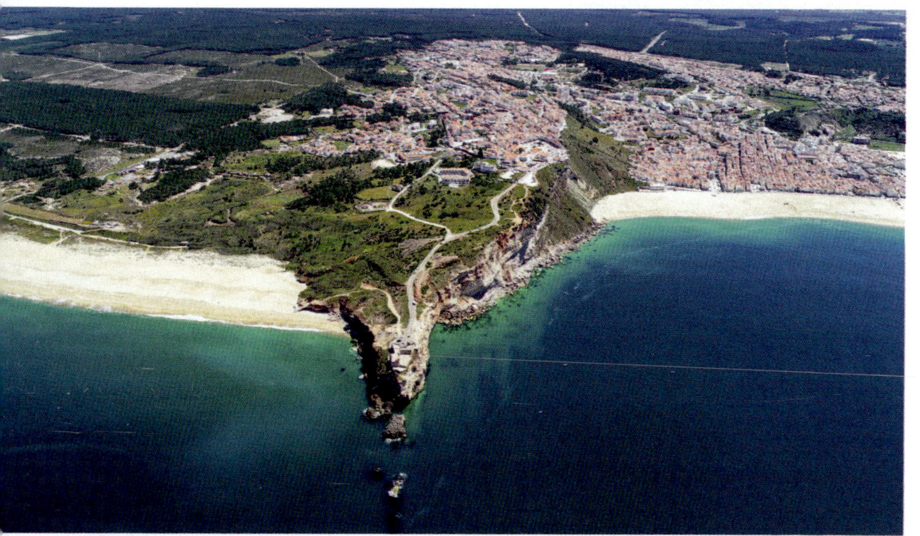

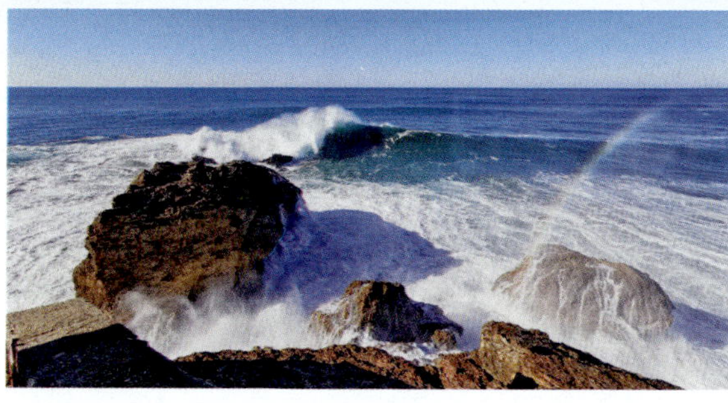

Die Felsen unterhalb des Leuchtturms sind eine weitere große Gefahr für die Surfer.

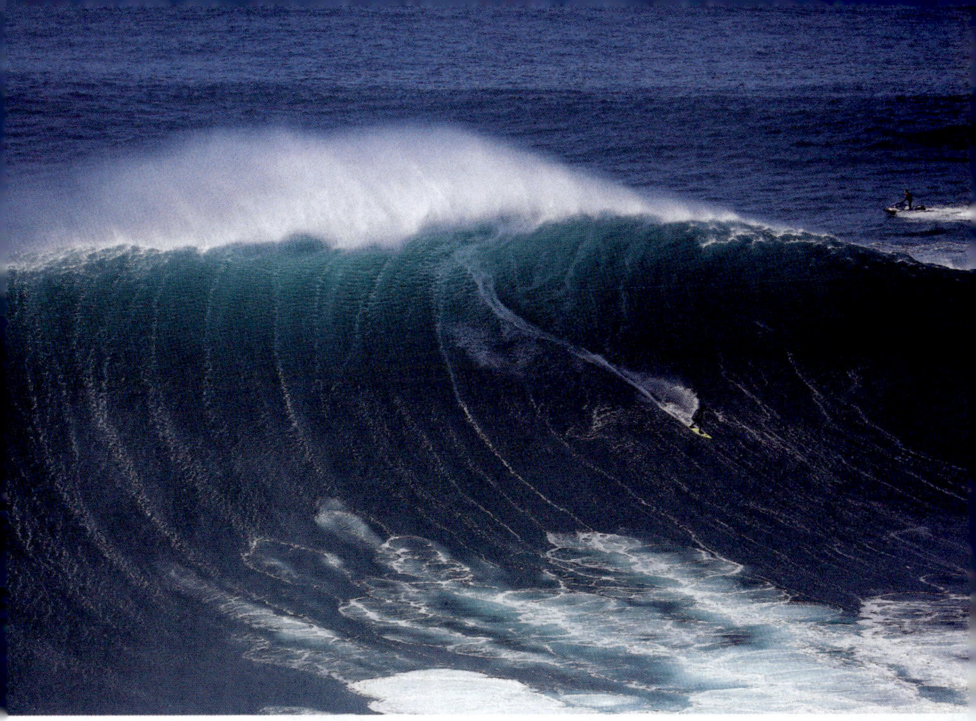

Nic von Rupp im Oktober 2021, kurz nachdem die Big-Wave-Saison begonnen hat.

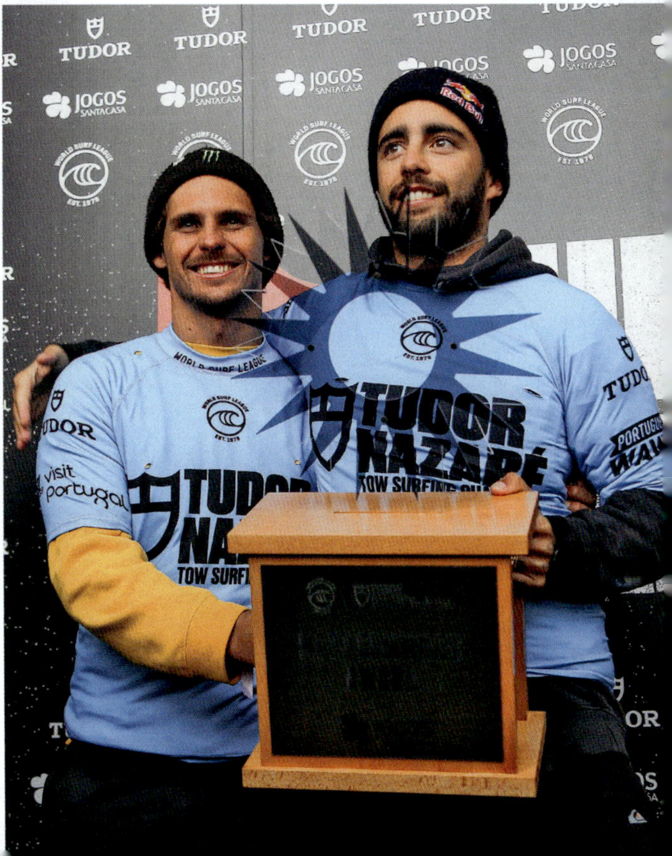

Von Rupp (links) und Pedro Scooby erhalten den Preis für das größte Engagement bei der ersten Tow Surfing Challenge im Dezember 2021.

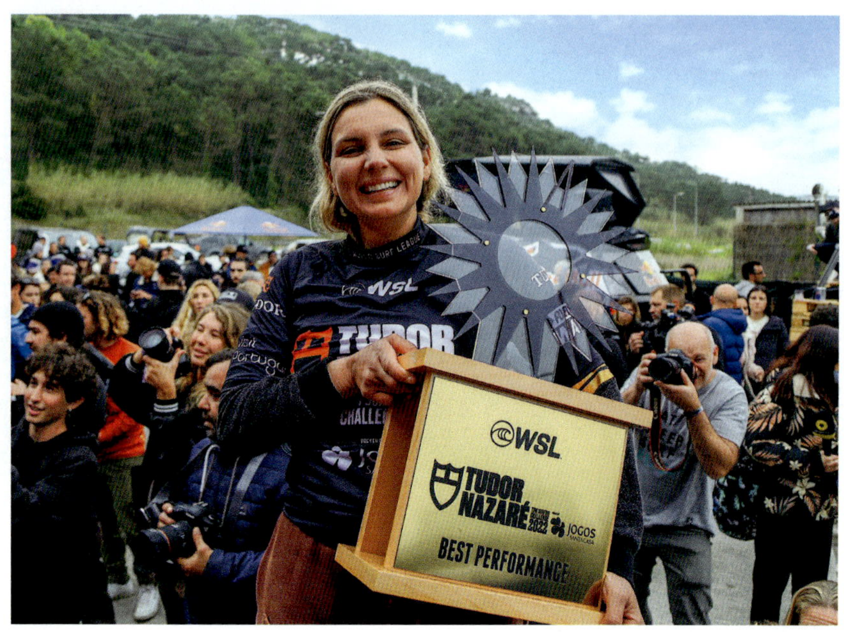

Maya Gabeira feiert bei der zweiten Tow Surfing Challenge im Februar 2022 ihren ersten Sieg in einem Profiwettbewerb der WSL.

Am 11. Februar 2020 übertrifft Gabeira mit dieser 22,4 Meter (73,5 Fuß) hohen Welle ihren eigenen Weltrekord aus dem Jahr 2018.

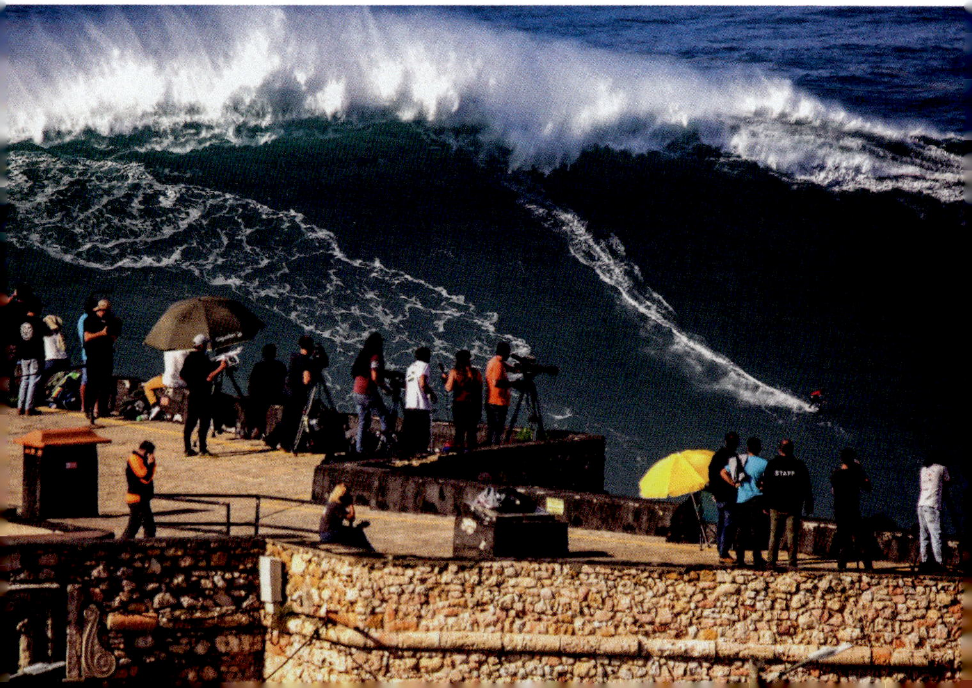

Sérgio Cosme auf dem Rücken eines Jetskis in einer Wellenpause ...

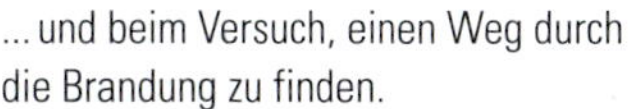

... und beim Versuch, einen Weg durch die Brandung zu finden.

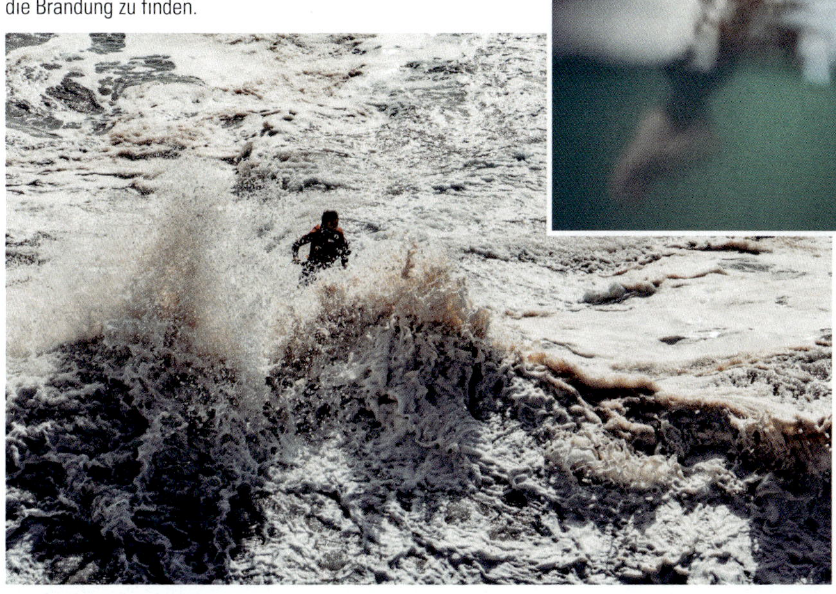

Die Drohnenaufnahme lässt die Gefahren erahnen, denen die Jetskifahrer ausgesetzt sind.

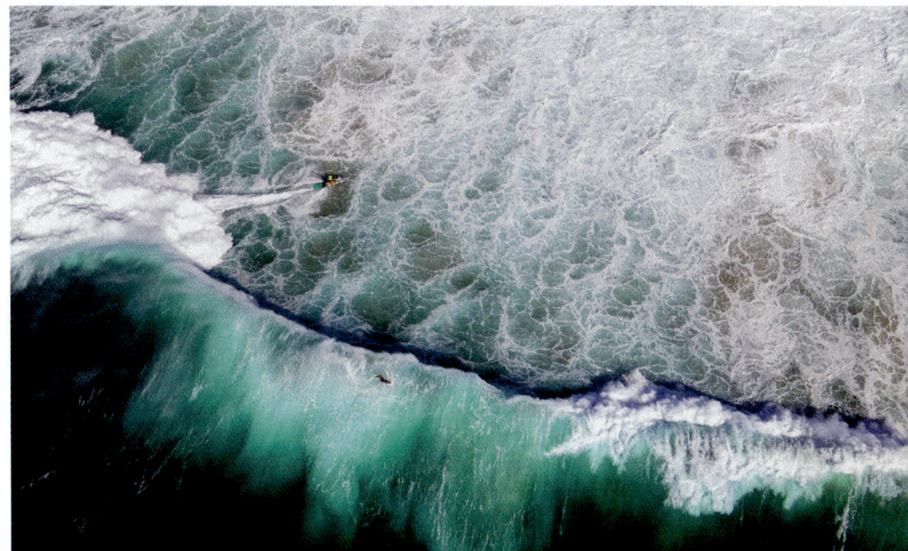

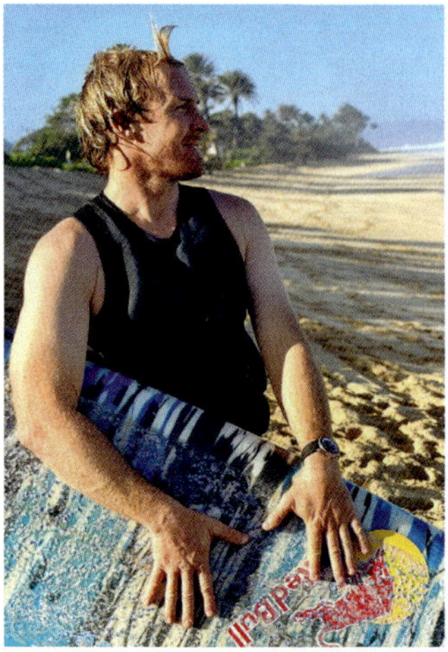

Andrew Cotton ist von Anfang an dabei. Aus Leidenschaft für das Wasser hat der Klempner aus Devon seinen Job gekündigt.

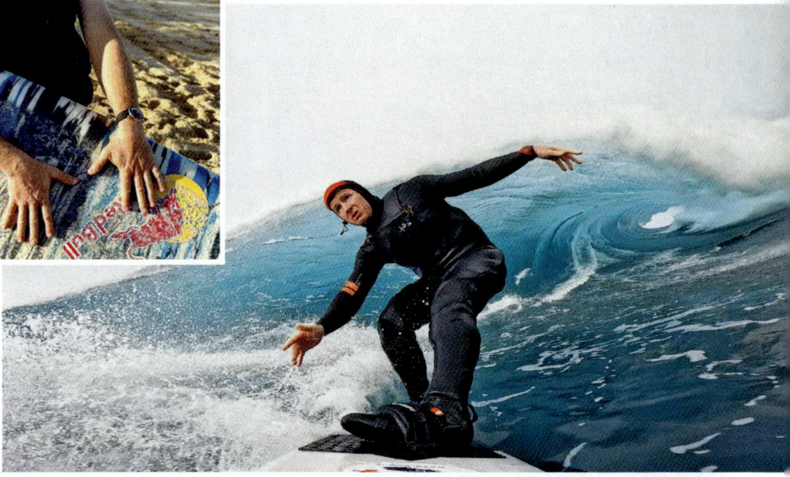

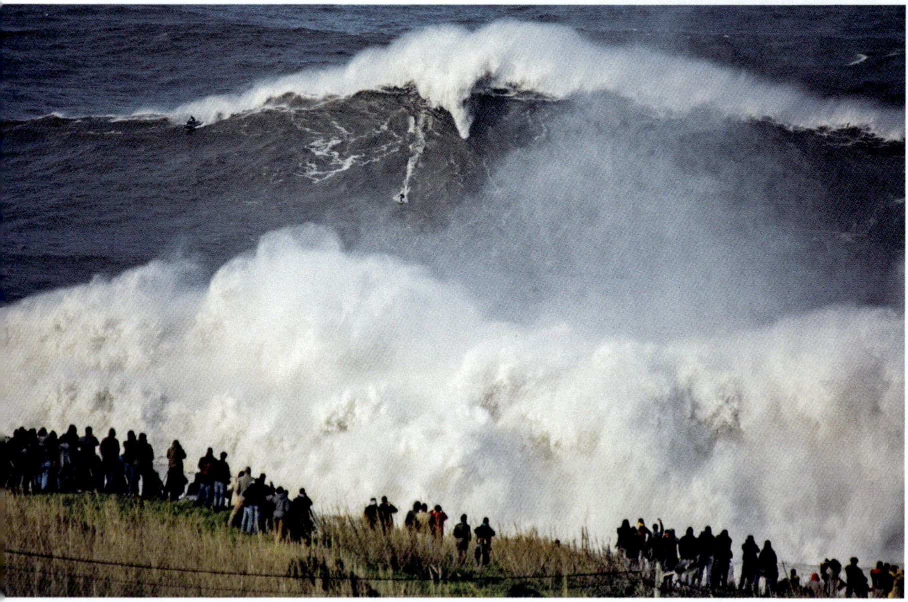

Am Nordstrand von Nazaré ist kein Tag wie der andere.
Große Wellen bedeuten oft schlechtes Wetter für die Zuschauer.

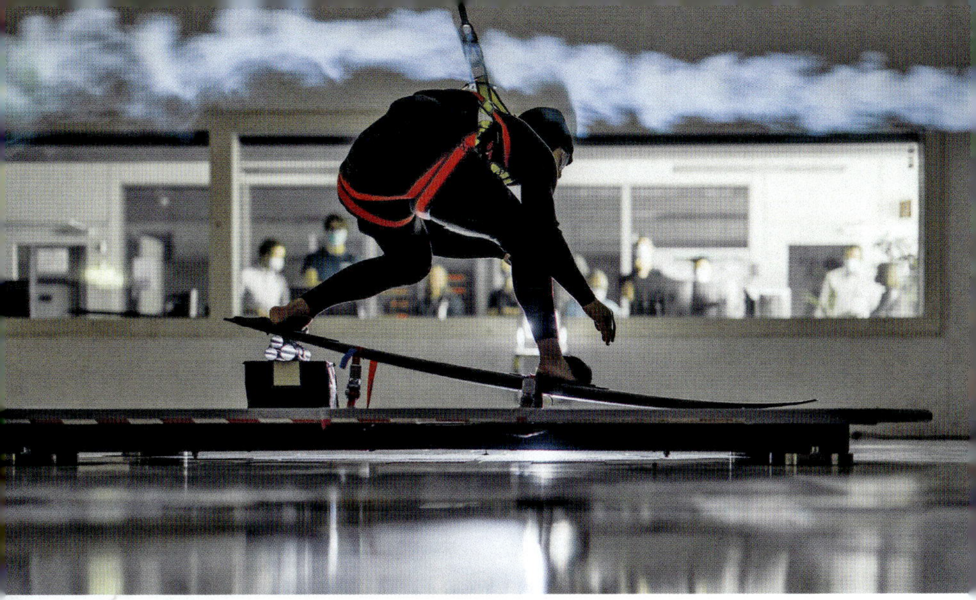

Sebastian Steudtner im Porsche-Entwicklungszentrum in Weissach: Der »Surfwissenschaftler« optimiert seine Körperhaltung im Windkanal, dabei arbeitet er eng mit den Ingenieuren des Autokonzerns zusammen.

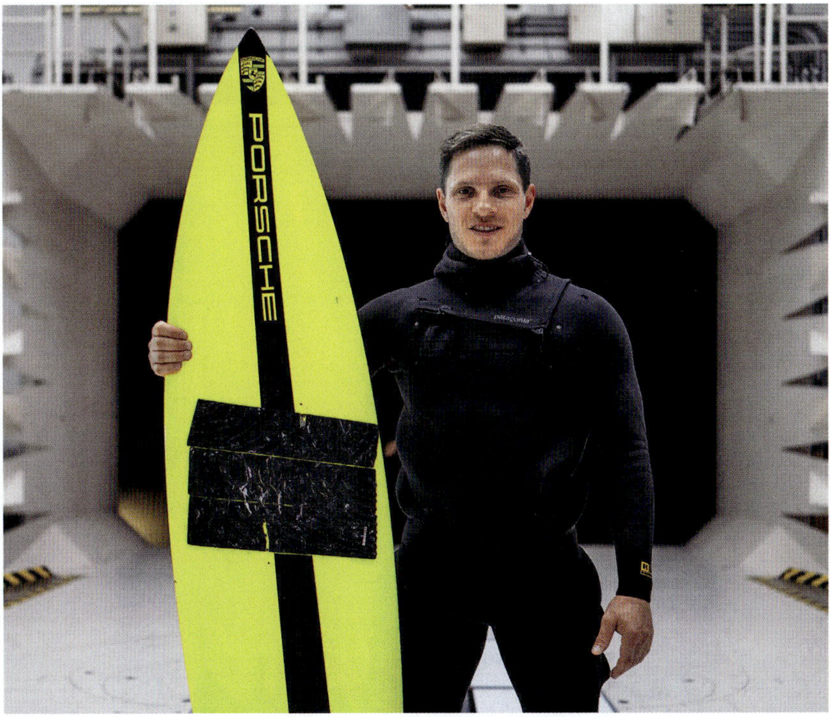

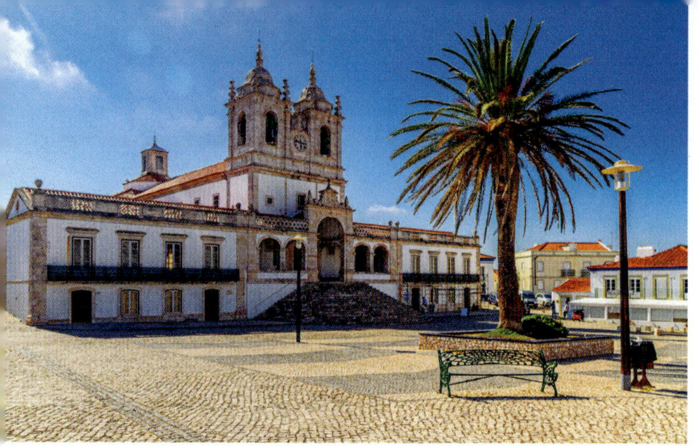

Santuário de Nossa Senhora da Nazaré in Sítio: In den Sommermonaten und auf dem Höhepunkt der Big-Wave-Surfing-Saison ist der malerische Kopfsteinpflasterplatz voller Touristen.

Sardinen und Makrelen sind Nazarés ursprüngliches Geschäft. Traditionell werden sie am Hauptstrand in der Sonne getrocknet und danach auf dem Fischmarkt im Ort verkauft.

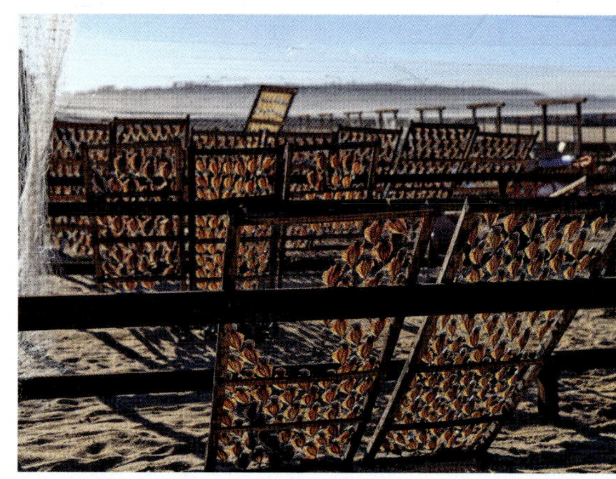

Jetskis im Sonnenuntergang im sicheren Hafen. Die Piloten haben sich die Pause nach einem Tag in den großen Wellen redlich verdient.

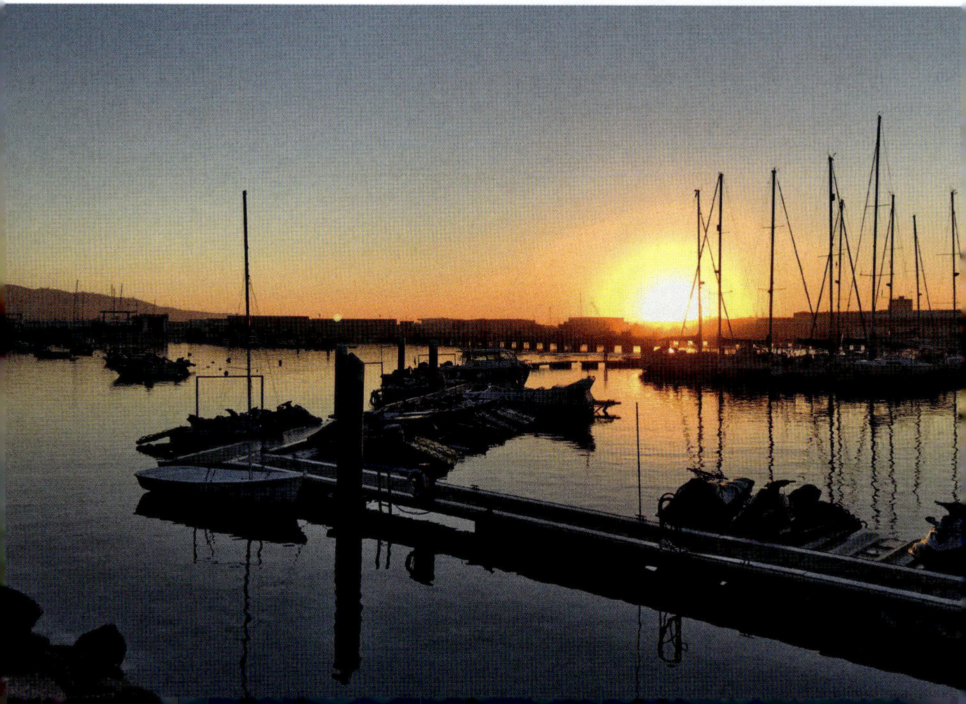

es schaffe, auch so zu sein, bin ich stark. Also eiferte ich den Jungs nach.“ Sie ließ sich von den abfälligen Bemerkungen nicht beirren, entwickelte sich weiter und fand immer mehr Befriedigung und Erfüllung im Surfen. „Ich hatte keine beruflichen Ambitionen, es gab ja auch keine Big-Wave-Surferin, die das als bezahlten Job machte. Ich war die erste. Eins kam zum anderen: Ich verliebte mich in diesen Sport, in dem mutige Frauen rar waren.“ Jahre später landete sie in Nazaré – und sie geht davon aus, dass dies die letzte Station in ihrem sportlichen Werdegang sein wird.

Bevor ihr das langwierige und mühsame Comeback nach dem Unfall gelang, versuchte sie, sich ein Leben abseits der Big Waves auszumalen. Sie schnupperte in verschiedene Bereiche hinein, arbeitete unter anderem als Fernsehmoderatorin und hielt Vorträge bei Veranstaltungen. Den Job beim Fernsehen hasste sie; die Vorträge machten ihr gelegentlich Spaß, aber sie merkte, dass nichts davon als Lebensinhalt ausreichend war. Bauch und Kopf sagten ihr, dass sie zusehen sollte, möglichst schnell wieder aufs Surfboard zu steigen, weil ihr alles andere nicht besonders vielversprechend erschien. Ihr immer wiederkehrender Gedanke war: „Es gibt nicht viele Disziplinen, in denen ich es an die Weltspitze schaffen kann. Also sollte ich bei dieser bleiben. Streng dein Hirn an, denk strategisch und sieh zu, wohin es dich führt.“ So wurde Nazaré ihr Lebenswerk, ihr Fachgebiet und ihr Zuhause. Dabei half ihr, dass sie in Portugal als Frau und als Brasilianerin jederzeit akzeptiert wurde. Zwischen Portugiesen und Brasilianern besteht eine enge Verbundenheit, die über die gemeinsame Sprache hinausgeht. Ein Vorteil ist auch, dass es hier keine Revierkämpfe gibt, die an vielen anderen Surfspots ein echtes

Problem sind. Garrett McNamara kam erst relativ spät in seiner Karriere nach Nazaré, und obwohl er einer der Ersten war, betrachtete er es nie als sein Hoheitsgebiet – sondern hatte vielmehr den Wunsch, es mit dem Rest der Welt zu teilen. Gabeira bemerkt: „Wir Brasilianer werden in Portugal mit großer Offenheit empfangen. Die Portugiesen fühlen sich mit den Brasilianern verbunden. Sie mögen die Kultur und hören ihre Musik, sehen sich ihre Soaps an und sprechen dieselbe Sprache. Sie mögen die Brasilianer viel lieber als die Amerikaner. Ich habe sofort gemerkt: Hier kann ich aufblühen. Vorher – auf Hawaii – hatte ich immer das Gefühl, eingeengt und nicht gut genug zu sein."

Trotz der Härten und Schikanen, die sie erdulden musste, ist in ihr keine Spur von Verbitterung zurückgeblieben – sondern nur die Hoffnung, dass in Zukunft niemand mehr so viel Bosheit und Gehässigkeiten über sich ergehen lassen muss. „Ich wünsche keinem, so etwas erleben zu müssen. Dass ich es durchgestanden habe, macht mich stolz. Es war in jeder Hinsicht ätzend. Vor zehn bis fünfzehn Jahren waren die Zeiten für Frauen echt hart. Ich war nicht angetreten, um irgendwelche Barrieren niederzureißen; ich wollte einfach mein Leben leben und mein Ding machen. Leider war dieses Ding männerdominiert. Als junger Mensch merkt man das nicht so schnell. Ich dachte damals: Das ist ja klasse – hier gibt es nur Jungs, ich werde glänzen. Dann legst du los und merkst: Scheiße! Kein Wunder, dass es hier nur Jungs gibt. Als junger Mensch ist man schrecklich naiv." Gedanken wie dieser und Erinnerungen an die harten Zeiten lassen sie davor zurückschrecken, sich den Dokumentarfilm *Maya and the Wave* (2022) anzuschauen, der über sie gedreht wurde. An der Entstehung des Films über fast zehn Jahre mitzuwirken, hat ihr Spaß gemacht, aber dann sah sie vor der Premiere eine Szene aus der Doku – und ließ es sofort wieder sein.

Grundsätzlich wünscht sie sich eine stärkere Präsenz von Frauen in Nazaré und im Big-Wave-Sport weltweit. Justine Dupont und Michelle des Bouillons, ihre Kolleginnen in Portugal, arbeiten beide im Team mit ihren Lebensgefährten: Dupont mit ihrem Freund Fred David und des Bouillons mit ihrem Freund Ian Cosenza. Für Gabeira wäre es ein nächster Schritt, Frauen ohne männliche Partner auf den Wellen zu sehen – was keinesfalls als Spitze gegen die beiden und ihre Partner verstanden werden soll. „Das ist Schummelei", sagt sie, ohne eine Miene zu verziehen, bricht dann jedoch in Gelächter aus und macht damit deutlich, dass sie es nicht ernst meint. Duponts Freund David ist in sehr viel stärkerem Maße Tow-in- und Rescue-Pilot für seine Partnerin als Surfer. Bei Gabeira ist das anders: Wenn Steudtner fit ist, werden die Jetski- und die Surfzeiten fifty-fifty geteilt. „Wer mit Seb im Team arbeiten will, muss ein sehr guter Pilot sein. Zum Glück bringe ich vierzehn Jahre Erfahrung mit. Die Jungs, die ganz oben stehen, stellen hohe Ansprüche. Hinzu kommt, dass sie in der Regel mehr Kraft und Ausdauer haben als eine Frau." Sie erinnert sich, wie sie sich einmal acht Stunden am Stück zwischen 18 bis 24 Meter hohen Brechern tummelten und Steudtner immer noch vor Energie strotzte. Ihr kommen Momente in den Sinn, in denen sie dachte: Wenn mir jetzt der Jetski wegfliegt, ist das mein sicherer Tod. Ich habe Hunger, ich bin müde, ich kann nichts mehr sehen. „Die Jungs haben einfach eine andere Physis. Selbst Serena Williams würde das vermutlich bestätigen. Als Frau in diesem Sport seinen eigenen Weg zu gehen, ist eine Herausforderung. Vielleicht war es meine Aufgabe, den Weg zu ebnen“, sagt sie und lacht laut. „Ich musste fünfzehn Jahre lang den Eisbrecher machen und mich schikanieren lassen, damit wir in Nazaré frei von Geschlechterdiskriminierung sind.“ Sie betont erneut, dass sie nur Witze macht, aber was sie sagt, hat trotzdem einen ernsten Kern. Der Weg zur heutigen Gleichberechtigung war nicht einfach. Dass sie alles heil überstanden hat, wundert sie manchmal selbst. Mit diesem Bewusstsein sind die Schattenseiten – die tägliche Quälerei in der Brandung ebenso wie die leidige Suche nach dem rettenden neuen Surfpartner für die Saison – leichter zu ertragen.

RÜCKENBRECHER

Andrew Cotton

Cotton kennt seine Grenzen. In dieser Saison wird er sich nicht mehr wie in früheren Jahren täglich von einer Welle in die nächste stürzen. Zum einen muss er seinen Rücken schonen, der schon einmal gebrochen war und zeitweilig nur von einer Lumbalbandage zusammengehalten wurde. Zum anderen will er beim Surfen umsichtiger zu Werke und nur dann aufs Ganze gehen, wenn es die Sache wert ist. „Ich wähle inzwischen den richtigen Zeitpunkt sehr bewusst. Ich bin immer noch ein Draufgänger, aber nicht mehr so wie früher. Ich kann meinen Körper nicht jedes Mal so überstrapazieren; ich vertrage es nicht mehr, mich von den Wellen verkloppen zu lassen." So klang das nicht immer. Früher war Cotton von der Idee besessen, die höchste Welle der Welt zu surfen, und ließ sich keinen Swell entgehen. Heute überlegt er sich vor jeder Session genau, wie er vorgehen will, und lässt sich Zeit beim Warten auf die perfekte Welle. Wenn in einer mehrstündigen Session ein oder zwei grandiose Wellenritte herausspringen, hat er mehr davon, als wenn er sich eine Welle nach der anderen schnappt, bis er völlig ausgelaugt ist. Auch im Alltag ist er ruhiger geworden. Gelegentlich hat er trotzdem noch etwas Gehetztes an sich – er weiß wohl selbst, dass die Brandung von Nazaré seit über zehn Jahren einen wahnsinnigen Sog auf ihn ausübt, der etwas Unerklärliches hat und dem er sich nicht entziehen kann.

Im Saisonverlauf von Nazaré gibt es einige Termine, die fest im Kalender stehen. Ein Höhepunkt ist die Tow Surfing Challenge, die die Aufmerksamkeit der weltweiten Surfcommunity auf die portugiesische Küstenstadt lenkt. Anfang Dezember 2021 wird damit gerechnet, dass die Bekanntgabe des Wettkampftermins unmittelbar bevorsteht, weil das Sturmtief „Barra" so freundlich ist, einen Big Swell auf Europas Westküste zuzutreiben. Doch dann sehen die Bedingungen in Irland besser aus, sodass Cotton einen PCR-Test macht – die Coronareisebeschränkungen sind noch in Kraft –, um gegebenenfalls von seinem Wohnort in Devon aus nach Irland zu fahren. Im Surfsport musst du immer zur richtigen Zeit am richtigen Ort sein. Die Sorge, etwas zu verpassen, ist groß. Nachdem das negative Testergebnis da ist, entwickeln sich die Bedingungen auf dem Atlantik und in Irland anders als vorhergesagt, und damit ändern sich auch Cottons Pläne. So ist das häufig: Reisepläne werden über den Haufen geworfen, weil eine Dünung es sich anders überlegt oder der Wind seine Richtung ändert. Die ganze Woche über hat Cotton ununterbrochen die Website Magic Seaweed im Blick, die Surfer mit weltweiten Wettervorhersagen versorgt, und wechselt ständig zwischen dem Mullaghmore-Tab und dem Nazaré-Tab hin und her. Seine Freundin Justine White sagt, sie schaue sich die Wettervorhersage wie jeder normale Mensch einmal am Tag an. „Er macht es ständig" – auch mitten im Gespräch, während er an einem Earl Grey nippt und an einem Schokoriegel knabbert, nachdem er tagsüber mit Kindern aus dem städtischen Kinderheim in Nazaré auf dem Wasser war.

Am Tag vor dem Wettkampf hat Cotton nicht die Absicht, noch einmal surfen zu gehen. Er spürt, dass er seinen Körper, der schon so viele Schläge einstecken musste, schonen sollte, und will sich seine Fitness für die Challenge aufsparen. Außerdem deutet alles auf höchst ungemütliche Verhältnisse hin, die Chancen auf sauber brechende Wellen gehen gegen null. Das Klügste wäre, an diesem Tag auszusetzen. Aber da ist zum einen die Angst, etwas zu verpassen, zum anderen die Abenteuerlust – und außerdem muss eine kluge Entscheidung nicht unbedingt die richtige sein. Deshalb bricht er das Versprechen, das er sich selbst gegeben hat, und fährt raus. Was die Wahl des richtigen Zeitpunkts angeht, weiß er heute, dass dies auf jeden Fall nicht der richtige Zeitpunkt war.

Dieser Tag im Dezember wird als „Cotton's day" in Erinnerung bleiben – allerdings mit negativen Vorzeichen. Für Justine White war es besonders schrecklich. Sie spricht nur von „the disappearance" – dem Verschwinden. Cotton dagegen geht eher locker damit um und zeigt sich amüsiert, ja verwundert über das gewaltige Interesse, das es auslöste. White reagiert deutlich emotionaler: „Du verdammter Blödmann, wir haben dich fünf Minuten lang nicht mehr gesehen." Zusammen mit McNamara, der nach einer Covid-Infektion mit starken Symptomen zum ersten Mal wieder zum Aussichtsfelsen gekommen war, um sich die Surfsession anzusehen, war sie zum Strand hinuntergerannt. Wenn man so etwas vom Strand aus mit ansehen muss, bleibt einem das Herz stehen. Justine White will das kein zweites Mal erleben. Sie hat jedoch genug Zeit mit Cotton und den anderen Surfern verbracht, um zu wissen, dass solche Situationen auch in Zukunft vorkommen werden. Cotton, der in dieser Saison schon ein paar spektakuläre Wellen bezwungen hat, bekommt die meiste Aufmerksamkeit für diesen einmaligen Wipeout und den zweieinhalb Minuten dauernden Kampf gegen Felsen, Wellen und Weißwasser, der in den sozialen Medien unzählige Male gepostet und repostet wird. Er findet es ein wenig frustrierend, dass in Nazaré das Schlechte oft mehr Schlagzeilen macht als das Gute. Er selbst hätte in den sozialen Medien gar nichts über den Vorfall gepostet, denn für ihn ist es nichts Neues, dass in diesen gefährlichen Fluten etwas fast ins Auge geht. In Nazaré ist so etwas an der Tagesordnung. „Diese Welle war kein Rückenbrecher", sagt Andrew Cotton und spielt damit auf eine Welle an, die eindeutig das Schlimmste war, was ihm das Schicksal bisher zugemutet hat.

Sein Rückenbrecher – so nennt er den heftigsten Wipeout seines Lebens – passierte im November 2017. An jenem Tag fuhr er mit Garrett McNamara und dem portugiesischen Surfer Hugo Vau hinaus und fühlte sich fit und voller Energie. Schon nach wenigen Wellenritten nahm das Unglück seinen Lauf. Als er von McNamara zu einer Monsterwelle gezogen wurde, hatte er den Gedanken, es könnte die Welle seines Lebens sein – bis sie auf einmal unerwartet ihre Form veränderte. Er wurde langsamer und kam nicht mehr hoch genug, um sich über den Kamm der Welle auf der Rückseite des Brechers in Sicherheit zu bringen. Stattdessen geriet er in die gefährlichste Zone überhaupt: nach unten ins Wellental. Er war, wie er sich erinnert, immerhin noch geistesgegenwärtig genug, um zu erkennen: Ich kann nirgendwohin. Also setzte er alles auf eine Karte und sprang vom Board. Das war vielleicht die nächste Fehlentscheidung. Auf den Videoaufnahmen ist zu sehen, dass er das Timing für seinen Absprung wohl extra so wählt, dass er nicht so hart aufkommt, aber dann prallt er mit voller Wucht zurück und wird wie eine Gliederpuppe auf die Wasseroberfläche geschleudert. Erstaunlicherweise kann er sich sekundengenau an alles erinnern – er war die ganze Zeit bei Bewusstsein – und weiß noch, dass sich der Aufprall anfühlte, als wäre er auf Beton aufgeschlagen. Man hört die Schaulustigen und andere Menschen in der Nähe der aufzeichnenden Kamera aufstöhnen, als ihnen bewusst wird, was für ein Drama sich da gerade vor ihren Augen abspielt. Cotton hat in dem Moment noch die Zeit, sich zu sagen, dass er wohl nie wieder surfen wird, davon abgesehen überlegte er aber vor allem, wie er sich über Wasser halten und gerettet werden könnte. Doch die Schmerzen sind so stark, dass er nicht einmal den Arm weit genug heben kann, um seine Rettungsweste zu aktivieren. Als Vau ihn endlich geborgen hat, jagt ihm jede Unebenheit auf der Fahrt zum Strand solche Schmerzen durch den Körper, dass er sich kaum an Bord halten kann. Die letzte Unebenheit ist eine zu viel und katapultiert ihn rückwärts ins Wasser, aber da ist er schon so nah am Strand, dass man ihn an Land ziehen kann. Dort wird er auf ein Spineboard gelegt und in den bereits wartenden Krankenwagen gebracht.

Er weiß noch, wie erleichtert er war, als er während der qualvollen Fahrt zur Klinik erst die Finger, dann die Hände und schließlich die Zehen wieder bewegen konnte. Er beruhigte sich mit dem Gedanken, dass das Schlimmste abgewendet war: Er war nicht tot. Auch das Zweitschlimmste war nicht eingetreten: Er war nicht gelähmt. Er hatte einen

Kompressionsbruch des Lendenwirbels L2 erlitten – umgangssprachlich gesagt, sich den Rücken gebrochen – und durfte sich anderthalb Tage nicht bewegen. Danach forderte ihn das medizinische Personal auf, erste Gehversuche mit der Lumbalbandage zu machen, in die man ihn gewissermaßen einbetoniert hatte. Seine beiden Mitstreiter McNamara und Vau waren gerade bei ihm im Krankenzimmer. „Die ersten Schritte taten wahnsinnig weh", erinnert sich Cotton. „Ich fühlte mich elend und sah Garrett an. Wir hatten in all den Jahren einige schlimme Momente erlebt, aber jetzt wirkte er zum ersten Mal ernsthaft besorgt." Dieser beunruhigte Blick versetzte ihn in Panik. Er fragte sich, ob er je wieder schmerzfrei und ohne fremde Hilfe gehen können würde. Ganz zu schweigen von der Frage, ob er jemals wieder surfen würde.

Cotton wurde in seine Heimat nach Großbritannien geflogen und begann dort mit der Reha, aber jeder kleine Fortschritt war mühselig. Als Erstes ging es darum, die extremen Schmerzen in den Griff zu bekommen. Dann musste er wieder laufen lernen und schließlich das körperliche und das mentale Trauma bewältigen, um eines Tages auf die Wellen zurückkehren zu können. Er bekam dabei Unterstützung von Red Bull, einem seiner Sponsoren, der sich einschaltete und sein Rehaprogramm in die Hand nahm. Andrew Cotton hielt sich die meiste Zeit in Großbritannien und im hochmodernen Athlete Performance Centre des Energy-Drink-Herstellers in Salzburg auf. Der Genesungsprozess zog sich über sieben Monate hin. Im Juni schließlich tauchte er zum ersten Mal wieder einen Zeh ins Wasser – zunächst nur versuchsweise, in den folgenden Wochen aber zunehmend mit der ihm eigenen draufgängerischen Einstellung. Das Comeback war jedoch nur von kurzer Dauer.

Schon bald nach seinem Wiedersehen mit Nazaré zu Beginn der Saison 2018/19 reiste er nach Nordspanien zur Punta Galea Challenge, einem anderen Big-Wave-Surfwettbewerb. Auf seiner ersten Welle surfte er ein nahezu perfektes Barrel. Bei der dritten Welle schien er alles unter Kontrolle zu haben, bevor die Welle über ihm zusammenbrach und er einen harmlos aussehenden Sturz hinlegte. Doch die volle Wucht des Sturzes traf die Rückseite seines rechten Beines. Es hatte das Gefühl, als ob ihn ein Lastwagen überfahren hätte oder ihm das Bein ausgerissen worden wäre. „Niemand kann sich vorstellen, wie es ist, wenn man mit einer solchen Wucht umgehauen wird. Das kann man auch nicht trainieren. Das kommt davon, wenn du die Grenzen austestest: Du kriegst die volle Packung, im Guten wie im Schlechten." Er wurde abtransportiert – erst im Rettungsboot und dann mit dem Krankenwagen. In der Klinik wurde er durchleuchtet. Das Ergebnis: Das vordere Kreuzband im Knie war gerissen, zum dritten Mal in seiner Laufbahn. Noch einmal neun Monate Zwangspause. Doch er ließ sich nicht unterkriegen, sondern war nun erst recht entschlossen, sich zurückzukämpfen.

Heute, an diesem sonnigen Dezembertag, wirkt sein jüngster Zweieinhalbminutentanz auf dem Wasser wie eine Spritztour im Vergleich zu den schwarzen Tagen von einst. Schwer gerupft und durchgeschüttelt, aber unverzagt, bleibt Cotton diesmal das Krankenhaus erspart. Und das Wichtigste: Ihm wird offiziell bescheinigt, dass er fit für die Teilnahme an der Tow Surfing Challenge 2021/22 ist.

DIE ERSTE TOW SURFING CHALLENGE DER SAISON

Feststehende Wettkampftermine gibt es beim Big-Wave-Surfen nicht, da Mutter Natur sich weder an den Kalender hält noch nach der Uhr richtet. Wettbewerbe gibt es trotzdem, und der renommierteste in Nazaré ist die Tow Surfing Challenge, die alljährlich veranstaltet wird. Doch in dieser Saison ist alles anders. Nachdem schon die vorhergehende Saison wegen Corona und der Lockdowns weitgehend ausgefallen war, wurde der Wettkampf in der Saison 2020/21 ersatzlos gestrichen. Aus diesem Grund werden in dieser Saison – zum ersten Mal seit Bestehen des Events – zwei Tow Surfing Challenges ausgetragen. Wann genau, ist schwer zu sagen, denn die Termine richten sich einzig und allein nach dem Wetter und dem Ermessen der Veranstalter. Die erste soll noch vor Jahresende stattfinden, die zweite irgendwann zwischen Anfang 2022 und dem Ende der Saison im März. Klar ist: Der Termin soll möglichst dann liegen, wenn die Wellen am höchsten, am spektakulärsten und am schwierigsten zu bändigen sind.

Die World Surf League (WSL), der weltweite Dachverband des Surfsports, legt den Termin erst wenige Tage im Voraus fest, in Absprache mit der Stadtverwaltung und den Meteorologen, die anhand der Wellen- und Wettervorhersagen versuchen, den bestmöglichen Tag und die ideale Uhrzeit zu bestimmen. Wenn sich ein Termin abzeichnet, wird zunächst ein „Amber Alert“ ausgegeben: Warnstufe Gelb.

Auf dem Felsplateau setzt hektische Betriebsamkeit ein. Presse- und Kommentatorenkabinen für das Fernsehen und andere Medien werden aufgebaut; die Athleten, die teilnehmen wollen, müssen sich nach wie vor einem Coronatest unterziehen. Zwei, die seit den Anfängen der Nazaré-Story eine tragende Rolle spielen, sind hinter den Kulissen sehr beschäftigt. Ausrichter des Events ist die WSL, aber Pedro Pisco sorgt als Vertreter der Stadt für Unterstützung bei der Logistik vor Ort, dirigiert Lkws an die richtige Position und hängt ständig am Funkgerät oder Handy. Ein weiteres Gründungsmitglied der örtlichen Big-Wave-Szene, Paulo „Pitbull" Salvador, sorgt dafür, dass die erforderlichen Sicherheitsprotokolle vorliegen, wenn am Ende grünes Licht gegeben wird. Er ist für die Sicherheit der Surfer und ihrer Teams verantwortlich, während die örtliche Polizei sich um die Menschenmassen kümmert, die unweigerlich jeden Quadratmeter Boden mit Blick auf die Brandung in Beschlag nehmen werden. Die meisten Surf- und Rescue-Crews sind ohnehin längst für die Saison angereist; die anderen eilen aus allen Teilen der Welt herbei, um rechtzeitig in Portugal zu sein.

Dann steht der Termin fest: Sonntag, 12. Dezember, acht Uhr morgens. Am Vorabend kommen die Surfer und ihre Jetskipartner im Hafen zu einer Sicherheitsbesprechung mit Salvador zusammen, der ihnen die Verhaltensregeln einschärft und die vorgesehenen Bergungsoperationen erläutert, falls etwas schiefgeht, womit zu rechnen ist. Für Steudtner ist es eine ungewohnte Erfahrung, den Wettkampf als Außenstehender zu erleben. Wegen seiner Verletzung ist er zum Zuschauen verdammt; die WSL hat ihn als Experten für das Kommentatorenteam ins Boot geholt. Andrew

Cotton, der sich von seiner Nahtoderfahrung zwischen den Felsen schnell erholt hat, bildet ein Team mit dem Amerikaner Will Skudin alias „Whitewater Willy" (der Spitzname wurde ihm in Kindertagen von seinen älteren Brüdern verpasst und hat sich bis heute gehalten), der am Tag vor der Challenge aus den USA einfliegt. Cosme trägt eine orangefarbene Sicherheitsweste mit der Aufschrift „Safety" auf der Brust und tritt nicht zum Wettkampf an. Er gehört zu den Rescue-Piloten, die im Notfall zum Einsatz kommen. Von Rupp bildet ein Team mit dem Brasilianer Pedro Scooby, einer Art „surfendem Rockstar", der sein Leben an Land genauso hochtourig lebt wie auf dem Board. Maya Gabeira, die wegen Steudtners Verletzung auf ihren gewohnten Partner verzichten muss, versucht zum ersten Mal ihr Glück mit Eric Rebière.

Nach einer Nacht, in der viele, wie vor einem Big-Wave-Event zu erwarten, unruhig geschlafen haben, finden sich die Crews am nächsten Morgen vor Sonnenaufgang bei den Lagerhallen ein, holen die Jetskis heraus und unterziehen ihre Surfboards und das sonstige Equipment einer letzten Kontrolle. Es herrscht eine angespannte, energiegeladene Atmosphäre. Als es hell wird, ist die Landspitze allerdings in dichten Nebel gehüllt, sodass man kaum etwas sieht und an einen Wettkampf nicht zu denken ist. In der Hoffnung, dass die Sonne den Nebel rechtzeitig auflösen wird, versammeln sich Tausende von Menschen auf dem Felsplateau, um sich die besten Plätze zu sichern. Doch der Nebel hält die Küstenzone länger im Griff als erwartet, weshalb die Veranstalter beschließen, den Wettkampf um 24 Stunden zu verschieben. Den vielen Zuschauern, die sich bereits eingefunden haben, bleibt nichts anderes übrig, als die Sachen zu packen und am nächsten Tag wiederzukommen.

Ein einziger Tag kann einen großen Unterschied machen. Beim zweiten Anlauf sind die Bedingungen viel günstiger. Der Himmel ist klar, es weht kaum Wind – ideale Bedingungen für das Big-Wave-Surfen. Nur die Wellenhöhe entspricht nicht den Wünschen und Erwartungen. Manchmal macht Nazaré dem Hype einen Strich durch die Rechnung, wobei die zwölf bis fünfzehn Meter hohen Brecher ganz beachtlich und für die Schaulustigen, die erneut die rötlichen Felsen in Beschlag nehmen, gut genug sind.

Die Teilnahme am Wettbewerb ist nur auf Einladung möglich. Die Surfer treten in neun Zweierteams gegeneinander an, die sich in jeweils fünfzigminütigen Durchläufen, genannt Heats, mit dem Surfen und dem Jetskisteuern abwechseln. Das Ziel ist einfach: Es geht darum, als Einzelsportler, aber auch als Team die Wellen bestmöglich zu surfen. Bewertungskriterium für die Jury ist die Ideallinie. Höhe und Neigungsgrad der Welle fließen ebenso in die Beurteilung ein wie der Stil des Surfers. Welche Brecher in einem Heat heranrollen und bei welchen Wellen wer mit Surfen an der Reihe ist, ist im Wesentlichen Glückssache. Doch was die Surfer beziehungsweise die Teams aus dem machen, was der Ozean ihnen anbietet, und wie erfolgreich sie sind, hängt von ihrer Erfahrung, ihrem Können und ihrer Intuition auf dem Board und auf dem Jetski ab. Jedes Team tritt in zwei separaten Heats an, und der Surfer mit der höchsten Punktzahl wird zum Sieger gekürt. Der Teampreis geht an das Zweierteam mit der höchsten Gesamtpunktzahl. Zusätzlich gibt es Preise für den engagiertesten Surfer – den „most committed surfer" – und für die beste Surferin (für die genau drei zur Auswahl stehen).

Wie die Teams sich einstimmen, ist unterschiedlich. Manche verlassen den Hafen mit lautem Gebrüll, andere halten für ein Gebet oder einen Moment der Besinnung inne, bevor sie in die raue See aufbrechen. Weltrekordhalter Rodrigo Koxa und sein Partner Keali'i Mamala stopfen sich hawaiianische Ti-Blätter in ihre Neoprenanzüge. Auf Hawaii, von wo Mamala kommt, wird den traditionellen Röcken aus Ti-Blättern die Kraft zugeschrieben, böse Geister abzuwehren, aber auch ein einzelnes Blatt gilt als Glücksbringer. Manchen ist das Glück nicht hold. Cotton erleidet frühzeitig einen heftigen Wipeout und landet hart auf dem Hintern. Durch die Wucht des Aufpralls wird ihm das über den Neoprenanzug gezogene Wettkampfleibchen vom Körper gerissen. Während andere einen richtig guten Tag erwischen, kommen er und Skudin nicht richtig in Schwung. Koxas Ti-Blätter aber zeigen Wirkung: Er wird in seinem Heat härter vom Board gehauen als alle anderen am heutigen Tag, kommt aber ohne Blessuren davon.

Die klaren Favoriten sind Lucas „Chumbo" Chianca und Kai Lenny, die gerade erst aus Hawaii eingeflogen sind. Die beiden gelten als Lionel Messi und Cristiano Ronaldo des Big-Wave-Surfens. Der Hawaiianer Lenny verbringt normalerweise einen Großteil der Saison in Portugal, beschränkt sich diesmal aber auf eine Stippvisite und ist nur für diese erste Tow Surfing Challenge angereist, weil seine Freundin (inzwischen Ehefrau) Molly schwanger ist und Zwillinge erwartet, die einen Monat später zur Welt kommen sollen. Auch Chianca wird demnächst Vater und kommt mit seiner schwangeren Freundin Monise immer nur für kurze Besuche nach Nazaré. Töchterchen Maitê erblickt vier Monate später das Licht der Welt. Chianca und Lenny werden beide von Red Bull gesponsert und werden deshalb die „Young Bulls“ genannt, wobei Lenny den Spitznamen „werdende Daddys“ eigentlich passender fände.

Als härteste Konkurrenten der beiden werden Nic von Rupp und Pedro Scooby gehandelt. Scooby gehört zu denen, die am Nordstrand von Nazaré schon einmal wiederbelebt werden mussten, in seinem Fall durch Sebastian Steudtner. Heute ist Scooby fest entschlossen, volles Risiko zu gehen, in der Hoffnung auf einen Ritt durch ein Barrel. Beim ersten Ride wird er vom Wasser verschluckt. Die richtige Welle zu erspähen, ist eine Kunst, bei der Instinkt und die Spotter oben auf dem Felsen eine zentrale Rolle spielen. Als Scooby und von Rupp nach der Bergungsaktion wieder vereint sind, gestehen sie sich ein, dass sie falschgelegen haben, was leicht passieren kann, wenn die Uhr tickt und der Druck im Kessel steigt. Von Rupp sitzt am Lenker des Jetskis und bittet seinen Partner, Ruhe zu bewahren, auch wenn Scooby zwischen den zackigen Felsen sein Brett abhandengekommen ist und er sich erst einmal ein neues besorgen muss, damit es weitergehen kann.

Doch in der letzten Welle dieses Durchgangs erwischt Scooby ein Barrel. Von der Klippe oben hallen Jubelrufe wider. Der brasilianische „Goofy“ – so werden Surfer genannt, die in der selteneren Position mit dem rechten Fuß vorne und dem linken Fuß hinten surfen – schiebt sich an die Spitze der Rangliste. Als sie den Hafen erreichen, schweben Scooby und von Rupp auf Wolke sieben. „Wir hatten nur noch eine Minute“, erzählt Scooby. „Da habe ich gesagt: ‚Let’s go, Nic‘ – und Nic bescherte mir ein Barrel. Das war nicht mein Verdienst, sondern seins. Als Erstes ist immer der Pilot gefordert. Er guckt die Welle für dich aus, du machst den Rest. Nic ist mein portugiesischer Bruder. Mal kriegen wir uns in die Haare, mal lachen wir zusammen. Und jetzt auf in den zweiten Heat!"

Es bleibt nicht beim ersten Platz. Nach dem zweiten Durchgang sichern sich Chianca, der auch den Einzelwettbewerb gewinnt, und Lenny mit einem komfortablen Vorsprung die Teamtrophäe und werden damit nicht nur für die gesurften Wellen, sondern auch für Flugeinlagen belohnt. Den anderen Teams bleibt nur Fachsimpeln; manche sind der Meinung, Scooby hätte für seinen Barrel Ride mehr Punkte oder sogar den Einzelsieg verdient. So aber muss sich der Brasilianer mit dem Trostpreis für den „most committed surfer" begnügen. Er und von Rupp feiern diesen Erfolg mit einer gegenseitigen Bier- und Red-Bull-Dusche. Der andere Hauptpreis geht an Justine Dupont: Sie wird vor Gabeira und Michelle des Bouillons zur besten Surferin gekürt. Beim anschließenden Post-Competition-Dinner werden in zwangloser Atmosphäre weiter die Ereignisse des Tages analysiert, und es wird noch ein Award für den spektakulärsten Fail vergeben, der in großer Einmütigkeit dem Franzosen Pierre Rollet zugesprochen wird. Während der Challenge schien es, als hätte er seinen Jetski gerade noch vorm Überschlagen gerettet, da wurde er von einer weiteren Welle filmreif aus dem Sattel geholt. Er schaffte es heil an den Strand, und außer seinem Stolz war nichts verletzt. Rollet wird bejubelt – es ist vermutlich der ausgelassenste Jubel des Tages – und genießt den Applaus in vollen Zügen, auch wenn natürlich etwas Sarkasmus im Spiel ist. Das Wichtigste ist: Alle sind wohlbehalten an Land zurückgekehrt.

ENGAGEMENT FÜR DEN PLANETEN

Maya Gabeira

Der Preis für die beste Surferin ist ein Novum bei der Tow Surfing Challenge und wurde von allen Seiten sehr begrüßt. Nach der Premiere in der Saison 2019/20 wird er 2021/22 erst zum zweiten Mal verliehen, denn 2020/21 fiel die Challenge wegen Corona aus. Und beide Male holte Gabeiras große Rivalin Dupont die Auszeichnung. Zwischen den beiden gibt es kein böses Blut, vielmehr herrscht eine gesunde und respektvolle Rivalität, und nur zu gerne würde Gabeira eines Tages ein Exemplar der klobigen Trophäe auf den heimischen Kaminsims in Nazaré stellen. Die Chance im Dezember hat sie verpasst, aber Anfang 2022 wartet schon die nächste Gelegenheit. Der Termin steht zwar noch nicht fest, aber so hat sie noch ein paar Wochen Zeit, in Ruhe zu überlegen, mit welchem Partner sie am besten ins Rennen geht. Steudtner kämpft sich nach wie vor durch seine Reha, und die Partnerschaft mit Rebière steht noch ganz am Anfang.

Gabeira wird in dieser Saison 34 Jahre alt und ist sich nicht sicher, ob sie den Zenit ihrer Surfkarriere bereits erreicht hat oder ob sie noch einmal eine höhere Welle als im Februar 2020 surfen wird. Damals stellte sie bei der letzten Tow Surfing Challenge vor Ausbruch der Coronapandemie mit 22,4 Metern einen neuen Weltrekord für Frauen auf, und auch kein männlicher Surfer surfte in diesem Jahr eine höhere Welle als diese. Gabeira stellte damit ihren eigenen Rekord von 20,7 Metern von 2018 ein. „Der Weltrekord war ein Traum, der in Erfüllung ging. Dass mir das noch ein zweites Mal gelungen ist, war der absolute Wahnsinn."

Die Zeit zwischen den Big Swells vor der Tow Surfing Challenge im Dezember 2021 hat sie genutzt, um ihr Equipment zu reparieren und vorzubereiten. Sie hielt sich dazu teilweise in Steudtners Lagerhalle auf, über der kreischende Seemöwen ihre Kreise ziehen, in der Hoffnung, dass bei den Fischern nebenan ein paar Fischhappen für sie abfallen. Schon beim Betreten einer Lagerhalle bekommt man einen Eindruck von dem Surfer, der sie nutzt. Im Unterschied zu einigen weniger ordnungsliebenden Kollegen, die ihr Equipment oft dort liegen lassen, wo es ihnen aus der Hand fällt, entspricht Steudtners Ordnung – passend zu seiner Philosophie – ganz dem Bild von deutscher Präzision. In der Mitte stehen zwei schwarze Mercedes-Jetskis, an den Wänden reihen sich Surfboards in ähnlichen Farben aneinander. Im hinteren Bereich gibt es einen weiteren Raum, in dem ausrangierte Surfboards fein säuberlich aufgereiht sind, die als Geschenke für Sponsoren gedacht sind oder eines Tages für wohltätige Zwecke versteigert werden sollen. Bevor Gabeira sich ihr Haus mit eigener Garage zugelegt hat, die mittlerweile zum Surflagerhaus mutiert ist, haben sie diese Lagerhalle gemeinsam genutzt.

Die Woche war bislang ziemlich anstrengend, Maya Gabeira stand kaum auf dem Surfboard. Die meiste Zeit saß sie vor ihrem Laptop und nahm an langen Onlinemeetings teil, und zwar für eine relativ neue Aufgabe: Sie sitzt im Vorstand der gemeinnützigen Organisation Oceana, die sich angesichts der Klimakrise national und international für den Schutz der Weltmeere einsetzt und politisch Einfluss zu nehmen versucht. Dass sie dort mit Schauspielern, Milliardären und ehemaligen Staatspräsidenten an einem Tisch sitzt, findet sie ein bisschen surreal. Intellektuell mag sie sich vielleicht manchmal unterlegen fühlen, aber wenn es darum geht, über den Ozean zu reden, bringt sie bessere Voraussetzungen als die meisten von ihnen mit – schließlich hält sie sich jeden Tag dort auf. Nach eigenen Angaben hat Oceana dafür gesorgt, dass 11,5 Millionen Quadratkilometer Ozean unter Schutz gestellt wurden. Gabeira ist seit Januar 2021 dabei und somit noch eine Newcomerin. Mit ihr sitzen dreißig weitere Personen in dem Gremium – alles „brillante Köpfe", wie sie sagt –, darunter Kolumbiens Ex-Präsident César Gaviria, Mitglieder der Rockefeller-Dynastie und der amerikanische Schauspieler Ted Danson. An zwei aufeinanderfolgenden Tagen hat sie jeweils sechs Stunden vor ihrem Computerbildschirm verbracht, zugehört, Werbung für ihre Plattform gemacht und sich Inspiration geholt, auch wenn ihr nach solchen Meetings manchmal der Kopf raucht. Am zweiten Tag stiehlt sie sich für eine späte Foilingsession etwas vorzeitig davon. Beim Surfen mit einem Hydrofoil, einer Art Tragfläche, die das Brett aus dem Wasser hebt, bewegt sich der Surfer so über das Wasser, dass man sich als Zuschauer die Augen reibt und den Eindruck hat, das Board gleite schwebend über die Wasseroberfläche. Für sie ist es der perfekte Ausgleich zur ernsteren Seite ihres Berufslebens.

Ohne Steudtner, mit dem Gabeira ihren Weltrekord aufstellte, war sie kurz davor gewesen, ihren Startplatz bei der Tow Surfing Challenge an jemand anderen abzutreten. Doch Rebière reiste aus dem nordspanischen Galicien an, wo er eine Surfschule betreibt, um mit ihr ein Team zu bilden. Im Scherz sagt sie, dass sie ihn seinem Stammpartner Rodrigo Koxa ausgespannt habe, der wie sie einen Weltrekord hält und sich für diese Challenge mit dem Hawaiianer Keali'i Mamala zusammengetan hat. Die ersten Erfahrungen mit Rebière sind vielversprechend, auch wenn die beiden nur drei Tage Zeit haben, um herauszufinden, ob sie als Duo auf dem Wasser harmonieren. Gabeira versucht, der Tatsache, dass sie ohne Steudtner auskommen muss, etwas Positives abzugewinnen. „Es ist etwas anderes, wenn er nicht an meiner Seite ist", stellt sie fest. „Nicht nur im Wettkampf. Er fehlt grundsätzlich. Aber vielleicht hat das auch sein Gutes. Es ist eine Pause für ihn und für mich. Vielleicht brauchen wir eine Pause, und diese Saison wird nicht so stressig. Kann sein, *ich* brauche eine Pause. Er ist so unermüdlich!", sagt sie und nimmt ihren Freund und wohl engsten Verbündeten in Nazaré augenzwinkernd auf den Arm, worüber sie aber im nächsten Moment selbst lachen muss.

Vor einem Wettkampf baut sich eine gewisse Spannung auf. Gabeira gefällt die Struktur, die ein Wettbewerb mit sich bringt. An Wettkampftagen verliert Nazaré seine energiegeladene, hektische Wildwestatmosphäre, die hier normalerweise herrscht, denn während des Wettbewerbs ist immer nur eine überschaubare Anzahl von Jetskis auf dem Wasser. „Insgesamt wird es hier immer chaotischer. Umso netter ist es, wenn es mal einen Tag lang geordneter und geregelter zugeht." Doch sie braucht auch eine Weile, um sich mental auf den Wettkampf einzustellen. Zum Teil ist sie in Gedanken noch mit dem Klimawandel, den Weltmeeren und den Problemen des Planeten beschäftigt und mit einer Rede des US-Präsidenten Joe Biden vor Senatoren und

Abgeordneten, die sie gehört hat. Sie scherzt: „Ich muss das jetzt ausblenden und mir sagen: Okay, zurück zu den wirklich ernsten Dingen – den Megawellen!“ Nach den vielen Saisons in Portugal versteht sie die Signale, die Geist und Körper aussenden. Ihr Rücken tut weh; ihr Physio knetet ihn wieder in Form, während sie gleichzeitig die Taktzahl im Training hochfährt.

Als sie am Wettkampftag mit Rebière den Hafen verlässt, ist der Felsen schon gut gefüllt, aber sie gehört nicht zu denen, die für die Galerie spielen, und gerät auch nicht in einen Rausch, wenn sie vor Publikum agiert. Sie ist hochkonzentriert, denn sie weiß, dass die Uhr tickt. An einem normalen Tag ist es egal, wenn man reihenweise Wellen auslässt, aber in eine Challenge geht man mit einer Alles-oder-nichts-Einstellung und einer entsprechenden Risikobereitschaft. „Du bist gezwungen, Prioritäten zu setzen. Wenn du keine Prioritäten setzt, entgehen dir die besten Brecher. Aber im Augenblick habe ich das Gefühl, dass ich heute die beste Welle des Tages erwischen werde.“

Doch aus irgendeinem Grund klappt es nicht. Sie und Rebière werden den Führenden nicht gefährlich, und wieder einmal verpasst sie mit einigem Abstand den Preis für die beste Surferin. Anschließend entscheiden sie und Rebière einvernehmlich, künftig getrennte Wege zu gehen. Beide sind überragende Sportler, aber als Duo auf dem Wasser haben sie in Sachen Rhythmus und Abstimmung nicht zueinandergefunden. Es gibt eben keine Garantie, dass es zwischen zwei Weltklassesurfern automatisch klick macht. Das hat sich heute mal wieder gezeigt. „Es war ganz okay, aber so richtig Spaß hat mir das Surfen nicht gemacht; die Wellen, bei denen ich ‚Oh, die ist gut!‘ dachte, habe ich nicht in den Griff gekriegt. Und mir hat auch das nötige Glück gefehlt. Und auch das Timing mit den Wellen in unseren Heats war nicht optimal. Aber man muss das Positive mitnehmen. So entsteht Erfahrung. Erfahrung, Erfahrung und nochmals Erfahrung.“ Jetzt steht sie wieder bei null: Sie ist auf der Suche nach einem neuen Tow-in-Buddy und zerbricht sich den Kopf, wer dafür infrage kommen könnte – und das Saisonende liegt noch in weiter Ferne.

WEIHNACHTSZEIT

Für Nazaré und die bunte Schar an Menschen, die sich dort versammelt hat, bricht allmählich die Weihnachtszeit an. Die Tage werden kürzer, und wegen der Dunkelheit müssen die Surfer jeden Tag ein bisschen früher an Land zurück. Auch wenn die Temperaturen stetig sinken, bleibt es über weite Strecken mild. Im Stadtbild tauchen die ersten Vorboten des Festes auf. Einige Hauptstraßen werden mit Weihnachtsbeleuchtung geschmückt. Auf dem Kreisverkehr an der Straße nach Sítio, dem höher gelegenen Teil der Stadt mit dem besten Blick auf den Ozean, steht ein hell erleuchteter Weihnachtsmann mit einem Surfbrett unter dem Arm und einer blinkenden Leuchtschrift mit dem Spruch „Willkommen in Nazaré" auf Portugiesisch. Leuchtdeko dieser Art dürfte es in den Zeiten vor McNamara hier nicht gegeben haben.

Inzwischen ist das Wellenmotiv überall in Nazaré präsent. Sítio ist auf einer Seite von einer Mauer umgeben, die im 17. Jahrhundert zum Schutz vor Sandstürmen errichtet wurde. Diese Sandstürme waren jedoch so gewaltig, dass die Häuser trotz des Walls manchmal völlig im Sand versanken. Daraufhin pflanzte man nördlich von Sítio einen Kiefernwald, der als natürlicher Schutzwall dienen sollte. Einen Teil der alten Mauer ziert heute ein 300 Quadratmeter großes Wandgemälde des brasilianischen Künstlers Erick Wilson, der selbst Surfer ist. Das Bild, das die Brandung von Nazaré in ihrer ganzen Wucht ins Bild setzt, ist eines von achtzig, die

Wilson in verschiedenen Teilen der Welt schon gemalt hat oder noch malen will.

Wenn der 25. Dezember näher rückt, fährt ein Teil der Surfcommunity nach Hause zu den Familien, während die anderen sich für die Feiertage zu einer improvisierten Ersatzfamilie zusammenschließen. Gabeira kann mit Weihnachten nicht viel anfangen. Das ganze Jahr über gibt es viele Gelegenheiten, an denen sie ihre Familie vermisst, aber Weihnachten fehlt sie ihr nicht mehr als sonst. Ihre Eltern leben schon lange getrennt. Ihre Mutter feiert Weihnachten nach wie vor, aber ihr Vater lehnt es seit Kindertagen ab. In dieser Hinsicht kommt die Tochter eher nach dem Vater. Er wollte sich damals schon von solchen Zwängen des Familienlebens unbedingt befreien. Einmal verließ er während der Feiertage einfach das Haus. „Er ist desertiert“, erzählt seine Tochter. „Er war ein echter Rebell.“ Als er einige Tage später wiederkam, war seine Großmutter inzwischen gestorben, und seine Mutter machte ihn für die Tragödie verantwortlich. „Seitdem ist Weihnachten für ihn ein rotes Tuch. Familienfeste sind generell nicht sein Ding. Er macht sich aus dem Staub oder streift mit seinen vier Katzen durchs Haus. Auch ich mache mir nichts aus Weihnachten. Rein gar nichts. Ich verschlafe es einfach.“ Ihre Vorliebe fürs Schlafen – zu Weihnachten und auch sonst – hat Vorteile: Im Schlaf sammelt sie Energie für die Big Days, die in dieser Saison erst noch kommen.

Wenn sie nicht auf dem Meer ist, scheint Gabeira – wie auch die anderen Mitglieder der Surfcommunity – ihr Leben wie in Zeitlupe zu führen. Wie ein Schlafwandler oder ein Formel-1-Rennfahrer, der gerade nicht in seinem Boliden sitzt. Der

Vergleich leuchtet Gabeira ein. Im normalen Leben scheint alles verlangsamt. Zusätzlich zu dem Nervenkitzel, den sie auf dem Surfboard erlebt, braucht sie in ihrem Leben keinen weiteren. Das Leben auf dem Wasser und das Leben an Land sind für sie wie entgegengesetzte Enden eines Spektrums. Auf dem Meer geht sie an ihre Grenzen und darüber hinaus, aber wenn sie an Land ist, ist sie glücklich, wenn sie wie ein Faultier leben, zu Hause in der Jogginghose abhängen und sich für die Big Days schonen und erholen kann. „Das Aufregendste, was ich mache, mache ich in der Brandung – das ist grandios, das ist irre", sagt sie. „Dafür spare ich mir alles auf. Mehr Spannung brauche ich in meinem Leben nicht. Hoffentlich kann ich darauf verzichten, wenn alles vorbei ist. Aber ich glaube, bis es so weit ist, bin ich den Stress satt!"

Zum Surfen kam sie vor allem aus Neugier. Seitdem hat sie einen weiten Weg zurückgelegt. Ihre Mutter war Modedesignerin, ihr Vater, Fernando Gabeira, Journalist. Er engagierte sich aber auch politisch und gehörte zu den Gründungsmitgliedern des Partido Verde, der Grünen Partei Brasiliens. 1969 war er als Mitglied der Studentenguerilla Movimento Revolucionário 8 de Outubro (dt. „Revolutionäre Bewegung 8. Oktober") maßgeblich an der Entführung des damaligen amerikanischen Botschafters in Brasilien, Charles Elbrick, beteiligt. Ziel war die Freilassung von fünfzehn politischen Gefangenen innerhalb von 48 Stunden. Nebenbei sollte die Aktion auf das Militärregime aufmerksam machen, unter dessen Knute Brasilien damals litt. Das und mehr berichtet Fernando Gabeira in seinem Buch *O que é isso, companheiro?* (deutscher Titel *Die Guerilleros sind müde*), das 1997 unter dem Titel *Vier Tage im September* mit dem amerikanischen Schauspieler und

Oscarpreisträger Alan Arkin in einer Hauptrolle verfilmt wurde. Später kandidierte Fernando Gabeira, der sich für die Homo-Ehe und die Legalisierung von Marihuana starkmachte, ohne Erfolg für das Amt des Bürgermeisters von Rio de Janeiro, kehrte dann zum Journalismus zurück und bekam beim brasilianischen Fernsehsender Globo eine eigene Sendung.

Niemand in Gabeiras Familie und Verwandtschaft interessierte sich fürs Surfen, obwohl der Strand von Ipanema nur einen Katzensprung von der Wohnung der Familie entfernt war. An diesem Strand nahm die dreizehnjährige Maya zum ersten Mal ein Surfbrett in die Hand. Ein Jahr später meldete sie sich bei einer Surfschule vor Ort an, in der Kinder aus wohlhabenden Familien, wie sie, gemeinsam mit Kids aus den Favelas, den Slums von Rio, lernten. In den rund 600 Favelas von Rio leben schätzungsweise 1,5 Millionen Menschen. Eine liegt in der Nähe von Ipanema. „Auf dem Meer waren wir eine große Gemeinschaft, ein bunter Haufen aus vielen verschiedenen Menschen“, erinnert sich Gabeira. „Auf dem Meer spielte die Herkunft keine Rolle.“ Die neue Leidenschaft faszinierte sie dermaßen, dass sie drei Jahre später ihre Sachen packte und von zu Hause wegging. Ihre Eltern seien „im Dreieck gesprungen“, sagt sie, aber dann hätten sie ihren Frieden mit der Lebensplanung ihrer Tochter gemacht und verstanden, dass sie ihren eigenen Weg gehen musste. Egal welche schlimmen Unfälle in den folgenden Jahren passierten – sie standen immer an ihrer Seite und tun es noch. Für Gabeira ist das die entscheidende Voraussetzung dafür, dass sie nie den Mut verlor und trotz aller Widrigkeiten immer am Ball geblieben ist. „Es gibt eine große Verbundenheit zwischen uns. Meine Eltern haben großes Vertrauen in mich und meinen Spleen; sie bestärken mich immer wieder. Wenn ich niemanden im Kreis meiner Kolleginnen und Kollegen habe, der mir den Rücken stärkt, ist das nicht schlimm, denn ich habe meinen Papa, meine Mama und meine Schwester." Sie kann sich nicht erinnern, dass ihre Familie jemals infrage gestellt hätte, was sie tut – nicht einmal in der Zeit, als sie dreimal operiert werden musste. Diese uneingeschränkte Unterstützung spürt sie immer, auch wenn sie weiß, dass sie nicht die Laufbahn eingeschlagen hat, die ihre Eltern sich gewünscht hätten. „Meine Eltern sind interessante, erfolgreiche Menschen, die hart arbeiten und fest zu ihren Werten und Überzeugungen stehen. Ich bin in einer sehr politischen Familie groß geworden, in der Intellektualität viel wichtiger war als gute sportliche Leistungen. In diesem Punkt falle ich einfach aus der Reihe. Es war schön, in einer ganz anderen Welt aufzuwachsen und dann da draußen meine eigene Welt zu finden."

Seit mittlerweile zwei Jahrzehnten macht sie ihre Leidenschaft zum Beruf und hat eine beachtliche Karriere hingelegt. Trotzdem sieht sie noch viel Verbesserungspotenzial, beurteilt und kritisiert sich fortwährend selbst. Das scheint eine Eigenart der Big-Wave-Surfer zu sein. Zu Beginn der Saison spekulierte sie: „Mit meinem Wissen und meiner Erfahrung und den Boards, die ich habe, kann es sein, dass ich in dieser Saison die besten Wellen meines Lebens surfen werde. Wenn ich an meinen ersten Rekord im Jahr 2018 denke, muss ich aber auch sagen, dass ich damals viel mehr trainiert habe als heute und vielleicht auf dem Höhepunkt meiner Leistungsfähigkeit war. Aber ich weiß gar nicht, ob man jemals sicher

‚Jetzt habe ich den Zenit erreicht' oder auch ‚Meine besten Zeiten sind vorbei' sagen kann." Sie ist nach wie vor motiviert, sich alles abzuverlangen und an ihre Grenzen zu gehen – beim morgendlichen Work-out im heimischen Gym ebenso wie auf dem Wasser beim Surfen, Foilen oder Jetskifahren. Dass sie dafür große Einschränkungen in ihrem Leben in Kauf nimmt, ist ihr bewusst. Während der Saison besteht ihr Leben im Wesentlichen aus Essen, Schlafen, Trainieren und wieder von vorne – ein Mantra, das sechs Monate lang andauert und selten eine Unterbrechung erfährt. Nur nach einem Big Swell gönnt Gabeira sich eine Auszeit. Dann arbeitet sie ihren E-Mail-Berg ab und kümmert sich um die andere Seite ihrer Karriere: das Geschäftliche. Sie spielt ihre unternehmerischen Qualitäten herunter, aber die finanzielle Seite ist sehr wichtig. Auch Surferinnen und Surfer müssen sich verkaufen können, um sich über Wasser zu halten, buchstäblich und im ökonomischen Sinn.

Die letzten Adventstage verlaufen für Gabeira nicht ganz unbeschwert. Ein harmloser Kinobesuch („Spiderman") endet mit einer Panikattacke. Als Auslöser vermutet sie eine Kombination aus zu hoher Lautstärke und visuellem Overkill auf der Kinoleinwand. Ihre Schilderung des Zustands klingt erschreckend. Gabeira spielt sie jedoch gerne herunter, als wollte sie sie loswerden wie einen lästigen Schluckauf. Andererseits kennt sie diese Attacken schon seit ihrer Jugend. Die Diagnose einer schweren Angststörung erhielt sie allerdings erst mit dreißig Jahren. Über viele Jahre hinweg gab es nur diese vorübergehenden geistigen Aussetzer. Sie vermutet, dass es in der frühen Kindheit anfing. Damals litt sie an Asthma, wurde häufig ohnmächtig oder musste sich übergeben und wurde oft für ein paar Tage ins Krankenhaus eingeliefert, ohne dass etwas Genaues festgestellt werden konnte. Jahre später, in dem feindseligen Gruppenklima auf Hawaii, verschlechterte sich ihre Verfassung, und die Attacken wurden heftiger. Sie schätzt, dass sie in dieser Zeit etwa zweimal pro Jahr im Krankenhaus war, aber jedes Mal wurde eine Erklärung gefunden, die in eine andere Richtung wies. Der Tiefpunkt war 2017 erreicht. Damals konnte sie nicht mehr unter Leute oder in den Supermarkt gehen, weil sie Angst hatte, eine Panikattacke zu bekommen und wieder im Krankenhaus zu landen, wo sie letztlich nur mit Medikamenten ruhiggestellt wurde.

Die Veranlagung ist nach wie vor da und wird bleiben, aber Gabeira sagt: „Inzwischen kann ich fast alles tun, was ich tun will. Ich gehe achtsam mit mir um. Ich nehme die Sache ernst; wenn etwas zu viel ist, ist es zu viel. Ich informiere dann auch die Menschen um mich herum. Trigger gibt es immer wieder. Orte mit lauter Geräuschkulisse – da reicht schon ein lautes Restaurant – sind nichts für mich. Wenn ich müde bin oder ich mich nicht gut fühle, kann ich manche Dinge nicht tun." Es hat eine Weile gedauert, bis sie so offen damit umgehen konnte, wie sie es heute tut. Zuerst sprach sie mit ihrer Familie darüber, dann mit ihrem engsten Kreis in Nazaré, und mittlerweile redet sie sogar vor Publikum darüber, wenn sie Vorträge über seelische Gesundheit hält.

> „Ich gebe meine Erfahrungen an andere Menschen weiter, weil das wichtig ist. Ich leide an einer schweren Störung, und ich stelle mich der Herausforderung. Als sich die Sache zuspitzte, kam mein Leben zum Erliegen, aber ich wollte, dass es mir besser geht. Ich musste

verstehen lernen, was mich triggert. Heute bin ich in der Lage, offen damit umzugehen. Solche Dinge kann man nur überwinden, indem man darüber redet. Das gilt für alles, was mit seelischer Gesundheit zu tun hat."

In diesem Dezember wird sie rechtzeitig vor Weihnachten aus dem Krankenhaus entlassen und hofft, dass damit alles überstanden ist. Ihrer Schätzung nach ist es ihr sechstes Weihnachten in Nazaré. Höhepunkt der Festtage ist nicht ein Truthahn, sondern natürlich etwas, das mit Wasser zu tun hat: Bei relativ ruhigem Wellengang surft sie wie jedes Jahr zu Weihnachten mit dem Hydrofoil ganz allein auf dem Meer. Weit und breit ist keine Menschenseele zu sehen. Falls sie ein Gefühl von Einsamkeit verspürt, lässt sie es sich jedenfalls nicht anmerken.

FLUCHT AUS NAZARÉ

Andrew Cotton

Manchmal bekommen die langjährigen Mitglieder der hiesigen Surfergemeinde den Nazaré-Koller und müssen dem Ort möglichst schnell entfliehen. Die Nähe zueinander ist so groß, dass derartige klaustrophobe Anwandlungen nicht verwunderlich sind. So geht es Andrew Cotton mehrmals im Laufe der Saison, doch kaum ist er weg, verspürt er sofort diesen rätselhaften Sog; die portugiesische Brandung ist wie ein Magnet, der ihn immer wieder zurückzieht.

Da keine größeren Swells in Sicht sind, nutzen er und White die Tage kurz vor Weihnachten, um ihre Sachen zu packen und für eine Schneewoche nach Les Arcs in den französischen Alpen zu fahren. Anschließend will er zum Boxing Day, dem zweiten Weihnachtstag, in die britische Heimat reisen. So sehr Cotton es liebt, beim Snowboarden im Gebirge den Kopf wieder freizubekommen, so sehr begleitet ihn die Sorge, er könnte in Nazaré etwas verpassen. „Ich habe fast immer ein schlechtes Gewissen, wenn ich wegfahre. Ich habe das Gefühl, ständig vor Ort sein zu müssen“, sagt er. An den Kaffeeständen flanieren Passanten vorbei, die aber nicht bemerken, dass da einer der Surfer sitzt, derentwegen sie angereist sind. „Es ist ein seltsamer Widerspruch: Einerseits will ich unbedingt hier sein und andererseits nicht. Das gehört zu den Eigenarten dieses Ortes.“ Auf der einen Seite die

Vorstellung, nicht vor Ort zu sein, wenn die Riesenbrecher anrollen, auf der anderen Seite die Erfahrung, dass dieser Ort dich mit Haut und Haaren auffrisst.

In der ersten Woche in Frankreich verfolgt er unaufhörlich die Seewetterberichte und schaut sich die Livebilder vom Surfgeschehen in Nazaré an, die von den am Leuchtturm installierten Kameras aufgenommen werden. Nach einigen Tagen schafft er es, dieses Suchtverhalten abzulegen. Schritt für Schritt nabelt er sich von seinem Smartphone ab und hört auf, ständig zu checken, was er in Portugal gerade verpassen könnte. „Das ist hart, oder? Aber das ist typisch für Surfer und erst recht für Nazaré. Vielleicht liegt es auch an mir – ich weiß es nicht." „Ich weiß es nicht" ist ein Satz, den Cotton öfter sagt. Möglicherweise drückt sich darin ein Mangel an Selbstvertrauen aus, den er als einer der Pioniere von Nazaré nicht haben müsste. Manchmal scheint ihn ein Gefühl zu beschleichen, als ob er nicht ganz dazugehöre, obwohl er für viele seiner Mitstreiter eine wichtige Identifikationsfigur ist. Einer, der ihn bewundert, weil er als Surfer auch mit über vierzig noch ganz vorne mitspielt, ist Nic von Rupp. Die beiden haben oft im Team gearbeitet. Der Portugiese ist beeindruckt, dass Cotton in seinem Alter noch durch die gewaltigsten Brecher pflügt. Er ist sich nicht sicher, ob er das in diesem Alter auch noch können wird.

Cottons diesjährige Weihnachtsfeier in Frankreich unterscheidet sich vom gewohnten Ritual zu Hause in England. Cotton ist damit aufgewachsen, dass der 25. Dezember der wichtigste Feiertag ist; in Les Arcs liegt der Schwerpunkt des Festes auf Heiligabend. An Heiligabend wird bis zur Besinnungslosigkeit gegessen und getrunken, sodass am

25. Dezember nicht viel los ist. Cotton nutzt den Tag, um seine Taschen zu packen, damit er am 26. Dezember nach Hause fliegen kann. Dann werden massenweise Flüge gestrichen und er muss in einem überfüllten Bus nach Bristol fahren. Dort holt ihn sein Vater ab und fährt ihn nach Devon. Es ist wie in alten Zeiten: Vater und Sohn gemeinsam auf dem Weg an die Küste.

Sein Vater Bob ist längst pensioniert. Er war Polizist und am Ende sogar Kommissar, mit diversen Stationen im Südwesten Englands: Falmouth, Plymouth und zuletzt Bideford. Mutter Christine arbeitete in Teilzeit im Lehrberuf, weil sich das am besten mit der Betreuung der beiden Kinder vereinbaren ließ: Cotton und seine Schwester Hayley, die heute Physiotherapeutin ist und in Bristol lebt. Niemand in der Familie hat jemals auf einem Surfbrett gestanden. Trotzdem beschloss sein Vater, als Cotton neun Jahre alt war, dass dies ein guter Zeitpunkt sei, um seinen Sohn an den Surfsport heranzuführen. Das war um Ostern herum. Es gab keinen Surflehrer, der ihn hätte unterweisen können. Also wurde er einfach im Wasser ausgesetzt und musste zusehen, wie er zurechtkam. „Mein Vater lieh für mich einen Neoprenanzug und ein Board aus", erinnert sich Andrew Cotton. „Es war eiskalt. Surfschulen gab es noch nicht. Mum und Dad blieben im Auto sitzen und ließen mich machen. Wenn heute Eltern so verfahren würden, würde wahrscheinlich das Jugendamt einschreiten. Aber mich einfach mir selbst zu überlassen, war das Beste, was sie tun konnten. Trotz der Eiseskälte war ich auf Anhieb begeistert."

Jahrelang wiederholte sich der gleiche Ablauf: Cottons Vater sprang mit ihm ins Auto, fuhr mit dem Sohn zum Strand und schickte ihn ins Wasser, wo er irgendwie zurechtkommen musste. Cotton junior genoss die Freiheit, und da Schule noch nie sein Ding gewesen war, freute er sich, dass ihm hier kein Lehrer etwas beibringen wollte. Ohne eine einzige Surfstunde brachte er sich alles selbst bei. Zu Hause in seinem Zimmer vertiefte er sich in Surfzeitschriften und bestaunte die darin abgebildeten Wellen – schon damals galt: je höher und spektakulärer, desto besser. Für einen Asthmatiker, der nach eigenen Angaben in Mannschaftssportarten wie Fußball oder Rugby nicht zu gebrauchen war, waren die Ausflüge auf den kleineren Wellen ein perfekter und gesunder Ausgleich. In der Schule im Unterricht war er mit den Gedanken oft schon bei der nächsten Surfsession. Meistens musste er sich aber bis zum Wochenende gedulden. Da von seinen Schulkameraden nur wenige surften, baute er sich einen zweiten Freundeskreis auf. Dass er in der Nähe von Braunton aufwuchs, dem Tor zum Surf-Eldorado von North Devon, war eine glückliche Fügung – auch wenn das Dorf Yelland auf der falschen Seite des Flusses liegt, sodass man für den Weg zu den Surfstränden eine halbe Autostunde einplanen musste. Mit vierzehn wurde er Mitglied im Croyde Surf Club. In der ersten Zeit stellte er sein Brett in Croyde oder Braunton unter und fuhr mit dem Bus nach Hause. Als er älter wurde, begann er, per Anhalter zu fahren, bis er sich schließlich ein Moped zulegte. Kaum hatte er die Schule beendet, zog er zu Hause aus und mietete sich eine Wohnung in Croyde. In dieser Zeit gewann er nicht nur seine ersten lokalen Surfwettbewerbe und machte sich allmählich einen Namen, sondern ergatterte auch den ersten Sponsorendeal: Der Surfshop Second Skin in Braunton stellte ihm kostenlos Neoprenanzüge zur Verfügung, ein anderer lokaler Ausrüster namens Gulfstream spendierte ihm ein Board. Der Teenager hatte das Gefühl, schon zu den ganz Großen zu gehören.

Seine Eltern sahen die Perspektive einer Karriere als Surfer verständlicherweise mit Sorge. Was sie beunruhigte, war weniger das Gefahrenpotenzial als vielmehr die Frage, wie er damit seinen Lebensunterhalt verdienen sollte. Es gab (und gibt) keinen vorgezeichneten Weg zum Profisurfer, keinen Leitfaden, in dem Cotton hätte nachlesen können, was zu tun war. An der Küste von North Devon gab es auch noch keine Talentscouts, die die Surfspots nach vielversprechendem Nachwuchs absuchen. Trotz dieser Unwägbarkeiten wurde in den letzten beiden Schuljahren die Idee, Profisurfer zu werden, zum alleinigen Ziel. Die Reaktion war überall die gleiche: „Ich bekam zu hören: Das schaffst du nie. Das ist unmöglich. Das ist keine realistische Option.“ Er war fest entschlossen, den Leuten das Gegenteil zu beweisen. Was für ihn gar nicht infrage kam, war ein Collegestudium. „Das wollte ich auf keinen Fall, nachdem ich schon die Schule so gehasst habe.“ Stattdessen schrieb er alle möglichen Surfshops und -betriebe an und erkundigte sich nach Arbeitsmöglichkeiten.

Sein erstes Jobangebot erhielt er von der Surfboard Factory. Er fing ganz unten an – als Bodenschrubber in der Surfbrettfabrik. „Schlecht bezahlte Kinderarbeit“, sagt er lachend. Während die meisten seiner Freunde im College büffelten, konnte er von der Factory aus das Meer sehen und fast jeden Tag nach Feierabend surfen. Mit der Zeit schrubbte sich Cotty in der Hierarchie nach oben und durfte in der Fabrik kleinere Reparaturarbeiten ausführen, bis er schließlich in die Surfboardproduktion wechselte, wo er zehn Jahre blieb. Die Bezahlung war nicht besonders gut, aber zusätzlich zum

Monatslohn bekam er Surfbretter geschenkt, und da die Fabrik von Weihnachten bis März geschlossen war, weil in dieser Zeit keine nennenswerten Aufträge reinkamen, konnte er in diesen Monaten auf der Suche nach der perfekten Welle durch die Gegend reisen.

Jetzt sitzt Cotton im Auto neben seinem Vater auf dem Weg von Bristol nach Hause. Nicht der Surfstrand ist diesmal das Ziel. Vor ihm liegt ein zehntägiges Alternativprogramm mit Essen, Xbox-Spielen und ein bisschen Fußball mit seinem Sohn Ace – und zwischendurch wird er immer mal wieder nachsehen, wann der nächste Swell auf Portugal zurollt. Dieses Weihnachten, das er mit den beiden Komponenten seines Patchworklebens verbringt – erst mit seiner Freundin und dann mit seinen Kindern und Eltern –, ist das genaue Gegenteil der Weihnachtstage im Jahr zuvor. Am ersten Weihnachtstag 2020 war er in Nazaré in seinem Wohnmobil aufgewacht, das ihm während der von Corona überschatteten Saison als Zuhause diente, weil er nicht nach Hause fahren konnte. Er war allein; später am Tag traf er sich zur Feier des Tages zum Mittagessen mit ein paar Leuten von der Filmcrew, die gerade die HBO-Serie *100 Foot Wave* drehte. Per FaceTime schaute er seinen Kindern zu Hause beim Geschenkeauspacken zu. Dass er wegen der Coronareisebeschränkungen über Weihnachten in Nazaré bleiben musste, empfand er als Belastung: „Es ist seltsam und traurig, wenn du Weihnachten mit der Familie über FaceTime feiern musst, aber wenigstens konnten wir uns so sehen. Aber so ging es in dem Jahr vielen Menschen auf der ganzen Welt. Wir leben in seltsamen Zeiten, und so schwierig fand ich es letzten Endes auch wieder nicht. Es ging eben nicht anders. Und die Kinder hatten eine schöne Zeit. Mehr Sorgen habe ich mir darüber gemacht, wie meine Eltern mit dem Lockdown zurechtkommen.“

Beruf und Familie unter einen Hut zu bringen und zu entscheiden, wann er wo sein muss, ist nicht einfach. Es ist eine ständige Gratwanderung, die ihm nach wie vor nicht immer gelingt und die vor allem für seine Ex-Frau Katie eine Belastung ist, weil sie sich um die Kinder kümmert, wenn er von Oktober bis März meistens nicht da ist. Zum Glück helfen auch seine Eltern bei der Kinderbetreuung mit. Cotton hat auch noch eine Tochter im Teenageralter, die Honey heißt. Auch jetzt ist der Familie klar, dass der Besuch nur von begrenzter Dauer ist; irgendwann wird sich der nächste Swell ankündigen und der Sog von Nazaré wird ihn wieder abrufen.

Wie für viele andere Menschen ist Weihnachten auch für Cotton eine Zeit der Besinnung auf Vergangenes und Gegenwärtiges. Er selbst ist sein schärfster Kritiker, mit der Folge, dass er nur ungern Videoaufnahmen von sich beim Surfen sieht. Diese Form der Selbstkritik und des Selbstzweifels sei aber unter seinen Kollegen keine Seltenheit. „Man findet seinen eigenen Stil nie wirklich gut“, sagt er und steigt in die Selbstanalyse ein. „Ich sehe mich selbst sehr kritisch. Wenn ich surfe, fühlt sich das irre gut an, aber von außen sieht es bescheuert aus. Wenn ich gute Surfer beobachte, stelle ich fest: Es geht darum, dass alles leicht und mühelos aussieht. Elegante, fließende Bewegungen – das ist die hohe Kunst.“ Trotz seines Widerwillens schaut er sich manchmal doch Videos an; er studiert seine Haltung auf dem Brett und stellt fest, dass er beim Ringen um das Gleichgewicht mit einem Arm mal zu weit nach unten und mal zu weit nach oben rudert.

„Manchmal stürzt du und weißt nicht, warum. Es ist wichtig, sich das noch einmal anzuschauen, um es beim nächsten Mal besser zu machen.“ Darum dreht sich alles: besser werden für den nächsten Big Swell – der sich laut Vorhersage Anfang Januar vor der portugiesischen Küste aufbauen soll. Höchste Zeit, sich von der Familie in Devon zu verabschieden und wieder in sein zweites Leben zurückzukehren.

NIEMALS ZUFRIEDEN

Nic von Rupp und Lucas Chianca

Mit sich und den Wellen zufrieden sein – das wünschen sich die meisten Big-Wave-Surfer, doch es kommt nicht allzu oft vor. Kurz nach dem Jahreswechsel sitzt Nic von Rupp mit seiner Freundin Matilde Reymão Nogueira vor der Lagerhalle. Reymão füttert ihre Hündin Maya, die Welpen erwartet, und versucht, die trächtige Vierbeinerin von den Fischabfällen fernzuhalten, die der Fischer von nebenan weggeworfen hat und die in der Wintersonne langsam vor sich hin faulen. Gleichzeitig geht Reymão aufmerksam den Text durch, den sie für ihren morgigen Soapdreh auswendig können muss. Immer wieder schlendern Surfer, Spotter und Filmleute vorbei. Von Rupp wechselt mit diversen Leuten ein paar Worte und schaltet dabei zwischen Portugiesisch und Englisch hin und her.

Er kommt auf den Swell zu sprechen, der genau 24 Stunden zurückliegt. Wie häufig ist er in nachdenklicher Stimmung. Bei diesem gewaltigen Januarswell ist er buchstäblich über sich hinausgewachsen – für ihn ein willkommener Anlass, sich zu fragen, wo er sportlich steht. Er ist etwas verärgert über einen Videozusammenschnitt, den die World Surf League unter dem Titel *Lucas Chianca Steals the Show at Epic Nazaré* online gestellt hat. Obwohl er keine Animositäten gegen seinen Freund und Rivalen hegt, wurmt es ihn, wie die Ereignisse des Tages darin dargestellt werden. Er ist nicht so überheblich zu glauben, er sei der überragende Akteur gewesen, aber es frustriert ihn, dass die Anerkennung nicht gleich verteilt wird. „Der Kerl ist wirklich der Hammer – und es stimmt auch, dass er meistens allen anderen die Show stiehlt. Aber gestern war das nicht so. Ich will mich nicht beschweren, denn die WSL ist mir wohlgesonnen, aber wenn du dich dermaßen ins Zeug legst, um da draußen präsent zu sein, und wenn so viele Leute übereinstimmend sagen, dass ich an diesem Tag einer der Hauptdarsteller war, und wenn sie es dann so darstellen – das ist einfach ätzend. Ich habe am Vormittag ungefähr zwanzig Wellen gesurft und mehr Zeit da draußen verbracht als jeder andere. Das ist Fakt."

Sobald er seinem Ärger Luft macht, so wie jetzt, verfliegt sein Zorn auch schon wieder und macht einer positiveren Sicht Platz, was zum Teil Reymão zu verdanken ist, die ihn schon vorher ein wenig aus seiner Leckt-mich-doch-alle-Stimmung vom Vormittag herausgeholt hat. Inzwischen hat er sich beruhigt und eingesehen, dass so ein Genörgel nichts bringt und ihm nur schadet. Mit Blick auf den nahenden Sonnenuntergang verscheucht er seine negativen Gedanken, rüstet sich für einen neuen Tag und fährt mit seinem Auto voller Surfboards nach Hause, während seine Beifahrerin weiter ihren Text lernt. Selbst wenn ihm alle Ehre und aller Ruhm zuteilgeworden wäre – würde die Anerkennung ihn jemals satt machen? Die Antwort ist ein klares Nein. „Du willst immer mehr. Die Unzufriedenheit motiviert dich, treibt dich an. Und du musst deinen Weg weitergehen und darfst nicht zulassen, dass sie dich negativ beeinflusst. Du musst sie akzeptieren, in eine positive Richtung lenken und dann darauf aufbauen. Meine Karriere läuft verdammt gut, ich bin glücklich, ich kann mich nicht beklagen. Es kann nicht immer alles rundlaufen."

Im Januar stehen für Nic von Rupp die Zeichen auf Veränderung. Es ist das letzte Mal in dieser Saison, dass er und Scooby als Tandem an den Start gehen. Dann wird Scooby nach Brasilien fliegen, um bei der dortigen Variante von *Promi Big Brother* dabei zu sein. Und er wird sich als eine der tragenden Säulen dieser Staffel beim Publikum großer Beliebtheit erfreuen. Scooby ist mehr als Surfen. Von Rupp bezeichnet ihn gerne als „Rockstar" und wünscht sich wohl manchmal, Scooby würde sich mehr auf das Surfen und weniger auf seinen hedonistischen Lebensstil konzentrieren. Doch auch wenn beide gelegentlich eigene Wege gehen, funktionieren sie als Team. Beide sind Surfer und Jetskipiloten der Spitzenklasse. Von Rupp ist dabei immer sehr selbstkritisch. Obwohl er schon viele Höhepunkte in diesem Sport erreicht hat, denkt er nach den Sessions viel darüber nach, „was hätte sein können". Nach dem Wettkampf und auch im täglichen Training hat er oft das Gefühl, es noch besser machen zu können. Im Rückblick auf die Tow Surfing Challenge vor einigen Wochen meint er, dass Scooby das Optimum herausgeholt habe, er selbst aber unter seinen Möglichkeiten geblieben und seinen eigenen Ansprüchen nicht gerecht geworden sei. „Wir waren kurz davor, das Ding zu gewinnen. Scooby ist mitten durch das Barrel gerast; ein riskantes Manöver. Das macht kein normaler Mensch; das ist übermenschlich." Wie die meisten Beobachter ist von Rupp der Meinung, Scooby hätte für seine Barrelfahrt mehr Punkte bekommen müssen, auch wenn der keine Lust hatte, laut zu werden und die Jury zusammenzufalten. Auch seine Hauptkontrahenten Lucas Chianca und Kai Lenny hätten seiner Ansicht nach für ihre Chop-Hops (Sprünge, bei denen sie sich ähnlich wie beim Skateboarden in der Luft drehen) noch mehr Punkte verdient gehabt. „Diese Sprünge von Kai und Lucas sind der absolute Wahnsinn. Die beiden sind eine Klasse für sich. Das musst du dich auf einem 15-Meter-Brecher erst mal trauen. Ob wir den Sieg verdient hätten? Ich finde eigentlich, die beiden haben absolut verdient gewonnen, und ich freue mich über das, was Scooby abgeliefert hat, aber mit mir bin ich nicht so zufrieden."

Wer Chianca beim Surfen zusieht, hat ein ähnliches Gefühl wie jemand, der Lionel Messi beim Fußballspielen zusieht. Der Brasilianer ist ein Naturtalent und traut sich Aktionen zu, für die vielen anderen das Können oder der Mut fehlt. Die meisten Mitglieder der Big-Wave-Community sind zufrieden, wenn sie ihre Welle surfen und heil wieder herauskommen. Chianca springt von den steilsten Wasserwänden ab in die Luft, dreht sich, rast durch die Barrel und schwenkt wieder in die Welle ein. Ein riskanter Highspeedtanz, der bei ihm erstaunlich leichtfüßig aussieht. Er stürzt selten, weil er auch bei starkem Wellengang über eine unfassbare Körperbeherrschung und Balance verfügt. Und ähnlich wie Messi ist er trotz aller Erfolge und Auszeichnungen bescheiden geblieben. Chianca lacht verlegen, wenn man sagt, dass er die Nummer 1 da draußen ist.

Aus dem Tag ist inzwischen Nacht geworden, die Lichter im Hafen sind erloschen – außer in der Halle von Chiancas Sponsor Red Bull, deren Boden in den Unternehmensfarben getüncht ist. Chianca stellt ein Board, das kürzlich bei einer Surfsession zerbrochen ist, zu einer Reihe anderer Boards, die eine Art „Wall of Shame" ergeben, das heißt, an herausragende Missgeschicke erinnern und damit zugleich auch etwas von einer Wall of Fame haben. Auf Schritt und Tritt von einem Kameramann verfolgt, friemelt Chianca an dem einen oder anderen Jetski herum und erläutert den Plan für den nächsten Tag, an dem er um sieben Uhr morgens auf dem Meer sein will. Die meisten Crews haben sich dagegen entschieden, morgen rauszufahren, aber sein Team – das er gerne „The dangerous team" nennt – ist fest entschlossen, den Tag voll auszunutzen. Er ist in diesem Team der unangefochtene Taktgeber. Wie ein Duracell-Hase ohne Ausschaltknopf läuft er ständig auf Hochtouren und steckt voller Energie, die sich auf die anderen überträgt. Ein Zappelphilipp, dessen Knie die ganze Zeit wippen, wenn er im Auto sitzt und redet, und der pausenlos am Handy, an der Gangschaltung oder sonst wo herumspielt. Er ist so voller Tatendrang, dass die Menschen um ihn herum ihm tausend Aufgaben geben, die er erledigen soll, bevor es aufs Meer geht, damit er ein wenig von seiner überschüssigen Energie verbrauchen kann. Diese Rechnung geht nie ganz auf, aber seine Crew versucht es trotzdem immer wieder. Wenn man oben auf dem Felsen steht und genau hinhört, kann man durch die Brandung hindurch Chiancas Geschrei hören; sowohl auf dem Surfboard als auch auf dem Jetski krakeelt er lauter als die meisten anderen. „Manchmal belle ich auf dem Wasser wie ein Hund. Das Bellen tut mir gut. Das baut Druck ab" – mit diesen Worten verabschiedet er sich bellend und jaulend, wirft den Kopf in Wolfspose in den Nacken und bricht in schallendes Gelächter aus.

Seit er Nazaré zum ersten Mal betreten hat, empfindet Chianca eine natürliche Verbundenheit mit diesem Ort. Eine Parallele zwischen Nazaré und seiner brasilianischen Heimatstadt Sacramento ist die Bedeutung des religiösen Lebens.

Diese Nähe zur Kirche ist wohltuend für ihn und gibt ihm sogar ein Gefühl der Sicherheit beim Surfen, als könne ihm mit der Nossa Senhora da Nazaré (allgemeine Bedeutung in Portugal und Brasilien: Unsere Liebe Frau von Nazaret) an seiner Seite nichts zustoßen. So wild der Ozean sich auch gebärdet – und er gebärdet sich sehr viel wilder als in seiner Heimat –, Chianca fühlt sich hier, wie er selbst sagt, sicherer als an jedem anderen Ort der Welt. „Die Brandung ist verrückt, aber ich weiß, dass ich sicher bin. Dieser Ort hat etwas, das mir immer helfen wird. Ich weiß nicht genau, was es ist, aber es ist immer da." Jedes Mal, wenn er aufs Meer hinausfährt, spricht er still für sich die gleichen brasilianischen Gebete und bittet darum, dass sein Team und alle anderen, die auf dem Meer unterwegs sind, sicher zurückkehren, Zutrauen zu sich haben, ihre Sache gut machen und unversehrt bleiben.

Chiancas Karriere war nicht frei von Rückschlägen. Mit dem Jetski hat er sich anfangs bestimmt zehnmal überschlagen und mit dem Surfbrett noch viel öfter. Heute jedoch umgibt den 26-Jährigen eine Aura des Unbesiegbaren, wenn er sich in der Brandung austobt. Er ist vielleicht derjenige, der am regelmäßigsten die ganz großen Monsterwellen surft und dann auch die riskantesten Routen auswählt und mit seinen Aerials veredelt – den Luftsprüngen, bei denen er mitten im Wellenritt auf dem Board hochspringt. Aber auch wenn es darum geht, gekenterte Surferkollegen aus den Wellen zu holen, ist er mit vollem Einsatz dabei. Ob der Betreffende zu seinem Team gehört oder nicht, spielt keine Rolle. Im Sport geht es oft egoistisch zu, aber für Chianca ist es eine Herzensangelegenheit, anderen zu helfen, wobei er einräumt, dass er es manchmal auch übertreibt. Meistens kann er sich an den Big-Wave-Ritten seiner Freunde genauso erfreuen wie an seinen eigenen. Surfen bedeutet für ihn maximale Freiheit und gibt ihm das Gefühl, sein Leben mit der größtmöglichen Intensität zu leben, und während er das sagt, schließt er die Augen, um genau dieses Gefühl in sich wachzurufen. Seine Sucht ist das Adrenalin, das ausgeschüttet wird beim Zusammenspiel von Welle und Brett, das er so unglaublich einfach aussehen lässt. „Ich habe das Gefühl, mit der Welle zu tanzen und mich nach ihrem Willen zu richten. Wenn sie mir etwas Neues zeigt, sage ich ‚Let's go' und gebe meine ganze Liebe in diesen Tanz." Auch zur Angst hat Chianca ein liebevolles Verhältnis. Die Angst, sagt er, sei auf dem Meer sein bester Freund. „Es ist gut, Angst zu haben, denn sie hilft dir, noch stärker zu werden. Die Angst ist eine Hürde, und wenn ich sie überwinde, fühle ich mich stärker."

Als er die Wellen von Nazaré zum ersten Mal mit eigenen Augen sah, reagierte er wie die meisten seiner Kollegen: Er war überwältigt, dass sie so viel höher waren, als er erwartet hatte – zehnmal höher als alles, was er bisher in Brasilien gesurft hatte. Sein Vater – ebenfalls ein erfahrener Surfer, aber kein Profi – begleitete ihn damals und stellte umgehend klar, dass er angesichts solch wahnwitziger Bedingungen nicht bereit war, seinen Sohn finanziell zu unterstützen. Seine Ansage war deutlich: „Ich zahle nicht dafür, dass du dich umbringst." Chiancas Vater subventionierte nur Wettbewerbe, die auf kleineren Wellen stattfanden. Dieses Geld sparte Lucas heimlich und nutzte es später als Startkapital für seine Big-Wave-Karriere, die er 2017 – ein Jahr nach seinem ersten Sieg in Nazaré – in die Wege leitete. Er gewann den Paddle Award und setzte sich dabei gegen weitaus renommiertere Konkurrenten durch. Dann entschloss er sich, hart zu arbeiten, um der Beste zu sein und seinen Körper physisch und mental auf die nächste Saison vorzubereiten.

Chianca hat eine andere Philosophie als die meisten anderen in seinem Sport. Seine Einstellung lautet: Die Wellenhöhe ist nicht das Entscheidende. Surftechnisch geht er an eine 3-Meter-Welle genauso heran wie an einen dreißig Meter hohen Brecher. Das setzt großes Vertrauen in die eigenen Fähigkeiten voraus. Chianca hat auf allen großen Wellen der Welt gesurft, aber Nazaré ist für ihn das Maß aller Dinge und der Ort, an dem er unbedingt auf seine Kosten kommen will – egal wie die Bedingungen gerade sind oder wie gefährlich die Situation ist. „Wir heißen ‚The dangerous team', weil wir immer und überall an den Start gehen. Das ist unser Job. Wir wissen, dass das supergefährlich ist, aber wenn wir keinen Spaß dabei haben, bringt es für uns auch nicht viel." Zum Saisonstart in Nazaré ist er mit seiner schwangeren Freundin Monise angereist; im Mai soll ihre kleine Tochter zur Welt kommen, wenn das Paar wieder in Brasilien ist. Einige Kollegen haben ihn bereits gewarnt, dass sich seine Risikobereitschaft ändern könnte, wenn er ein Kind hat. Er will ein guter Vater sein, aber er glaubt nicht, dass sich sein Verhältnis zum Risiko deswegen ändern wird. „Das Gefühl habe ich nicht. Titel holen und die ganz großen Wellen surfen – das kann ich nur jetzt in dieser Lebensphase. Aber ich muss noch stärker werden und mich darauf einstellen, dass ich nicht mehr allein auf der Welt bin, sondern künftig für einen anderen Menschen zu sorgen habe – für mein Baby, das Baby meiner Freundin, unser Baby. Das bedeutet Druck. Die Big Waves bedeuten keinen Druck – aber die Sorge um ein Kind wohl."

Wie von Rupp steht auch Chianca vor dem Problem, dass er sich für den nächsten Monsterwellentag einen Partner suchen muss. Scooby ist im brasilianischen *Promi-Big-Brother*-Haus kaserniert; Chiancas Partner Lenny ist wieder auf Hawaii und wird, wie inzwischen durchgesickert ist, für den Rest der Saison nicht zurückkehren, weil er jeden Moment Vater wird. Da liegt es nahe, dass der partnerlose von Rupp und der partnerlose Chianca sich zusammentun. Die beiden sprechen darüber und sind sich schnell einig. Ihre Entscheidung hat Konsequenzen. Wenn zwei Teams in dieser Form fusionieren – einschließlich Rescue-Piloten, Spotter und anderer Teammitglieder –, führt das unweigerlich zu Verwerfungen in den jeweiligen Mannschaften, wenn auch nur vorübergehend. Der eine oder andere wird sich ärgern oder zurückgesetzt fühlen, aber so läuft nun mal das Geschäft.

Bei von Rupp ist gelegentlich noch ein trockener Husten zu hören – die letzten Spuren einer Corona-Infektion vor zwei Wochen, die bereits seine zweite war. Wie der Rest der Welt steht auch die Big-Wave-Community noch unter dem Einfluss der Pandemie. Das war besonders zu Beginn der Saison zu spüren und zieht sich punktuell weiter durch. Diesmal hat von Rupp nur leichte Symptome, und seine Lungenfunktion ist nicht beeinträchtigt. Corona wird ihn also nicht aufhalten, wenn für ihn und seinen neuen Partner demnächst die großen Wellen anrollen.

BIG WIPEOUT DAY

Im Januar 2022 werden an einem einzigen Tag gleich drei Surfer ins Krankenhaus eingeliefert. Mit unterschiedlich schweren Verletzungen müssen Justine Dupont, Pierre Rollet und C. J. Macias in der Klinik behandelt werden. Dupont wird auf eine Riesenwelle gezogen, aber als sie im Wellental wenden will, ist es, als ob das Brett unter ihr abrupt zum Stillstand käme. Sie wird durch die Luft geschleudert und prallt gefährlich nah an den Felsen auf. Später postet sie auf Instagram: „Dort landet niemand gerne." Ihr Partner Fred David versucht, zu ihr vorzudringen, doch weitere Wellen brechen über ihr zusammen und spülen sie immer näher an die Felsblöcke. Schließlich findet Chianca einen schmalen Einstiegspunkt und, was noch wichtiger ist, auch einen Rückweg für sich und Dupont. Zusammen mit den Rettungskräften trägt er sie an den Strand, sie ist die ganze Zeit bei Bewusstsein. Später fasst sie den Vorfall lakonisch zusammen: „Das gehört einfach dazu, wenn du Extremsport betreibst." Chianca muss erst mal den Adrenalinschub verarbeiten, den ihm seine waghalsige Bergungsaktion durch die Adern gejagt hat.

Im Krankenhaus wird Dupont kurz durchgecheckt und gleich wieder entlassen, aber sie ist nicht die Erste dort. Diese zweifelhafte Ehre gebührt Pierre Rollet, der gleich auf der ersten Welle, die heute überhaupt gesurft wird, einen heftigen Sturz hingelegt hat. Am schlimmsten erwischt es an diesem Tag jedoch C. J. Macias, den Bruder von Garrett McNamaras

Frau Nicole. Keiner der Wipeouts an diesem Tag verzeichnet mehr Views und Replays der Videokonsumenten.

Die Verbindung zwischen Macias und Nazaré reicht zurück bis in die Anfänge, als McNamara und Cotton auf der Bildfläche erschienen. Macias war früher ein hochklassiger Beachvolleyballspieler und überragt mit seinen 1,95 Metern alle anderen Surfer weit und breit. In seinen Äußerungen zu Saisonbeginn klang es teilweise so, als ob ihm die Wellen nicht ganz geheuer wären. Auch wenn er das später bestritt, hielt er sich an Big Days mit besonders großen Brechern zurück. Am Tag vor seinem Wipeout passt für ihn endlich einmal alles. Alles greift ineinander, wie er es sich seit etwa zehn Jahren vorgestellt hat. Nachdem er immer ein wenig im Schatten der – wie er sie nennt – „Surflegenden" und insbesondere seines Schwagers stand, der eine echte Naturgewalt ist, hat er den Eindruck, dass sich die Dinge einpendeln und die Dämonen der Vergangenheit – konkret die Erinnerungen an frühere Wipeouts – von ihm abfallen. Endlich hat er das Gefühl, richtig dazuzugehören. Als er aus einer besonders großen Welle – einer echten „bomb" – herauskommt, ist er euphorisch. Später erinnert sich Macias lachend, dass er in diesem Moment völlig high war, und seine erste Frage lautete: „War das der Weltrekord? War das die 30-Meter-Welle?" Damals lachten vor allem die anderen, denn seine Bombe war gerade mal halb so hoch wie eine 30-Meter-Welle.

Nach der Monsterwelle vom Vortag ist der Brecher, an den er sich am Nachmittag des nächsten Tages heranwagt, mit Abstand der höchste, den er je gesurft ist. Eine Zeit lang hat er alles unter Kontrolle, und das Gejohle der Zuschauer oben am Fort und auf den Felsen, die ihn anfeuern, stärkt sein Selbstvertrauen zusätzlich. Angespornt durch seine neu gewonnene Selbstsicherheit, manövriert er sich auf seinem Wellenritt in eine immer kritischere Lage. Beim Ausstieg verschätzt er sich minimal, verliert die Kontrolle und wird nach vorne geschleudert. Er scheint im letzten Moment doch noch davonzukommen und denkt schon: „Oh mein Gott – geschafft!", aber beim Versuch, bei diesem Affenzahn wieder ins Gleichgewicht zu kommen, haut es ihn endgültig vom Brett. „In dem Moment wusste ich: Ich bin erledigt." Er versucht noch, aus der Gefahrenzone zu entkommen, aber es ist zu spät. Wie ein Kieselstein, den man auf der Wasseroberfläche hüpfen lässt, wird der 1,95-Meter-Mann fortgeschleudert. Die instinktive Reaktion – den Arm ausstrecken, um den Sturz abzufedern – schlägt katastrophal fehl. Er prallt mit großer Geschwindigkeit auf die Wasseroberfläche und wird durch die Wucht der Welle immer tiefer nach unten in Richtung Meeresboden gerissen. Der zweite große Fehler neben der Armhaltung: Macias trägt eine weiße Weste über seinem Neoprenanzug. Damit ist er im Weißwasser für niemanden zu erkennen; da hilft auch seine Körpergröße nichts. Die Jetskis drehen ihre Runden, die Spotter verstummen am Funkgerät und halten mit ihren Feldstechern angestrengt nach dem gekenterten Surfer Ausschau. Fünf Minuten ist Macias von der Bildfläche verschwunden. Besonders schwer ist das für seine Schwester Nicole zu ertragen, die beim Leuchtturm oben am Fort steht. Ein paar Tage später sagt sie im Rückblick: „Ich dachte, jetzt ist alles aus. Es war das erste Mal, dass wir jemanden so lange aus den Augen verloren haben." Nicole ist die Einzige, die ihn zwischendurch erspäht, aber nur kurz, denn sofort ist er wieder weg und taucht nach der nächsten Welle auch nicht wieder dort auf, wo ein Surfer zum Luftschnappen auftauchen würde. Jedenfalls sieht sie ihn dort nicht. „Ich sah ihn nur bei diesem ersten Auftauchen. Dann kam die nächste Welle, er hatte zwei Sekunden Zeit zum Luftholen, bevor die nächste Welle auf ihn eindrosch. Ich wusste, wo er danach wieder auftauchen müsste, aber ich sah ihn nicht." Ihr Mann versucht, sich damit zu beruhigen, dass Macias' in den Neoprenanzug integrierte Rettungsweste sich aufblähen und der Surfer früher oder später wieder auftauchen wird. Doch im Hinterkopf spukt der Gedanke, dass ihm die Weste in den tosenden Wassermassen vom Körper gerissen worden sein könnte.

Alles, woran Cotton sich erinnert, sind die Rufe aus den Funkgeräten: „Wir sehen ihn nicht! Wir können ihn nicht sehen!" Die meisten dieser Schreie kamen von Nicole. Er kann sich noch an das Gefühl der Hilflosigkeit erinnern, als er auf seinem Jetski hin und her kurvte, um Macias zu orten, und darauf wartete, dass über Funk eine Anweisung kommt, dass er in eine Welle hineinfahren und ihn dort aufpicken soll. Inzwischen hat Macias in seiner verzweifelten Lage begriffen, dass ihn niemand sieht. Er schaltet in den Überlebensmodus, setzt den Wellen, die auf ihn einhämmern, keinen Widerstand mehr entgegen und prüft, ob mit seinem Körper alles in Ordnung ist. Den Schmerz, der ihn wenig später überfallen wird, spürt er noch nicht. „Ich werde hin- und hergeworfen und nach unten gezogen. Das geht schon eine ganze Weile so und wird wohl erst mal so weitergehen." Einen Moment lang denkt er, er könne durchhalten, bis das Drama vorüber ist, aber dann: „Oh Gott, mein Arm! Auf einmal spüre ich diesen stechenden Schmerz im Arm." Seine Rettungsweste füllt sich automatisch mit Luft, sodass er an die Oberfläche kommt, kurz bevor sein Trommelfell platzt, während es in seinen Ohren dröhnt und klingelt. Trotzdem wird er noch mehrmals unter Wasser gedrückt und weiß manchmal nicht mehr, wo oben und unten ist. Jetzt schaltet er in den Schadensbegrenzungsmodus, hält den verletzten Arm so, dass er nicht noch mehr abbekommt. Als begeisterter Yogi ist er ein Meister der Atemtechnik. Mit diesem Gedanken tröstet sich auch seine machtlose Schwester: „Wenn C. J. eins gut kann, dann ist es Atmen.“ Immer wieder sagt sie sich, dass ihr Bruder es schaffen wird, aber die Ungewissheit bleibt. Währenddessen saugt Macias gierig jeden kleinen Atemzug ein, den er erhaschen kann – zwei Atemzüge hier, einer dort; manchmal gönnt ihm die riesige Waschmaschine, in die er geraten ist, nur einen halben Atemzug. Inzwischen sind die Wellen nur noch dreieinhalb bis fünf Meter hoch – um die Höhe zu veranschaulichen, zeigt er an die Decke des weiträumigen Wintergartens, in dem er das Geschehen Revue passieren lässt. Nach ausreichenden Ruhepausen klingt das nicht, aber er ist dankbar, dass er überhaupt an Sauerstoff kommt. Mittlerweile dauert der Kampf schon fünf Minuten – eine quälend lange Zeit für ihn und die Zuschauer. Dann erspäht ihn endlich jemand: Der brasilianische Surfer und Jetskipilot Alemão de Maresias entdeckt ihn auf dem dritten Wellenberg, weit weg von der Stelle, wo es ihn vom Board geworfen hat, und nur dreißig Meter entfernt vom Strand. De Maresias will ihn mit dem ausgestreckten Arm auf den am Jetski befestigten Rettungsschlitten ziehen. Macias reicht ihm den noch gesunden Arm, schafft es aber nicht aus eigener Kraft auf den Schlitten und rutscht zurück ins Wasser. In diesem Moment hören de Maresias und Cotton ihn zum ersten Mal vor Schmerzen schreien, bevor er kurz darauf an den Strand gespült wird. Der Amerikaner erinnert sich, wie er seine Füße auf den Boden setzte und wie erleichtert er war, den schlimmsten Wipeout seines Lebens überstanden zu haben. Doch dann durchflutet der Schmerz seinen Körper, und er fühlt sich schlagartig krank. Leute am Strand rufen ihm zu, er solle seine Füße in den Sand wühlen, damit er nicht wieder ins Meer gesaugt wird. Stattdessen bricht er noch im Wasser zusammen und beginnt schon wieder hinauszutreiben, bis Orlando, sein Hausnachbar in Nazaré, in die Fluten steigt und ihn endgültig sicher an Land holt. Anschließend wird Macias vorsichtshalber auf ein Spineboard gebettet, eine spezielle Trage für Personen mit Verdacht auf Rückgratverletzungen.

Auch Cotton hilft mit, ihn an den Strand zu ziehen. Als er Macias' verdrehten Arm sieht, denkt er sofort, dass er gebrochen sein muss. Selbst als ausgebildeter Rettungsschwimmer hat er so etwas noch nie gesehen: Der Arm ist in eine völlig unnatürliche Richtung gebogen. „Es war großartig, ihn wieder an Land zu haben, aber sein Arm sah echt übel aus", sagt Cotton. „Mein Gedanke war: Verdammte Scheiße, was für ein übler Bruch; wie hat er das gemacht? Ich weiß noch, dass ich dachte: Jetzt reichts aber langsam. Ist es das wirklich wert? Und dann fühlst du dich ein bisschen mitverantwortlich. Er ist schließlich da rausgefahren, weil wir ihn angestachelt haben. Aber diesmal war er zum ersten Mal auch selbst richtig heiß darauf. Er wollte an die Grenze gehen und hat es bis zum Wipeout in vollen Zügen genossen."

Rückblickend meint Macias, dass manche Momente fast eine gewisse Komik hatten, so ernst die Situation auch war. 24 Stunden später kann er schon wieder lachen. „Ich liege da, schaue hoch in den blauen Himmel und nehme ihn in diesem Moment ganz bewusst wahr. Ich bin dankbar, dass ich noch atme. Ich weiß: Meine Wirbelsäule ist in Ordnung, ich bin nicht gelähmt. Und ich habe höllische Schmerzen – verdammt noch mal, ich habe mir den Arm gebrochen. Sobald jemand nur leicht meinen Arm berührt, tut es abartig weh. Dann erkenne ich die Menschen um mich herum, die ich liebe und die sich alle freuen, dass ich noch lebe – und ich freue mich auch." Er wird in den Krankenwagen geschoben, der am Strand vorgefahren ist. Es ist der erste Schritt auf dem langen Weg zur Genesung. Während der ganzen Zeit denkt er kein einziges Mal, dass es vorbei sein könnte, er sagt sich immer wieder: „Heute trete ich nicht ab." Dann wendet er seine Aufmerksamkeit den anderen zu, wobei ihm bereits bewusst ist, wie schockierend das Ganze für seine Freunde und Familie sein muss. Seine Freundin Pavana hat ihm heute zum ersten Mal beim Surfen in Nazaré zugesehen. Sie stand neben seiner Schwester Nicole und sagt jetzt mit einer gewissen Untertreibung, dass es nicht unbedingt das schönste Erlebnis ihres Lebens gewesen sei. Eine Gehirnhälfte spielte das Worst-Case-Szenario durch, die andere hoffte auf einen glücklichen Ausgang. Als sie ihn an Land taumeln sah, rannte sie sofort mit Barrel, dem Sohn der McNamaras, zu ihm.

24 Stunden sind in Nazaré eine lange Zeit. Nach seiner Entlassung aus dem Krankenhaus kehrt Macias zurück in das Haus, in dem er mit Pavana und seinen Eltern wohnt und das gleich neben dem Haus seiner Schwester und seines Schwagers liegt. Der unübersehbare Hinweis darauf, dass etwas schiefgelaufen ist, befindet sich direkt vor der Haustür: Sein nagelneues grünes Surfbrett ist durch die Wucht seines

Sturzes in zwei Teile zerbrochen. Er fährt in einem der Golfbuggys vor, mit denen sich die Surfer in Nazaré gerne von A nach B bewegen, und schiebt seinen langen Körper vorsichtig vom Beifahrersitz; den von den Fingerspitzen bis zum Oberarm eingegipsten Arm trägt er in einer Schlinge. Der Unfall ruft unzählige Emotionen wach, und tut das auch noch Wochen und Monate später. Dass Macias und seine Partnerin eines Tages nicht mehr nach Nazaré zurückkehren, ist aber unwahrscheinlich. Sie schmieden bereits Pläne und überlegen, irgendwann vielleicht eine Kombination aus Café und Restaurant aufzumachen. Nazaré hat etwas an sich, das die Menschen selbst dann zurücklockt, wenn sie etwas Schlimmes erlebt haben.

Unter die Emotionen mischen sich auch Schuldgefühle. „Ich fühlte mich schlecht, weil ich den Menschen diese Geschichte und meinem Körper diese traumatische Erfahrung zugemutet habe“, sagt er, biegt den Rücken durch und bricht in ein leicht überdrehtes Lachen aus, wirft den Kopf in den Nacken und schaut zur Decke. „Auf seltsame Weise fand ich es aber auch wunderbar, Menschen, die mir viel bedeuten, mit einer so ganz anderen Dimension von Lebensgefühl bekannt zu machen. Ich wollte sie nicht belasten. Ich war nur neugierig, wie es sich anfühlt, wenn man an einem richtig krassen Big Day eine ordentliche Tracht Prügel bekommt und alles heil übersteht. Darauf war ich neugierig. Und auch auf den Schmerz. Die anderen glauben, du bist tot, und ziehen dich aus dem Wasser. Auf einer seltsam unbewussten Ebene war ich auf das alles neugierig. Aber einmal reicht. Ich bin damit durch. Ich sage Danke und freue mich, dass ich mit heiler Haut davongekommen bin.“ In den

Tagen danach ist er guter Dinge und macht Pläne für die Zeit, wenn er wieder fit ist. Bei anderen wirkt der Vorfall länger nach: bei seiner Schwester, seinem Schwager, Andrew Cotton und all jenen, die bei dem Wettlauf um Leben und Tod dabei waren und versucht haben, seinen von den Wellen geschundenen Körper zu erspähen. Tagelang bleibt Macias' Wipeout das Gesprächsthema Nummer eins; was Dupont und Rollet widerfahren ist, verblasst im Vergleich. Doch die Nazaré-Community hält sich nie allzu lange mit dem Negativen auf, ebenso wenig mit Fragen wie „Was wäre gewesen, wenn?“ oder „Was hätte alles passieren können?“. Denn der nächste Swell kommt bestimmt.

RÜCKSCHLÄGE UND FORTSCHRITTE

Maya Gabeira

Gabeira liegt ausgestreckt auf einem Sofa im Freien, das sie auf ihrem Grundstück aufgestellt hat, den Arm hat sie schützend über die geschlossenen Augen gelegt, um das gleißende Licht der Wintersonne abzuhalten, die direkt über ihr steht. Eine Freundin von ihr bereitet in der Küche eine Kleinigkeit zum Mittagessen vor und bemerkt scherzhaft, dass unsere Gesprächssituation eher wie eine Therapiesitzung zwischen einem Psychiater und einer Traumapatientin aussehe als wie ein Austausch über verschiedene Surf-Ereignisse in Nazarés unruhigen Gewässern. Gabeira bittet um Nachsicht, dass sie nicht einmal die Kraft aufbringt, aufzustehen und einen Gast zu begrüßen.

Ihre Erschöpfung ist verständlich. Für sie war der erste Januarswell ein Desaster auf ganzer Linie. Die Sonne an diesem entscheidenden Tag war noch gar nicht richtig aufgegangen, da kurvten sie und ihr neu zusammengestelltes Team schon eifrig durch die Brandung. An die Stelle von Eric Rebière war ein anderer Franzose getreten: Pierre Rollet. Doch nach der ersten Welle des Tages und bevor die meisten anderen Teams überhaupt im Wasser sind, ist für Rollet die Saison schon beendet. Sein Ausfall in Kombination mit zwei gekenterten und an Land gespülten Jetskis bedeutet außerdem, dass Gabeiras heutige Session so gut wie gelaufen ist.

Als Rollet nach seinem Wipeout im Krankenwagen sitzt, ist die Sonne immer noch nicht richtig aufgegangen. Die Sanitäter sind sich einig, dass er für kurze Zeit bewusstlos gewesen sein muss. Später diagnostizieren die Ärzte Rippenbrüche. Einen Tag später entwickeln sich an seinen Knien üble Schwellungen, deren Ursache noch geklärt werden muss. Im Vergleich zu Macias' Sturz, der nach Meinung mancher Beobachter der heftigste Wipeout war, den Nazaré bisher erlebt hat, erscheint der Vorfall eher harmlos. Trotzdem wird Rollet auf längere Zeit zum Zuschauen verdammt sein, denn die Regeneration wird Zeit brauchen. Während sich die Rettungskräfte um ihn kümmern, ist Gabeira mit ihren Gedanken schon woanders; für Mitgefühl bleibt ihr keine Zeit. Sie will so schnell wie möglich wieder zurück aufs Wasser. Doch der Traktor, der die gestrandeten Jetskis wieder ins Wasser ziehen soll, ist nicht da, wo er sein sollte. Nur ein Strandbuggy steht bereit – immerhin mit Motor. Also muss sie damit die Jetskis – einzeln – zum Hafen bringen und dann wieder zurückkommen. Eigentlich sind das nur fünf Minuten Fahrt, aber sie muss sich ihren Weg durch den Verkehrsstrom mit den Tagesausflüglern bahnen, die einen Blick auf Gabeira und ihresgleichen erhaschen wollen.

Zurück am Wasser tut sie sich mit Pierre Caley zusammen, der sie in die Wellen ziehen soll. David Langer springt als zweiter Rescue-Fahrer ein. Die Chancen, heute noch eine oder mehrere Megawellen – oder Bombs, wie sie gerne sagt – zu erwischen, stehen jedoch schlecht. „Ich bin vorher noch nie mit David gesurft, der in Nazaré auch noch nie bei hohem Wellengang einen Jetski gesteuert hat, sodass der Tag von A bis Z eine Herausforderung war. Immerhin habe ich eine Bombe erwischt, was angesichts der Gesamtsituation ein wahres Wunder war.“ Am Nachmittag bekommt sie einen weiteren Megabrecher unters Brett, muss aber ihre Fahrlinie ändern und landet in der Nähe der Felsen, während ihr Rescue-Pilot vom Jetski geworfen wird. Gegen halb fünf Uhr findet sie sich erneut am Strand wieder. Diesen Tag konnte man getrost vergessen.

Von solchen Rückschlägen erholt sich Gabeira jedoch schnell. Bei ihrer ersten Surfaktion des Tages kam sie den Felsen etwas zu nahe, aber ihre Rettungsweste löste aus, sodass sie schnell wieder in Sicherheit war und unverletzt blieb. Nach dem Sturz am Nachmittag musste sie erneut die Rettungsweste aktivieren. Wieder blieb sie unverletzt. In Nazaré gibt es Tage, an denen der Wurm drin ist, aber damit hat sie schon vor langer Zeit ihren Frieden gemacht. Sie ist vor allem deshalb frustriert, weil sie diesem Swell besonders optimistisch entgegengesehen hat. Während der Vorbereitung hatten sie und Rollet bereits einige gute Wellen erwischt, und auch die Chemie stimmte bei dem französisch-brasilianischen Duo auf Anhieb. Und dann, ausgerechnet als die Wellen auf ihren Höhepunkt zusteuerten, so ein Pech. „Das war der längste Tag meiner Laufbahn“, resümiert sie. Er begann um sechs Uhr morgens im Fitnessraum und endete um siebzehn Uhr im Hafen. „Jetzt bin ich müde, weil ich tagelang keine Pause hatte.“ Denn von dem Unglückstag mit Rollets Verletzung und den zwei Wipeouts abgesehen, hatte sie bei diesem Swell eine Menge Spaß.

Vier Tage vor Ende bekam sie Beschwerden im Schulterblatt. Tief unter der Haut verspürte sie eine unangenehme Verspannung oder Verhärtung. Als Therapie verordnete sie sich statt der sonst üblichen Besuche bei der Physiotherapeutin eine Extradosis Surfen. Das brachte den gewünschten Erfolg. Verletzungen jeglicher Art schiebt sie grundsätzlich beiseite. Erst vor zwei Wochen hat sie sich bei einem missglückten Bergungsversuch die Nase gebrochen, weil sie von einem Jetski überfahren wurde. Sie erwähnt es nur beiläufig, so als handle es sich um eine kleine Schnittwunde, die mit einem Pflaster versorgt wurde. Mit Blick darauf, dass sie in Portugal schon unendlich viel härtere Tage und unendlich viel schlimmere Verletzungen erlitten hat, ist das verständlich. Kleinere Missgeschicke, die nicht lebensbedrohlich sind, sind nicht der Rede wert. Während sie im Großen und Ganzen glimpflich davongekommen ist, ging dieser Swell für Rollet, Macias und Dupont nicht gut aus. Gabeira lässt das nicht kalt, mit ihren Gedanken ist sie vor allem bei Rollet. Aber weil in Nazaré nun mal ständig etwas passiert, kann man sich nicht ständig um alle Sorgen machen. „Ich bin nicht beunruhigt, solange einer nicht bewusstlos ist. Wenn sich jemand verletzt, aber bei Bewusstsein ist – mein Gott, das gehört dazu. Irgendwann verletzt du dich auch mal."

Sie wechselt das Thema und kommt auf die geschäftliche Seite ihres Berufs zu sprechen. Neben der erwähnten Langzeitdoku, die in den letzten zehn Jahren entstanden ist, hat sie sich auch als Kinderbuchautorin betätigt. Ihr Buch, das 2022 erschien, trägt den Titel *Maya and the Beast*. Die Geschichte ist lose an ihre Biografie angelehnt und erzählt von der jungen Maya, die an Asthma leidet und dem Leben mit Angst begegnet. Es gibt nur einen Ort, an dem sich die Angst verflüchtigt: das Meer. Selbst vor dem „beast", dem sie dort begegnet, fürchtet sie sich nicht. Das „beast" ist eine gigantische

Welle. Maya kommt auf die Idee, die Welle zu zähmen und den anderen Menschen in ihrer Stadt zu zeigen, dass sie keine Angst haben müssen. Außerdem hat Gabeira ihre eigene Sonnencrememarke entwickelt, die den Namen Blue Aya trägt. Das Produkt hat sie in Zusammenarbeit mit einem Labor entwickelt und selbst finanziert. Es gibt verschiedene Varianten für unterschiedliche Hauttypen, aber die natürlichen Ingredienzien sind weitgehend identisch – unter anderem Kokoswasser, Seetang, Zink und Grüner-Kaffee-Extrakt.

Trotz solcher und anderer Projekte, an denen sie beteiligt ist und die sie zu einer der Spitzenverdienerinnen ihrer Zunft machen, wiegelt sie ab, sobald man ihr Unternehmergeist unterstellt. Aber wer an einer Langzeitdoku mitarbeitet, Bücher schreibt, eine eigene Sonnencreme produziert und generell nicht unter Sponsorenmangel leidet, muss ein kluger Kopf sein und sich mit den richtigen Leuten umgeben. „Ich bin keine Geschäftsfrau, aber um mich herum gibt es etliche Geschäftsleute“, erklärt sie. Bei der Sonnencreme habe sie ihre eigene Erfahrung (und die ihrer Kollegen) aus einem Leben unter freiem Himmel eingebracht. Weitere Bausteine, die sie im Laufe der Zeit hinzufügte, sind der Wissenschaftler, der die Mixtur im Labor entwickelt hat, ihre Mutter, die sie ihre „CEO“ nennt, und ein Marketingfachmann, der ihr hilft, die Marke bekannt zu machen. So bleibt ihr genug Zeit, das zu tun, was sie am besten kann. Denn alle ihr geschäftlichen Aktivitäten ändern nichts daran, dass das Meer und die großen Wellen ihr Ein und Alles sind und bleiben. Und das seit nun schon zwanzig Jahren.

„Mal ist es furchteinflößend, manchmal macht es dich glücklich. Mal laugt es dich aus, mal lädt es dich energetisch auf – alles ist möglich. Da draußen erlebst du die ganze Bandbreite der Gefühle. Mir tut das auf jeden Fall gut – na ja, vielleicht nicht, wenn es zu extrem zugeht. Alle sagen: Sport ist toll, jeder soll Sport treiben. Aber wenn du, egal wo, mit Spitzensportlern sprichst, dann sagen sie dir, dass sie sich körperlich ruinieren. Es gibt eine Grenze, wo du den Bogen überspannst, und dann ist es nicht mehr so toll für dich." Sie liegt noch immer ausgestreckt auf der Couch im Garten hinter dem Haus und fragt sich jetzt, ob ihr diese adrenalingeladenen Momente wirklich guttun. „Ich glaube nicht, dass das gesund ist. Adrenalin ist eine Droge, aber gesund ist es wohl eher nicht."

Doch nach dem Mittagessen und einem kurzen Mittagsschlaf, ihrem „nanna nap", löst sich die Frage rasch in Wohlgefallen auf. An diesem Ort lösen sich alle schlechten Vibes schnell auf. Der Ausblick, der sich ihr bietet, wenn sie von ihrem hoch oben gelegenen Haus die Straße Richtung Leuchtturm fährt, lässt alle körperlichen Strapazen vergessen und wird ihr nie langweilig. An Tagen mit strahlend blauem Himmel erstrecken sich die Sonnenstrahlen fast bis zum Nordstrand und locken sie ins Wasser, auch wenn sie eigentlich keine rechte Lust hat. Jedes Mal, wenn sie auf dieser Straße unterwegs ist, spürt sie diese hypnotische Anziehungskraft. Jeder, der in Nazaré mit dem Surfsport zu tun hat, spricht von der Magie dieses Ortes, wobei jeder darunter etwas anderes versteht. Für Maya sind es die Brandung und die atemberaubende Kulisse. „Überall siehst du Wellen – und dazu diese wunderschöne Felsklippe. Dazu kommen die Sonnenaufgänge und Sonnenuntergänge bei Dunst, im Nebel oder bei klarem Wetter. Das macht den rauen Charme dieses Ortes aus. Und die Menschen hier sind nett und ausgesprochen gastfreundlich.“ Nur das Meer war in den letzten Tagen nicht sehr gastfreundlich.

DER LIVERPOOL-EFFEKT

Sebastian Steudtner

Als der FC Liverpool 2019 die Champions League gewann, suchte Trainer Jürgen Klopp anschließend nach neuen Möglichkeiten, wie er seine Spieler inspirieren und zu neuen Höchstleistungen animieren könnte, nachdem sie den europäischen Fußballolymp erobert hatten. Er dachte darüber nach, wie er seinem starbesetzten Kader einen psychologischen Vorteil vor den anderen englischen Mannschaften verschaffen und verhindern konnte, dass seine Jungs nach ihrem Triumph den Biss verlieren. Und dafür fragte er bei Sebastian Steudtner an.

Wenige Tage vor Beginn der Saison 2019/20, am letzten Tag des Trainingslagers im südostfranzösischen Evian, lud er seinen Landsmann zu einem Teamtalk ein und bat ihn, den Fußballern die Atemtechnik beizubringen, die ihm beim Surfen in der Monsterbrandung helfen soll, am Leben zu bleiben, und die er im Schwimmbecken trainiert. Er sollte ihnen auch Übungen zur Atemkontrolle zeigen, für den Fall, dass man in Panik gerät. Außerdem sprach er über die magische Formel „Ruhe bewahren in Drucksituationen“. Klopp und Mannschaftskapitän Jordan Henderson äußerten sich hinterher höchst lobend über das, was der Austausch mit dem deutschen Surfer bei den Spielern bewirkt habe. Steudtner winkt ab und distanziert sich insbesondere von dem einen oder anderen Zeitungsartikel, in dem der Surfer zum geistigen Vater des nächsten Premier-League-Titels hochgeschrieben wurde.

In einer Trainingseinheit unter Wasser ging es darum, den Atem zwischen zehn und neunzig Sekunden lang anzuhalten. Am Ende kam es zum ultimativen Duell zwischen Verteidiger Dejan Lovren, der inzwischen nicht mehr an der Anfield Road spielt, und Stürmer Mohamed Salah. Beide kamen knapp an die Vierminutenmarke heran, wobei Lovren länger durchhielt als Salah. Die Session löste bei den Anwesenden viel aus. Verteidiger Virgil van Dijk konnte vor allem Steudtners Ausführungen zum Umgang mit Drucksituationen viel abgewinnen. Der Niederländer räumte ein, dass der Druck, mit dem er in einem Spitzenspiel zurechtkommen muss, im Vergleich zu Steudtners Erfahrungen beim Big-Wave-Surfen vergleichsweise trivial sei: „Bei Steudtner heißt es: Ein kleiner Fehler, und das Leben ist vielleicht vorbei."

Ähnlich wie Klopp und der FC Liverpool ist auch Steudtner stets um Selbstoptimierung bemüht und ständig auf der Suche nach Erfolgsrezepten in Bereichen, die nichts mit dem Surfsport zu tun haben. Er ist neugierig auf Methoden aus anderen Sportarten und von anderen Athleten und bestrebt, selbst das kleinste Verbesserungspotenzial auszuschöpfen. Jetzt, wo er nicht aufs Wasser kann, hat er dafür umso mehr Zeit. Die meisten Anregungen bezieht er vermutlich aus dem Boxsport, denn zwischen Boxen und Surfen sieht er deutliche Parallelen – und die beschränken sich nicht nur darauf, dass man in beiden Disziplinen Nehmerqualitäten braucht. „Beide Sportarten verlangen das Gleiche: die Bereitschaft zu sterben. Das ist in gewisser Weise der Ausgangspunkt. Es bedeutet nicht, dass Boxer oder Surfer reihenweise tot umfallen, sondern es geht um die Einstellung, die du mitbringen musst. Und die lautet: Ich bring dich um, oder du bringst mich um. Punkt." Die Parallelen reichen weiter. „Boxen ist ein Tanz, es ist Strategie. Es ist der schönste Sport der Welt. Nirgendwo ist so viel Technik im Spiel wie beim Boxen. Ich liebe Boxen. Wäre ich nicht Surfer geworden, wäre ich mit Sicherheit Boxer geworden." Mit seiner Körpergröße und seinem Gewicht würde er wahrscheinlich im Leichtgewicht antreten. Wenn man sich seinen muskulösen Körper im Ring vorstellt, traut man ihm ohne Weiteres zu, sich gegen jeden Gegner zu behaupten. Seine Bewunderung gilt vor allem russischen und mexikanischen Boxern, die ihr Leben außerhalb des Sports auf das Nötigste reduzieren und sich, wenn sie sich auf einen Kampf vorbereiten, tief in irgendwelche Wälder oder andere spartanische Lebenswelten zurückziehen, um dort zu trainieren. In seiner Eigenschaft als Geschäftsmann hat Steudtner auch durchaus Hochachtung vor dem britischen Boxer Anthony Joshua. Mehr als das, was er im Ring zeigt, beeindruckt ihn dessen kommerzieller Spürsinn. (Joshua hat inzwischen ein Nettovermögen von rund 200 Millionen Pfund angehäuft; Tendenz steigend.)

Steudtners eigene Geschäftspartnerschaften sind teils finanziell motiviert, haben aber auch oft einen inhaltlichen Hintergrund und zielen darauf ab, die technische Seite seiner Surfkunst weiterzuentwickeln. Im Laufe einer Saison bleibt nichts unhinterfragt; alles ist darauf ausgerichtet, dass er sich weiter verbessert, auch wenn er, wie in dieser, nicht auf dem Wasser ist.

Im Entwicklungszentrum Weissach von Porsche vor den Toren Stuttgarts gibt er ein kurzes Gastspiel im Windkanal.

Wo normalerweise Sportwagen auf ihre Aerodynamik getestet werden, steht jetzt Steudtner auf seinem Surfbrett. Der deutsche Automobilhersteller stellt seine modernste, über Jahrzehnte weiterentwickelte Technik zur Verfügung, um an der Aerodynamik von Körperhaltung, Board und Neoprenanzug des Surfers zu feilen. Die gewonnenen Daten werden durch die hauseigenen Experten akribisch ausgewertet, denn schon durch kleinste Positionsveränderungen auf dem Board kann Steudtner die Aerodynamik deutlich verbessern. Kein anderer Surfer ist bei der sportlichen Selbstoptimierung bislang so innovative Wege gegangen wie Steudtner. „Das ist cool", kommentiert er die Tests. „Sie betrachten mich wie ein Auto. Es ist ein spannender Prozess, alles auszuprobieren und zu sehen, was möglich ist." Er ist ständig bestrebt, die Grenzen des Machbaren auszuloten, auch wenn, wie er zugibt, viele Tests und Tüfteleien am Ende zu nichts führen. „Es kann sein, dass achtzig oder sogar neunzig Prozent dessen, was man an Neuem probiert, nicht funktioniert – aber so ist das eben. Man muss es nur immer wieder versuchen. Beim Surfen ist es genauso: Die ganze Zeit probierst du und probierst – und meistens kommt nichts dabei heraus." Neben dem Ausflug in den Windkanal arbeitet Steudtner auch an einem Siemens-Forschungsprojekt mit, das die biomechanischen Aspekte des Big-Wave-Surfens unter die Lupe nimmt und voraussichtlich bis 2025 läuft.

Vielleicht hat Steudtners Drang, Grenzen zu sprengen, der bei ihm im Vergleich zu seinen Surferkollegen ungewöhnlich stark ausgeprägt ist, auch mit Erlebnissen in seiner frühen Kindheit zu tun. Als Kind war sein Lieblingsort der Bauernhof seiner Tante und seines Onkels. Er lächelt, wenn er sich daran erinnert. Er und seine Schwester angelten im Fluss und fingen die Fische mit Stöcken wie bei Tom Sawyer und Huckleberry Finn. Und sie schlachteten eigenhändig die hofeigenen Hühner für das Abendessen, indem sie ihnen den Kopf abhackten. Für den für starke Reize äußerst empfänglichen Jungen war es der ultimative Abenteuerspielplatz. Auch das Bauernehepaar, Onkel und Tante, hinterließ bei Steudtner starke Eindrücke, die bis heute nachwirken. Er erinnert sich, wie sein Onkel sich einmal so unglücklich am Arm verletzte, dass aus der klaffenden Wunde das Blut nur so herausschoss. Der Onkel setzte sich auf einen Stuhl und nähte die Wunde kurzerhand selbst. Auch das Motto des Onkels, „Wenn meine Stunde schlägt, dann ist das so“, passt perfekt auf den Neffen, sieht man sich dessen Berufswahl an. Für Steudtners Onkel schlug diese Stunde, als er im Alter von 64 Jahren unerwartet an einem Herzinfarkt starb. Bei seiner Tante wurde später, im Alter von siebzig Jahren, Krebs diagnostiziert. Zunächst ließ sie die verordnete Behandlung über sich ergehen, aber dann sagte sie sich, zum Teufel damit. Sie setzte sich über die Schulmedizin hinweg, nahm ihr Schicksal selbst in die Hand und lebt zur Verwunderung der Ärzte mittlerweile schon zehn Jahre länger als von ihnen prognostiziert.

Anfang des 20. Jahrhunderts war die Familie sehr wohlhabend und besaß einen großen, malerisch gelegenen Bauernhof mit Hunderten von Hektar Land ringsum. Sein Urgroßvater war Soldat im Ersten Weltkrieg, sein Großvater im Zweiten Weltkrieg. In einer Region in Italien bekam sein Bataillon den Befehl, alle Güter, die sie vorfanden, zu zerstören, damit sie nicht in die Hände des Feindes fielen. Sein Großvater musste dabei viele Tiere töten. Die quälende Erinnerung daran ließ ihn sein Leben lang nicht mehr los.

„Danach war er nie wieder der Alte", meint sein Enkel. Obendrein sprach sich rum, dass er von Hitler nicht viel hielt. Nachdem ihn jemand denunziert hatte, landete die Familie auf einer Deportationsliste. Sie entging ihrem Schicksal nur, weil kurz darauf der Krieg zu Ende ging. Später verzieh der Großvater dem Denunzianten.

Der Kontrast zwischen dem alten Familiengehöft und Steudtners Haus in Nazaré mit seiner eleganten Glasfront und dem Blick aufs Meer könnte kaum größer sein. Mittlerweile ist er hier in Portugal zu Hause – zumindest während eines Großteils der Saison. Die Zwangspause beschert ihm Zeit, sich über Vergangenheit und Zukunft Gedanken zu machen. Doch wann die Zeit hier in Portugal vorbei sein wird, wann die Anziehungskraft der Monsterwellen nachlassen wird – darauf hat Steudtner keine Antwort.

Auch wenn er den Tag kaum erwarten kann, an dem er sich wieder in die Brandung stürzen wird, scheint er aufzublühen, wann immer er Gegenwind spürt, wie jetzt mit seiner Verletzung, die sich wie ein Kaugummi in die Länge zieht. Irgendwie liegt ihm das sogar. Ständig obenauf und allzeit sorglos zu sein, würde nicht zu ihm passen, wie er nachdrücklich betont. Zur Veranschaulichung zieht er einen weiteren Vergleich zu einer anderen Sportart. „Es ist wie ein endloses Autorennen, bei dem es keine Unterbrechungen gibt. Irgendwann kannst du nicht mehr. Das ist normal und passiert jedem. Gewinnen, gewinnen, gewinnen. Oder: Leistung zeigen, Leistung zeigen, Leistung zeigen. Wenn du nicht die Besessenheit eines Lewis Hamilton hast, bis du irgendwann am Ende. Aber wenn ich Lewis Hamilton wäre, würde ich mich zu Tode langweilen. Immer nur gewinnen– langweiliger geht es nicht. Für mich sind die Dinge gerade wieder etwas interessanter geworden."

Trotzdem haben er und der siebenfache Formel-1-Weltmeister vieles gemeinsam. Ihr Altersunterschied beträgt nur ein Jahr. Beide widmen schon ihr ganzes Leben ihrer Extremsportart. Beide haben ihre Schwierigkeiten mit dem Sport, den sie ausüben: Hamilton vermisst in der Formel 1 und generell im Motorsport die Vielfalt, die Diversity; Steudtner kämpft unermüdlich für mehr Sicherheit. Und: Egal wie erfolgreich sie in ihren Disziplinen sind – es ist nie genug. Ein Gefühl der vollkommenen Zufriedenheit ist für Steudtner schwer zu erreichen. Ein vertrauter Satz von ihm lautet: „Ich bin nicht zufrieden" – und zwar nicht nur angesichts eines gebrochenen Fußes. Er denkt zurück an einen Tag in seiner zweiten Saison in Nazaré. Es war einer der großartigsten Tage, an die er sich überhaupt erinnern kann. Das Datum hat er nicht mehr im Kopf, geblieben ist nur die Erinnerung daran, dass er und Tom Butler damals eine der besten Wellen seines Lebens surften. Sein medizinischer Berater, der Arzt Axel Haber, war auch dabei. Als sie gegen Ende des Tages ihre Sachen einpackten, war Butler wie in Ekstase, und auch Haber freute sich für seine Freunde. Steudtners Gefühlslage war eine andere. Statt den Rausch zu feiern, den sie an diesem Tag auf dem Wasser erlebt hatten, analysierte er akribisch, was er hätte besser machen können, welche Linie er hätte wählen sollen, wie er diese Session noch besser hätte gestalten können, den Blick schon auf die nächste gerichtet. Solche Gedanken können ihn manchmal regelrecht auffressen, aber sie tragen dazu bei, dass er weiter an sich arbeitet. „Du hast dadurch weniger Spaß, aber es ist auch der Grund, warum ich immer besser geworden bin."

Butlers Weggang hinterließ eine große Lücke. Als Freund und langjährigen Surfpartner würde er ihn gerne wieder an seiner Seite haben. Es ist schwer, einen Surfpartner zu finden, bei dem auf magische Weise alles zusammenpasst, wie es bei ihnen vom ersten Moment an der Fall war. Aber mit einer Rückkehr des Manns aus Cornwall ist in absehbarer Zeit nicht zu rechnen. Obwohl sie so gegensätzlich sind – wie Feuer und Eis, sagt Steudtner – und sich manchmal heftig stritten, stimmte die Chemie. In Nazaré gibt es so manches Zweierteam, das der Theorie nach nicht funktionieren dürfte und trotzdem funktioniert. „Tom ist mein Bruder und wird es immer bleiben. Er ist authentisch, er ist ehrlich" – eine Eigenschaft, die Steudtner in Nazaré manchmal vermisst. Die Loyalität zwischen Butler und ihm war und ist unverbrüchlich, und gerade Loyalität wird in Nazaré nicht immer großgeschrieben. Steudtner sagt offen, dass manche einander ohne Zögern „ein Messer in den Rücken rammen würden", wenn es ihren Interessen diente, und muss lachen, weil es absurd klingt. Aber es gehört zur Realität des Sports und dem ewigen Drang, dem anderen um eine Nasenlänge voraus zu sein. „Hier geht es anders zu als auf dem Basketballfeld, wo jeder mal drankommt", gibt Steudtner zu bedenken. „Mehr Surfer bedeuten automatisch weniger Wellen – und Surfen ist ein Sport, bei dem Gier eine große Rolle spielt. Wenn ich einer Welle hinterherjage, interessiert mich der andere nicht, er ist mir nur im Weg. Man ist automatisch kompetitiv. Im Surfsport sind Revierkampfparolen wie ‚Ich war zuerst hier' durchaus verbreitet. Du brauchst einen natürlichen Jagd- und

Wettkampfinstinkt. Das Bild vom gechillten Surfer, der Gras raucht und seinem Kumpel auf die Welle hilft, ist ein Mythos. Wer die höchste Welle erwischt, wird schnell berühmt. Garrett, Maya und ich sind die besten Beispiele dafür. Wichtig ist, dass du das tust, was du tun musst, oder das, wovon du fühlst, dass du es tun musst."

BIG MOMMA

Sérgio Cosme

An einem eher harmlosen Surftag im Januar hängt die linke Schulter von Sérgio Cosme nur noch lose im Gelenk – ausgekugelt. Cosme ist damit der lebende Beweis für die Redensart „Aller [in diesem Fall schlechten] Dinge sind drei“: erst die ausgeschlagenen Zähne, dann der Kreuzbandriss, jetzt die Schulter. Er kann sein Pech kaum fassen, das das Resultat eines Sturzes auf einem seiner ohnehin selten gewordenen Ausritte auf dem Surfboard ist. Seine Kumpel hatten ihn ermuntert, es doch mal wieder zu versuchen, und sein Physiotherapeut hatte ihm versichert, dass sein repariertes Knie fit genug sei, um vom Jetskisattel aufs Surfbrett umzusteigen. Als er dann bei einem Wellenritt stürzt, hält zwar das Knie, aber das Schultergelenk springt aus der Pfanne. Den Grund dafür sieht Cosme weniger in dem Wipeout selbst als vielmehr in einem allgemeinen Verschleiß und in den Spätfolgen eines Jahre zurückliegenden Schlüsselbeinbruchs. Ein Surfkollege meint, das Ganze sei nicht der Rede wert, und kugelt die Schulter wieder ein. Cosme stürzt sich erneut in die Brandung. Der Schmerz hält sich in Grenzen. Was er noch nicht weiß: Es ist der Anfang vom Ende seiner Surfaktivitäten in dieser Saison.

Insgesamt wird er es bis zum Ende nur noch auf vier Expeditionen in größere Wellen bringen. Jedes Mal springt das Schultergelenk früher oder später wieder aus der Pfanne. Das noch größere Problem ist, dass es sich um den Arm handelt, den er vom Jetski aus gekenterten Surfern entgegenstreckt oder den er selbst aus dem Wasser streckt, wenn er gerettet werden muss. Sein portugiesischer Landsmann und Surfkollege João Macedo zeigt ihm eine einfache Methode, wie er das Gelenk ohne fremde Hilfe selbst wieder einrenken kann: Er muss die Arme langsam in einer Aufwärtsbewegung ausbreiten. Wenn er sie über dem Kopf zusammenführt, rastet die ausgerenkte Schulter mit einem Klick (und ohne allzu große Schmerzen) wieder ein. Ihm ist klar, dass das nur eine Notlösung ist, deshalb macht er einen Termin beim Arzt und lässt die Schulter untersuchen. Als Option steht eine weitere Operation im Raum, aber nachdem er wegen seiner anderen Verletzungen schon zu lange zum Zuschauen verdammt war, hat er wenig Lust, sich schon wieder unters Messer zu legen.

Um seine missliche Lage zu erläutern, zieht er einen verblüffenden Vergleich mit einem Flugzeugabsturz: „Wenn ein Flugzeug abstürzt, ist die Ursache oft nicht ein einzelnes Problem, sondern ein Zusammenspiel vieler kleiner Probleme. Bei mir und meinem Körper ist es mehr oder weniger genauso.“ Unter anderem macht er auch die Corona-Lockdowns dafür verantwortlich. Er glaubt, dass sein Körper aufgrund der zahlreichen Lockdowns in den letzten achtzehn Monaten nicht ausreichend abgehärtet wurde, weil er nicht mit der rauen See in Berührung kam. Aber er gibt auch zu, dass die Verletzung für ihn ein Weckruf ist, es ruhiger angehen zu lassen. Schließlich wird er im September 43 Jahre alt.

Trotz anhaltender Schulterprobleme und der damit verbundenen Einschränkungen sind seine Fähigkeiten als Rescue-Pilot weiterhin gefragt. Sein Team, andere Nazaré-Stammgäste und einmalige Besucher engagieren ihn. Wenn er bei von Rupp im Team ist, wird er nicht direkt bezahlt. Stattdessen kommt das Geld aus Sponsorenverträgen – unter anderem mit dem Uhrenhersteller Tudor – oder bei bestimmten Wettkämpfen aus dem Preisgeld. Wobei Geld für ihn nie der Antrieb war: „Sollte jemand in meinen Armen sterben, dann will ich dafür nicht bezahlt werden", sagt er. „Manchmal ist es mir lieber, bei den Jobs im Sicherheitsbereich kein Geld zu verdienen. Ich muss mit dem Jetski Geld verdienen, aber an den Big Days mit meinem Partner denke ich nicht ans Geld."

Genau wie die Surfer, die er in die Gefahrenzone hineinzieht und wieder herausholt, ist auch er auf dem Surfbrett immer wieder mit dem Ozean aneinandergeraten und hat dabei mehr Schäden davongetragen als nur seine lädierte Schulter. Einmal, im Jahr 2017, sah es sogar schon nach dem Ende seiner Karriere auf den Monsterwellen aus – wenn nicht nach dem Ende seines Lebens. Von einer Welle umgerissen, wurde er von einem Brecher zum nächsten geschleudert, bis ihn die Wellen mehrere Hundert Meter entfernt von der Stelle, wo er sein Surfmanöver gestartet hatte, wieder ausspuckten. Er erinnert sich daran, dass er zwanzig Minuten oder länger – bei so schwerer See fühlt sich die Zeit oft länger an – vergeblich darauf hoffte, dass ihm jemand zu Hilfe käme. Wenn er an diese zwanzig Minuten zurückdenkt, kehren die Gedanken, die ihm damals durch den Kopf schossen, als seine Kräfte nachließen, lebhaft zurück: Erschöpft dachte er darüber nach, wie lange er schon im Wasser trieb, ohne von einem potenziellen Retter entdeckt worden zu sein, und wie lange das wohl noch so weitergehen würde. Eine Überlegung war auch, was als Nächstes kommen würde – und dieser Gedanke prägt bis heute seinen täglichen Umgang mit den Fluten von Nazaré.

> „Ich versuche, nie an den Tod zu denken. Wenn du denkst, dass du gleich stirbst, steigt die Wahrscheinlichkeit, dass du tatsächlich stirbst. Es ist besser, nicht an den Tod zu denken. Ich sage immer: In Nazaré – oder generell in diesem Sport – musst du auf Situationen vorbereitet sein, in denen du möglicherweise stirbst. Du solltest dann zumindest bereit sein zu sterben, damit du Ruhe bewahrst. Warum? Wenn du ruhig bleibst, kannst du dich besser darauf konzentrieren, was du tun musst, um nicht zu sterben. Ruhe bewahren erhöht deine Überlebenschancen. Es gibt keine Alternative – du musst es so machen. Deshalb versuche ich, wenn mir etwas zustößt, positiv zu bleiben. Ich versuche, mir einen Ausweg vorzustellen. Das lenkt dich ab. Du kannst dir sagen: Keine Bange! Das Leben war kurz, aber es war ein gutes Leben. Damals dachte ich das Gegenteil: Keine Ahnung, was jetzt passiert."

Schließlich schaffte er es aus eigener Kraft ans Ufer, robbte sich auf an den Strand, atemlos, vom Meer durchgeschüttelt, aber am Leben. Das war das Entscheidende.

Seine erste Surfsession in Nazaré bestritt er 2015 mit Rodrigo Koxa, der heute zwar nicht mehr sein Surfpartner ist, aber an jenem Tag zum Freund fürs Leben wurde, an dem Cosme ihn auf jene 24-Meter-Welle zog, mit der er Garrett McNamaras damaligen Weltrekord einstellte. Aus vielerlei Gründen wäre es dazu fast nicht gekommen. 2015 wurde Koxa nach einem üblen

Wipeout von den Wellen so heftig durch die Mangel gedreht, dass die kurzen Intervalle bis zum nächsten Brecher immer nur für einen halben Atemzug reichten. Der Brasilianer trug eine posttraumatische Belastungsstörung davon und hatte starke Zweifel, ob er in der Big-Wave-Community am richtigen Platz war.

Koxa trägt das Herz auf der Zunge, er ist offener als die meisten anderen Surfer in Nazaré und erzählt entsprechend emotional von diesem Erlebnis vor sieben Jahren. Wir sitzen in einer der Lagerhallen am Hafen. Koxa hat gerade den jüngsten Wipeout der laufenden Saison hinter sich, den er aber relativ glimpflich überstanden hat. Trotzdem stimmt auch dieses Missgeschick den bärtigen Sohn eines Psychotherapeuten nachdenklich und lenkt seinen Blick in die Vergangenheit. Den Unfall Ende 2015 und die Zeit danach bezeichnet er bis heute als „die schlimmste Zeit meines Lebens", da er damals nicht nur fast sein Leben, sondern tatsächlich seine Lebensgrundlage verlor. In den darauffolgenden Wochen und Monaten sprangen ihm sämtliche Sponsoren von der Fahne, und er stand aufgrund des psychischen Traumas vor einer langwierigen Rehabilitation. Die Brandung hatte ihn in die nächste Nähe der Felsen gespült, wo sein Team nicht zu ihm vordringen und ihn nicht bergen konnte.

Als er seinen Rehaplan erstellte, holte er sich Cosme als Partner und Trainer an seine Seite – den Mann, dem er nach eigener Aussage verdankt, dass er einen festen Platz in den Annalen von Nazaré hat. „Wir haben einen ausgezeichneten Draht zueinander", sagt Koxa. „Er ist ein großartiger Freund. Wir hatten Vertrauen zueinander und haben uns zusammengetan." Schritt für Schritt begleitete Cosme Koxa auf seinem

Weg zum Wiedereinstieg und war für ihn Vorbild, Psychologe, Vertrauter und Trainingspartner in einem. Cosme erinnert sich, wie nervös sein Freund war und dass er auf keinen Fall wieder aufs Meer hinauswollte. „Es war ein hartes Stück Arbeit für ihn, und ich habe ihm dabei geholfen. Er hatte beim Surfen fast sein Leben verloren, also sagte ich ihm, er müsse diese Erfahrung hinter sich lassen. Ich versuchte, ihm Hilfestellung zu geben, und sagte: ‚Komm, Koxa, wir fahren raus', und versicherte ihm: ‚Du brauchst keine Angst zu haben, ich garantiere dir, dass du sicher wieder zurückkommst', obwohl man das nie garantieren kann. Zuerst sagte er: ‚Du wirst nicht zur Stelle sein."' Doch jedes Mal, wenn Cosme ihn dann tatsächlich aufsammelte und auf den Rettungsschlitten zog, wuchs nicht nur das Vertrauen zu seinem Partner, sondern die eigene Sicherheit kehrte zurück. Da wusste Cosme: „Langsam kommt der alte Koxa zurück." Endgültig geglückt war das Comeback, als die alte Selbstverständlichkeit zurückkehrte und Koxa die Dämonen in seinem Kopf endgültig zum Schweigen brachte. Das war an jenem Tag im November 2017 der Fall, als er seinen Weltrekord aufstellte, der jetzt, Ende der Saison 2021/22 immer noch steht, aber vielleicht schon bald in den Rekordbüchern überschrieben wird, wenn nämlich Steudtner ein neuer Weltrekord zugesprochen wird.

Das neu gewonnene Vertrauen hält an. Wie zur Bestätigung erinnert Koxa an einen Wipeout Ende des letzten Big Swell in Nazaré, bei dem er bis auf den Meeresgrund gewirbelt wurde – was, wenn er sich recht erinnert, noch nie vorgekommen war – und mit der Gewalt der Wassermassen fertigwerden musste, die ihm beinahe den Neoprenanzug vom Leib gerissen hätten.

Als er irgendwann aus dem Wasser gefischt wurde, hatte er seine Surfschuhe verloren, sein Anzug war voller Sand, und sein Fuß hatte sich in der Leine des Surfboards verfangen. Sein Board wurde anderthalb Stunden später angeschwemmt, geborgen und zum Hafen gebracht. Aber nachdem er sich schon einmal vom Abgrund zurückgekämpft hat, kann den Brasilianer so leicht nichts mehr erschüttern.

Direkt vor dem Lagergebäude steht ein nagelneuer Mercedes, verziert mit dem Logo von Koxa Bomb! und der Silhouette des surfenden Koxa. Als ihn die Sponsoren damals reihenweise im Stich ließen, kreierte er mit Koxa Bomb! seine eigene Marke – selbst finanziert mit dem Geld, das er mit Jetski- und Surfunterricht verdiente. „Koxa Bomb!" ist für ihn eine Art Mantra. „Mein ganzes Leben lang habe ich für diesen Moment trainiert", sagt er mit Blick auf seinen 24-Meter-Rekord von 2017, „das hat meinem Leben einen Sinn gegeben. Ich surfe jeden Tag mit hoher Konzentration die Riesenwellen, und eines Tages erwische ich die eine – die Bombe. Ich bin immer auf der Suche nach den Bomben. Ich sage zu mir selbst: Ich bin die Bombe, die Koxa-Bombe! Mein Motto, meine Botschaft ist ‚Go bigger'. Jeder kann über sich hinauswachsen – egal auf welchem Gebiet. Du kannst immer noch mehr aus dir rausholen, als du es bis dahin getan hast. Das ist meine Philosophie, und für mich ist diese Philosophie aufgegangen. Mein Leben hat durch den Weltrekord einen Sinn bekommen." Obwohl er die höchste Welle aller Zeiten gesurft ist, hat er keine Reichtümer angehäuft. Nach seinem Tiefschlag war er so knapp bei Kasse, dass er es sich fast nicht leisten konnte, nach Nazaré zurückzukehren. Die Meldung ging sogar durch die sozialen Medien. Zu denen, die ihm aus der Patsche halfen, gehörten eine Reihe von Restaurants, die ihn abwechselnd mit Essen verpflegten. Reich werden nur die Allerwenigsten durch das Big-Wave-Surfen.

Sérgio Cosme hat dem Wellengeschehen vor Nazaré einen Namen gegeben: Big Momma. Der Ausdruck ist inzwischen fest etabliert. Nachdem es Koxa gelungen war, seine posttraumatische Belastungsstörung zu bekämpfen und sich das Vertrauen in den Ozean zurückzuerobern, erschien ihm die Bezeichnung so einleuchtend, dass er sie sofort übernahm. Als er sich bei jener denkwürdigen Surfsession das Schleppseil griff, fragte ihn Cosme, was er sich wünsche, und der Brasilianer antwortete, er wünsche sich the Big Momma. „Das ist eine mythische Welle", erklärt Cosme. „Als er zu mir sagte: ‚Ich will die Big Momma!', warnte ich ihn: ‚Auf die wirst du eine Weile warten müssen, das ist dir hoffentlich klar?' Und Koxa sagte: ‚Keine Sorge, ich kann warten.'"

Anderthalb Stunden lang kreuzt das Duo durch die Brandung und wartet auf den richtigen Swell, ohne eine einzige Welle zu surfen. Als Big Momma endlich anrollt, müssen sich die beiden verständigen, welche der drei infrage kommenden Wellen sie in Angriff nehmen wollen; dafür müssen sie sich die Seele aus dem Leib schreien, um die Brandung und den Jetskimotor zu übertönen. Sie entscheiden sich für die zweite Welle. Cosme zieht Koxa im perfekten Moment auf die Welle und schaut über seine Schulter nach hinten, als er mit dem Jetski über den Kamm auf die andere Seite der Monsterwelle fährt. Den Rest muss Koxa erledigen. Wenn man sich die Videobilder mehrmals hintereinander anschaut, wirken die Wellen jedes Mal höher. Koxa rast diagonal von oben nach unten die Wellenwand hinunter, sorgsam darauf bedacht, dass ihn die gigantischen Wassermassen nicht von hinten einholen und verschlucken. Der Grat zwischen Rekordwelle und Krankenhausaufenthalt ist schmal. Als Cosme anschließend auf ihn zusteuert, um ihn aus den Fluten zu ziehen, ist Koxa total aus dem Häuschen und ruft seinem Partner alles Mögliche über die Welle seines Lebens zu. Cosme brüllt mehrfach zurück „Rescue, rescue!", denn er weiß, welche Megawellen weiterhin auf sie zurollen. „Das war der denkbar ungünstigste Ort, um in aller Ruhe die höchste Welle seines Lebens zu feiern", erzählt Cosme. „Ich dachte, der Jetski geht gleich unter und alles andere mit. Er war total high, und als er sich endlich hinten bei mir festhält, erzählt er schon wieder irgendetwas von der höchsten Welle seines Lebens, bis ich brülle: ‚Nicht jetzt, wir fahren erst mal auf die andere Seite.' Ich war ernsthaft um unsere Sicherheit besorgt. Einen so gigantischen Brecher hatte ich noch nie gesehen und auch nicht erwartet."

Mit jeder Monsterwelle und jedem Rekord wächst Nazarés Renommee in der Welt des Surfsports. Der neue Rekord bescherte dem Duo Koxa/Cosme sogar eine Reise nach New York, bei der auch McNamara und der Bürgermeister von Nazaré, Walter Chicharro, dabei waren. Ihr Meisterstück wurde auf den elektronischen Großbildschirmen am New Yorker Times Square gezeigt. Cosmes Beteiligung ist in den Rekordbüchern nicht verzeichnet. Als Rekordhalter gilt nur Koxa, der ehrenwerterweise sagt: „Der Rekord gehört uns beiden. Ohne Sérgio wäre ich nicht auf die Welle gekommen." Die anderen Surfer wissen natürlich, was für eine unverzichtbare Rolle der Jetskipilot gespielt hat, doch die Anerkennung der breiten Öffentlichkeit bleibt ihm versagt. In den vielen Clips von der halsbrecherischen Aktion, die im Internet unterwegs sind, wird nur Koxas Name genannt. Aber wie bei den unzähligen Bergungsmanövern, die Cosme schon gemeistert hat, geht es auch hier nicht unbedingt um Anerkennung – und er selbst weiß ganz genau, wie wichtig die Aufgabe ist, die er erfüllt.

NAZARÉS AUFSTIEG ZUM BIG-WAVE-MEKKA

Der Bürgermeister

Nicht jeder Surfspot hat durchgehend Hochkonjunktur, die Moden wechseln. Manche halten sich konstant – wie zum Beispiel Mavericks in Nordkalifornien oder Bells Beach im australischen Bundesstaat Victoria. Nazaré ist eher ein Newcomer in der Riege der Top-Locations, aber mittlerweile *die* Destination für Big-Wave-Surfer in Europa und – so heißt es zumindest in Nazaré – in der ganzen Welt. Dafür spricht die große Zahl an Menschen, die von überall hierher pilgern, aus der englischen Provinz ebenso wie aus Brasilien. Entscheidend für das Marketing sind jedoch die Megawellen. Bisher wurde nirgendwo sonst eine so kontinuierlich hohe Brandung entdeckt.

Für Walter Chicharro geht es in diesen Wochen, in denen die Saison sich langsam dem Ende zuneigt und der Blick sich bereits auf die nächste richtet, vor allem darum, die Zukunft von Nazaré als Surfspot zu sichern. Als Bürgermeister ist er derjenige, der die richtunggebenden Entscheidungen trifft. Im Augenblick sitzt er an seinem Schreibtisch im Rathaus. An der Wand gegenüber hängt ein großformatiges Foto von Nuno „Stru" Figueiredo, wie er 2017 den Weltrekord im Kitesurfen bricht, mit dem bekannten Leuchtturm im Vordergrund. Auch die andere Wand ist mit Fotos bestückt: Der Bürgermeister mit

Andrew Cotton bei den Big Wave Surf Awards, ein Schnappschuss vom Times Square während des New-York-Besuchs anlässlich von Koxas Big-Wave-Weltrekord und ein Foto mit Papst Franziskus in Rom, aufgenommen nur zwei Tage vor der Tow Surfing Challenge 2018 in Nazaré. Das Bild zeigt den Papst, der eine kleinen Statue segnet, die für die Gemeinschaft der Gläubigen von Nazaré eine ganz besondere Bedeutung hat. Es ist eine von drei Nachbildungen der Nossa Senhora da Nazaré. Eine wurde damals anlässlich der Segnung dem Papst übergeben, eine befindet sich im Besitz eines einheimischen Priesters und die dritte steht in den Räumen des Bürgermeisteramtes.

Der christliche Glaube ist in Nazaré fest verankert, das belegen nicht nur die über das Stadtgebiet verteilten kleinen Kirchen, sondern auch die Straßennamen und auch die Namen der Fischerboote. Der Legende nach stammt der Name Nazaré von eben jener Marienstatue, die ein griechischer Mönch im 4. Jahrhundert aus Nazaret nach Merida in Spanien gebracht haben soll. Vier Jahrhunderte später soll sie der Westgotenkönig Roderich zusammen mit einem Mönch namens Romano auf der Flucht vor den Mauren von dort mitgenommen und in einer Grotte am Felsplateau von Sítio versteckt haben, wo sie in Vergessenheit geriet, bis sie im 12. Jahrhundert von Schafhirten entdeckt wurde. Damit ist die Geschichte allerdings noch nicht zu Ende: Im Jahre 1182 tritt Dom Fuas Roupinho auf den Plan, Burgherr des etwa dreißig Kilometer von Nazaré entfernten Castelo de Porto de Mós. Als dieser auf der Jagd einem Hirsch nachsetzt, stürzt das Tier über die Klippen in die Tiefe, und um ein Haar wäre der jagende Edelmann samt Pferd hinterhergestürzt, hätte nicht die Gottesmutter von

Nazaré sein Stoßgebet erhört und das Pferd kurz vor dem Abgrund zum Anhalten gebracht. Als Dank für seine Errettung ließ Dom Fuas Roupinho an der Stelle eine Kapelle errichten, die Ermida da Memória, die noch heute an der Steilküste von Sítio mit Blick auf den daruntergelegenen Hauptstrand von Nazaré steht. Ganz in der Nähe befindet sich die Wallfahrtskirche Santuario de Nossa Senhora da Nazaré, die ab 1377 auf Anordnung Ferdinands I. für die immer zahlreicher herbeiströmenden Pilger erbaut wurde und in der die Marienstatue heute aufbewahrt wird.

Chicharro entschuldigt sich für seine Verspätung – eine Sitzung zur Haushaltsplanung für das kommende Jahr hat länger gedauert als erwartet. Wie immer spielte dabei das Thema Surfen eine zentrale Rolle, denn es ist ein Alleinstellungsmerkmal von Nazaré und stellt alles andere, was Menschen in die Region locken könnte, in den Schatten. Dass der Bürgermeister die Stadt und ihre Wellen in den höchsten Tönen lobt und zur größten Attraktion Portugals erklärt, vergleichbar nur mit Cristiano Ronaldo und sogar dem Portwein überlegen, ist nachvollziehbar. Stolz erwähnt er, dass Facebook-Chef Mark Zuckerberg für die Augmented-Reality-Brillen, die er demnächst auf den Markt bringen will, den Codenamen „Project Nazaré“ gewählt habe. Er habe ihm daraufhin eine Kontaktanfrage auf Facebook geschickt, die Zuckerberg jedoch noch nicht beantwortet hat.

Gerade erst hat eine weitere vierjährige Amtszeit von Walter Chicharro als Bürgermeister begonnen. Die Arbeit konnte er erst kurz vor Saisonstart wieder aufnehmen, nachdem er mit einer Lungenentzündung im Krankenhaus gewesen war. Er glaubt nicht, dass die Erkrankung lebensbedrohlich war, aber als er kaum noch Luft kriegte, bekam er es doch mit der Angst zu tun. Als die Wahlen stattfanden, lag er noch im Klinikbett. Und obwohl er zum Endspurt des Wahlkampfs nichts beitragen konnte, wurde er wiedergewählt. Er sagt, es sei das letzte Mal gewesen, dass er sich zur Wahl gestellt habe.

Walter Chicharro steht quasi für Nazaré. Er ist hier geboren und aufgewachsen. Als Garrett McNamara zum ersten Mal auftauchte, war noch sein Vorgänger im Amt. Trotzdem hat Chicharro entscheidenden Anteil daran, dass seine Stadt ins Rampenlicht rückte und das Big-Wave-Surfen nach Kräften gefördert wurde. Eines gilt für alle Einwohner von Nazaré und damit auch für ihn: Sein Leben ist untrennbar mit dem Meer verbunden. Sein Familienname ist auch der Name eines Fisches, einer Pferdemakrele, das ist eine beliebte Delikatesse in Nazaré. Auch wenn er selbst beruflich im Vertrieb von Krankenhausbedarf tätig war, waren seine Vorfahren über viele Generationen Fischer. Seinen Großvater lernte er nie kennen. Der verunglückte beim Kabeljaufischen vor Kanada, nachdem er den Zweiten Weltkrieg nur knapp überlebt hatte. Er befand sich an Bord der Terranova, die von deutschen Jagdflugzeugen bombardiert wurde. Nach dem Angriff teilte man seiner Frau per Telegramm mit, er sei verschollen. Sie ging davon aus, dass ihr Mann tot war, und legte die in Nazaré übliche, vom Kopf bis zu den Füßen reichende traditionelle schwarze Trauerkleidung an. Über Wochen und Monate erhielt sie keine weiteren Nachrichten. Acht Monate später erblickte sie eines sonnigen Morgens beim Wäscheaufhängen jemanden, der Ähnlichkeit mit ihrem Mann hatte und vor ihren Augen die Straße entlangspazierte. Sie dachte, sie sehe einen Geist, und fiel in

Ohnmacht. „Neun Monate später kam meine Mutter zur Welt", erzählt Chicharro und schmunzelt über die unerwartete Wendung in der Familiengeschichte, die er sicher schon oft zum Besten gegeben hat. „Ich verdanke meine Existenz also dem Umstand, dass die Deutschen ein portugiesisches Schiff mit meinem Großvater an Bord bombardiert haben." Die Art, wie sein Großvater dann tatsächlich sein Leben verlor, ist in Nazaré leider nichts Ungewöhnliches. „Jeder, der aus Nazaré stammt, hat in seiner Familiengeschichte irgendwelche tragischen Unglücke zu verzeichnen, die mit dem Meer zusammenhängen", sagt der Bürgermeister.

In seiner Kindheit und Jugend betrieb Chicharros Mutter eine Pension für Sommerurlauber, daher spricht er recht gut Englisch, mit portugiesischem Akzent. Er erinnert sich gut an die Zeit, in der sich die Stadt in den Sommermonaten füllte, während kein Fremder mehr im Ort zu sehen war, sobald die kälteren und dunklen Herbsttage kamen. Die einzigen Ausnahmen seien Ostern und Silvester gewesen, die im Jahreskalender von Nazaré von jeher besondere Bedeutung haben. Heute kommen, so Chicharro stolz, die Touristen das ganze Jahr über. Der wirtschaftliche Boom ist überall in der Stadt sichtbar. Ständig eröffnen neue Restaurants, dem wachsenden Bedarf an neuen Straßen und Parkmöglichkeiten wird entsprochen, zuletzt wurde ein komplett neues Gewerbegebiet eröffnet, in dem sich eine wachsende Zahl an Großbetrieben niederlässt. Stolz verweist der Bürgermeister auch auf die Nutzerzahlen der Standseilbahn, die von der Stadt hoch nach Sítio führt und den Weg zum Aussichtspunkt verkürzt. Im Jahr 2013 kamen 600 000 Gäste – sechs Jahre später waren es doppelt so viele und laut Chicharro mehr als bei einer vergleichbaren Attraktion in der Hauptstadt Lissabon. Wie das Gästebuch am Leuchtturm zeigt, wächst auch die Zahl der Länder, aus denen die Besucher nach Nazaré kommen. Der Bürgermeister stellt fest: „Nazaré ist inzwischen eine Weltmarke."

Seine Aufgabe ist es, dafür zu sorgen, dass das so bleibt. Nazarés Aufwärtstrend zeigte sich bereits, bevor er im Oktober 2013 erstmals zum Bürgermeister gewählt wurde. Seither arbeitet er unermüdlich daran, die Reichweite im Marketing weiter zu vergrößern. Seine Philosophie ist einfach: „Wir müssen der Welt zeigen, dass wir eine starke Marke sind." Steigende Zahlen in vielen Segmenten lassen darauf schließen, dass die Rechnung aufgeht. Neben seinem unaufhörlichen Einsatz, die Botschaft von Nazaré zu verbreiten, ist es auch sein Verdienst, die World Challenge in die Stadt geholt zu haben. Der Countdown für die zweite Auflage des Wettbewerbs in der Saison 2021/22 läuft bereits. Das Event hat dazu beigetragen, dem Big-Wave-Surfing noch mehr Renommee und auch Glaubwürdigkeit zu verleihen, als es die Clips, die die Surfer von ihren todesmutigen Aktionen in ihren Social-Media-Feeds veröffentlichen, bereits tun. Es ist nicht zu leugnen, dass die „Entdeckung" der Wellen von Nazaré die Stadt und ihr Aussehen grundlegend verändert hat. „Die Struktur der lokalen Wirtschaft hat sich gewandelt", sagt der Bürgermeister.

> „Einige Unternehmen siedeln sich nur deswegen hier an, weil der Ort durch seine Wellen weltweit bekannt ist. Der wichtigste Wirtschaftszweig ist nach wie vor der Tourismus, aber wir mussten vom früheren

> Drei-Monats-Sommerbetrieb umstellen und die Kapazitäten so ausbauen, dass wir das ganze Jahr über Gäste unterbringen und unterhalten und der Welt zeigen können, was Nazaré zu bieten hat. Inzwischen sind wir von einer renommierten portugiesischen und europäischen Marke zu einer Weltmarke geworden."

Da stellt sich die Frage: Wo würde Nazaré heute stehen, wenn McNamara und das Team von der Stadtverwaltung den Schatz der Big Waves nicht gehoben hätten? Der wichtigste Kommunalpolitiker der Stadt ist überzeugt, dass Nazaré trotzdem ein tolles Reiseziel für den Sommerurlaub wäre, mit seiner facettenreichen Geschichte und der engen Beziehung zum Meer. Doch er muss zugeben, dass die Region nicht „die Anziehungskraft und den Erfolg" hätte, den ihr die Brandung beschert. Was sich zum Beispiel verändert habe, sei das Image, das Nazaré bei den großen Marken genieße. Anfangs war die Suche nach Sponsoren für die Veranstaltungen in Nazaré ein mühsames, wenn nicht gar erfolgloses Unterfangen. Heute hat der Bürgermeister den Eindruck, dass die großen Marken Schlange stehen. Im Hafen verfügt Mercedes über eine eigene Lounge, in der Kunden bewirtet werden und gelegentlich größere Veranstaltungen stattfinden. Auch Red Bull und Yuki Brand sind auf dem Hafengelände ansehnlich vertreten. An Wettkampftagen, die von der World Surf League organisiert werden, kommt noch eine ganze Reihe weiterer Sponsoren hinzu. Für Chicharro war der Besuch in New York 2018, bei dem Koxas Weltrekordwellenritt auf den Großbildschirmen am Times Square zu sehen war, der Durchbruch. Er nahm das Ereignis als ultimativen Beweis dafür, dass er mit seiner Strategie richtig liegt.

Während seiner Amtszeit wurde im Leuchtturm ein Museum eingerichtet. In einem Raum wird unter anderem erklärt, wie der Unterwassercanyon vor der Küste die Monsterwellen erzeugt. In zwei weiteren Räumen sind Surfbretter von Surfern aus Nazaré ausgestellt, zu denen die dazugehörige Geschichte erzählt wird. Im letzten Raum des Leuchtturms werden Videoaufnahmen von den Megawellen gezeigt. Von dort gelangen die Besucher über ein paar ausgetretene Treppenstufen – wen wunderts bei einem Bauwerk, dessen Geschichte bis ins Jahr 1577 zurückreicht? – auf das Dach des Leuchtturms und können von dort aus das Geschehen auf den Wellen beobachten. Der Eintritt kostet nur einen Euro. Als vor ungefähr zehn Jahren die ersten Big-Wave-Surfer-Teams einen Fuß in dieses Gebäude setzten, schlug ihnen abstoßender Modergeruch entgegen, überall lagen alte, ausgediente Fischernetze herum, die erst einmal entsorgt werden mussten, eine mühsame Arbeit.

Die einzige Sicherheitsbarriere auf dem Dachplateau ist ein ausgeblichener gelber Strich, versehen mit der Aufforderung, den Bereich jenseits der gelben Linie nicht zu betreten. Hinter einer bröckelnden dunklen Brüstung, die gerade einmal sechzig Zentimeter hoch ist, lauert der steile und gefährliche Abgrund. Es gibt hier allen Ernstes mehr Rauchverbotsschilder als Gefahrenhinweise, die vor einem möglichen Sturz in die Tiefe warnen. An den Big Days, wenn sich an der Küste die Menschenmassen drängen, wird das Dach allerdings für den Publikumsverkehr gesperrt und ist dann nur für

Spotter, Teams, Offizielle und Medienvertreter zugänglich. An solchen Tagen schaut auch Chicharro gelegentlich vorbei, wenn seine Amtspflichten es erlauben.

Der Leuchtturm und das gesamte Felsplateau sind dringend sanierungs- und modernisierungsbedürftig. In diesem Punkt ist Nazaré nicht ganz auf der Höhe der Zeit. Das liegt zum Teil an den strengen Auflagen der portugiesischen Umweltbehörde, die allen Plänen für eine moderne Aussichtsplattform einen Riegel vorgeschoben hat – zumindest vorläufig. Auch über eine Grundsanierung des Leuchtturms, an der früher oder später kein Weg vorbeiführt, gibt es endlose Diskussionen. Die Straße ist ebenfalls sanierungsbedürftig, wobei sich die portugiesische Regierung und die Gemeinde bereits auf eine Erneuerung der Fahrbahndecke geeinigt haben, deren Kosten sie sich teilen wollen. Doch in Nazaré, so der Bürgermeister, „mahlen die Mühlen langsam" – sehr zum Leidwesen der surfenden Wintergäste. Chicharro sagt, dass er trotzdem gute Beziehungen zu allen Surfern in der Stadt unterhält. Als jemand, der selbst nie gesurft hat, ist er – wie die meisten Einwohner – einerseits voller Bewunderung für das, was sie auf ihren Brettern veranstalten, andererseits auch immer ein wenig ratlos. „Für uns sind die Surfer Verrückte", sagt er.

> „Wir wissen, dass sie eine Schraube locker haben. Vor dem Bau des Hafens in den 1980er-Jahren starben hier viele Menschen auf See. Die Kombination von Fischern und Surfern dort ist interessant, weil letztlich beide mit den gleichen Gefahren und Problemen zu

kämpfen haben. Beide sind auf das Meer angewiesen: Die einen wollen die dicksten Fische fangen, die anderen die höchsten Wellen erwischen. Am Anfang haben sich viele verwundert gefragt: Was zur Hölle treiben diese Typen da eigentlich? Inzwischen wissen die Einheimischen, was die treiben. Die Surfer sind bei den Leuten beliebt und anerkannt, und für uns sind sie Teil unserer Gemeinschaft. Wir sehen sie als Brüder, als unsere Mitbürger, die als Fremde kamen und jetzt in unserer Mitte leben."

Neben seiner Aufgabe als PR-Manager von Nazaré ist das zweite wichtige Ziel des Bürgermeisters, für die Sicherheit der Surfer zu sorgen. Der Gedanke daran, dass die nächste Tragödie jederzeit passieren kann und der Weltmarke Nazaré mit Sicherheit schaden würde, treibt ihn ständig um. Er weist darauf hin, dass die Stadtverwaltung mittlerweile am Nordstrand Rettungsschwimmer einsetzt und Traktoren und andere Hilfsmittel aufbietet, um gekenterte Jetskis abzutransportieren. In Zusammenarbeit mit Feuerwehr, Polizei und Wasserwacht werden Vorkehrungen für den Ernstfall getroffen, soweit das überhaupt möglich ist. Zurzeit bemüht sich Walter Chicharro bei der portugiesischen Zentralregierung um Mittel für den Bau eines kleinen Klinikcontainers, in dem an den Big Days verletzte Surfer erstversorgt werden können. Darüber hinaus stehen den Surfern das Fitnessstudio im Leistungszentrum CAR Surf und auch das städtische Schwimmbad zur Verfügung, Tauchkurse inklusive. „Unser wichtigstes Anliegen ist, dass die Surfer sicher und wohlbehalten in den Hafen zurückkehren, wenn sie hier versuchen, die Welle ihres Lebens zu surfen." Und so ist es bislang auch immer gewesen – auch wenn einige nur knapp an der Katastrophe vorbeigeschrammt sind.

MISTER FIX-IT

Lino Bogalho

Wer in Nazaré ein kleineres oder größeres Problem hat und fragt, an wen er sich wenden kann, bekommt wahrscheinlich immer die gleiche Antwort: Lino Bogalho. Er ist der „Mister Fix-it" der Surfergemeinde und der ganzen Stadt. Die meisten Surfer nennen ihn „El Patron". Es scheint nichts zu geben, was er nicht verleiht oder vermietet; er treibt jede noch so kleine Schraube für eine Jetskireparatur auf und baut schlüsselfertige Lagerschuppen nach Kundenwunsch. Falls er doch einmal nicht weiterhelfen kann, kennt er jemanden, der es kann. Kein Anliegen ist ihm zu klein oder zu groß. Im Augenblick sitzt er an der Strandpromenade von Nazaré, nippt an einem kühlen Sagres-Bier und erzählt, dass er nicht selten um drei oder vier Uhr morgens von einem aufgeregten Surfer wachgeklingelt wird und es ihm manchmal so vorkommt, er hätte bei allem, was in den Fluten von Nazaré geschieht, seine Finger im Spiel.

Sein Hauptgeschäft trägt den Namen Nazaré Water Fun. Es besteht unter anderem aus einem Laden am Hauptstrand der Stadt, bietet aber auch Delfintouren an und vermietet Jetskis und Buggys für Landausflüge. Wer sich etwas länger in Nazaré aufhält, sieht ihn regelmäßig auf seinem Motorroller durch die Stadt flitzen. Hat er eben noch am Hafen mit ein paar Surfern geplaudert, hantiert er kurz darauf auf dem

Dachplateau am Fort mit fünf Funkgeräten. Er vermutet, dass wohl niemand häufiger oben am Leuchtturm hin und her spurtet als er, während unten das Spektakel im Gange ist. Der Australier Ross Clarke-Jones, auch ein Big-Wave-Surfer der ersten Stunde in Nazaré, pflegt zu sagen, in der Stadt gebe es viele „Ozeanlegenden", aber nur eine „Landlegende": Bogalho. An Nazaré Water Fun führt praktisch kein Weg vorbei.

Es ist nicht zu übersehen, dass das Geschäft boomt. Die Marke ist allgegenwärtig und macht mit Werbetafeln überall in der Stadt auf sich aufmerksam. Den stämmigen Bogalho mit seinem grau melierten Bart sieht man auch im tiefsten Winter selten in langen Hosen und oft von Kopf bis Fuß in Red-Bull-Rennsportklamotten, die auch zum Sortiment seines Ladens gehören. Eigentlich hatte er nie vor, sich mit den Wellen und der Brandung zu beschäftigen. Bis zum heutigen Tag hat er noch nie in seinem Leben auf einem Surfboard gestanden. Sein Freund Garrett McNamara versucht immer wieder, ihn dazu zu bewegen, und bekommt jedes Mal dieselbe Antwort: ein entschiedenes Nein. Aber er entwickelte von der ersten Stunde an eine große Leidenschaft für die Sache, auch wenn sich der Kontakt zu den Surfern eher zufällig ergab. Als McNamara und das Team von der Stadtverwaltung zum ersten Mal zusammenkamen, baten sie ihn, ihnen für eine Woche auszuhelfen. Seitdem sind mehr als zehn Jahre vergangen, und immer noch mischt er kräftig mit, ja sogar mehr denn je.

Alles fing mit einem Jetski an. Genauer gesagt: mit seinem 250-PS-starken Sea-Doo, damals eines der wenigen Wasserfahrzeuge in Nazaré, die mit den ganz hohen Wellen zurechtkamen. Er stellte das Gefährt der Stadtverwaltung zur Verfügung, um sie bei ihrer Mission zu unterstützen,

McNamara in die großen Wellen zu bringen und damit Nazaré berühmt zu machen. Der damalige Bürgermeister hatte zwar grünes Licht für das Big-Wave-Projekt gegeben, aber kein Geld für die Anschaffung eines Jetskis bereitgestellt. Das erste Wassergefährt, mit dem Cotton damals die Wellen befuhr, überschlug sich, verschwand im Weißwasser und war trotz intensiver Suche nicht mehr auffindbar. Erst am nächsten Morgen stieß die Polizei auf der anderen Seite des Leuchtturms auf das vollständig zertrümmerte Vehikel. Da sprang Bogalho mit seinem Sea-Doo in die Bresche. Wenig später wurde McNamara bei einem Wellenritt von einem Brecher so heftig vom Brett gerissen, dass weder die Spotter am Leuchtturm noch die Retter im Wasser ihn ausfindig machen konnten. Er wurde schließlich mehr als anderthalb Kilometer weiter nördlich am Praia do Norte angespült. Die Folge: Der Gestrandete musste einen langen und anstrengenden Fußmarsch zurücklegen. Bogalho brachte daraufhin einen seiner Buggys an den Strand, um in Zukunft bei Bedarf abgetriebene Surfer samt Board zurückzubefördern. Weder für seine Hilfe noch für sein Equipment bekam er Geld, weshalb McNamaras damalige Freundin und heutige Ehefrau Nicole ihn beiseitenahm und fragte, warum er das tue. Die Antwort war: Der Big-Wave-Bazillus hatte Bogalho bereits genau so fest im Griff wie die Surfer auf den Wellen. Er wusste, dass es riskant war, Zeit und Geld in dieses Vorhaben zu stecken, aber gleichzeitig war er von Anfang an überzeugt und mit großer Leidenschaft dabei.

Damals, 2010, war man noch unter sich. Ein familiärer Kreis, der dann Jahr für Jahr größer wurde. Bogalho stand jedes Jahr von Oktober bis Ende März im Dienst der kleinen Big-Wave-Community. Gegen Ende der dritten

Saison beschloss er, diesmal das Geschäft auf den Sommer auszudehnen. Seine erste Anschaffung war ein Festrumpfschlauchboot für Touristen, das er auf den Namen Guilhim taufte, nach dem großen Felsen unterhalb des Leuchtturms. Es folgten der Erwerb weiterer Jetskis und später der Bau von Lagerhallen für Mercedes, Red Bull und Co., die heute neben den Fischerbooten im Hafen stehen. Das Geschäft floriert dermaßen, dass er inzwischen ganzjährig sieben fest angestellte Mitarbeiter und im Sommer weitere 35 Saisonkräfte beschäftigt. Im Sommer bricht das Boot oft viermal am Tag zu einer Delfintour auf, jedes Mal bis auf den letzten Platz ausgebucht. Manchmal packt seine Tochter mit an, die ansonsten im britischen Portsmouth Meeresbiologie studiert. Manchmal ist so viel zu tun, dass es ihm fast zu viel wird, dann träumt er davon, seine Sachen zu packen und sich in Afrika zur Ruhe zu setzen. Doch Freunde und Familie glauben, dass ihm seine Rolle als Mister Fix-it und universeller Problemlöser so sehr ans Herz gewachsen ist, dass er sich nach zwei Wochen langweilen und zurückkommen würde, um sich gleich wieder in den Wahnsinn zu stürzen. Er räumt ein, dass sie wahrscheinlich recht haben.

In der aktuellen Saison, die zum Teil chaotische Züge trägt, sehnt er sich manchmal nach den alten Zeiten zurück, als sie hier noch eine kleine eingeschworene Gruppe waren. Für sein Geschäft sind die Touristen ein Segen, gleichzeitig führt der Boom zu mehr Spannungen unter den rivalisierenden Surfern. Er bedeutet auch, dass sich mehr Menschen im Wasser befinden, von denen viele nicht über die Erfahrung verfügen, um mit den großen Wellen zurechtzukommen. Wenn bei ihm jemand einen Jetski oder anderes Equipment für den Tag ausleihen will, den er für zu unerfahren hält, schickt er ihn kurzerhand wieder weg. Sicherheit steht für ihn an erster Stelle. „Ich habe immer gesagt: Eines Tages wird etwas Schlimmes passieren, und es wird Tote geben.“, mahnt er. „Wir müssen jederzeit auf alles vorbereitet sein und uns so aufstellen, dass das Risiko so gering wie möglich ist. Ich habe ständig die Sorge, dass jemand zu Tode kommt.“

Bogalho ist immer auf der Suche nach Verbesserungspotenzial. Das betrifft sowohl die Sicherheit als auch die Erlebnisqualität von Nazaré. Im Augenblick tüftelt er an einem Schutzhelm für Surfer mit integrierter Funkverbindung und hat sich dafür mit den Organisatoren des Volvo Ocean Race zusammengetan – einer Segelregatta, die einmal rund um die Welt führt und seit 1973 ausgetragen wird. Was das Entertainment angeht, will er das Big-Wave-Surfen fit machen für das 21. Jahrhundert und es – ähnlich wie den oft als „Formel 1 des Segelsports“ bezeichneten America's Cup – zu einer Show für ein immer größer werdendes Publikum ausbauen, zu einem multimedialen Erlebnis, das von beliebig vielen Kameras live und mit ansprechender Grafik frei Haus geliefert wird. Derzeit hat, wer nicht vor Ort von der Klippe aus zuschaut, nur eine einzige Möglichkeit, die Surfer von Nazaré live zu sehen: Auf der Webseite praiadonortenazare.pt/livecams kann man rund um die Uhr verfolgen, was drei fest installierte Kameras an der Festung aufzeichnen, wobei eine auf den Hauptstrand gerichtet ist, die beiden anderen auf den Praia do Norte. Oder man muss warten, bis die Surfer ihre eigenen Onlinevideos hochladen.

SICHERHEIT IST DAS A UND O

Sebastian Steudtner

Es ist wie eine Nazaré-Variante von *Und täglich grüßt das Murmeltier*: Gefangen in der Wiederkehr des Gleichen, hat Steudtner nur ein Ziel: Er will zurück aufs Meer. Dennoch wirkt er nicht wie im Hamsterrad, sondern kann den Herausforderungen der Rehabilitation auch etwas abgewinnen. Sein typischer Tagesablauf sieht so aus: Um sieben Uhr klingelt der Wecker, er trinkt warmes Zitronenwasser und nimmt etwas Carnitin zu sich, um seinen Stoffwechsel in Gang zu bringen. Um acht Uhr ist er im städtischen Schwimmbad, danach gibt es ein Frühstück mit Haferflocken, Mandelmilch, Banane, Chiasamen und zwei Löffeln Proteinpulver. Zwischen elf und vierzehn Uhr folgt eine Session im Fitnessstudio, das er sich um diese Zeit meistens mit den einheimischen Bodybuildern teilt, die ihn an Körpergröße um einiges überragen. Es folgen ein spätes Mittagessen, eine Ruhepause, ein paar geschäftliche Anrufe und E-Mails, später dann eine Kardiotrainingseinheit, meist auf einem Assault Bike oder einem Skitrainer, und abschließend ein frühes Abendessen.

Die Tagespläne für jede Woche stellt sein serbischer Trainer für ihn zusammen. Wenn darin viele Wiederholungen vorkommen, beschwert Steudtner sich nicht. Was ihn antreibt, ist ein Ziel, von dem er hofft, dass er es schneller erreicht, wenn er sich entsprechend ins Zeug legt: Sein ganzes Bestreben ist darauf ausgerichtet, seine Genesung so zu beschleunigen, dass er noch in dieser Saison wieder auf den großen Wellen surfen kann. Und wenn daraus nichts wird, besteht zumindest noch die Hoffnung, dass er seinen Namen in den Rekordbüchern verewigen kann, ohne auch nur ein Surfboard berührt zu haben. Die Spannung ist riesig und die Zuversicht groß, dass er mit der Monsterwelle, die er in der vorhergehenden Saison 2020/21 gesurft hat, Koxas 24,63-Meter-Weltrekord gebrochen hat.

Doch auch ohne den Rekord und ohne Präsenz auf dem Wasser ist sein Einfluss auf die Community jederzeit spürbar. Zu dieser Community gehören Leute, die Steudtner ihr Leben verdanken, auch wenn er grundsätzlich keine Namen nennt. Er verrät lediglich, dass der erste Mensch, den er in Nazaré vor dem Tod bewahrt hat, sich hinterher noch nicht einmal bedankt hat. Kaum jemand hat sich so sehr wie Steudtner dafür eingesetzt, die Sicherheit für sich und andere zu verbessern und die Gefährlichkeit dieser Expeditionen in den Ozean für alle zu verringern. Der Kampf ist zeitweise deprimierend, weil Veränderungen oft länger dauern, als es sein sollte und als Steudtner es sich wünscht.

„Wir können von Glück sagen, dass bisher noch niemand gestorben ist", meint er, und in seiner Stimme schwingt Verzweiflung mit. „Die Gespräche, die ich zu dem Thema führe, nehmen manchmal bizarre Züge an. Alle sind sich einig, dass irgendwann jemand es nicht überlebt und dass mehr für die Sicherheit getan werden muss. Doch sobald es darum geht, aktiv zu werden, sagen die Leute: ‚Dafür bin ich nicht zuständig.' Das ist frustrierend. Ich fühle mich hier verantwortlich. Ich kann nicht anders. Wenn so viele Jetskis auf dem

Wasser unterwegs sind, kann jederzeit ein tödlicher Unfall passieren. Wenn dich ein Jetski am Kopf erwischt, bist du erledigt." Beinahe-Katastrophen kann er reihenweise aufzählen. Besonders in Erinnerung geblieben ist ihm ein außer Kontrolle geratener Jetski, der mit voller Geschwindigkeit quer über das Wasser raste. Hätte er auch nur einen etwas anderen Weg eingeschlagen, hätte er einen im Wasser treibenden Surfer mit voller Wucht am Kopf getroffen. „Es war ein Wunder", so Steudtner, „dass dabei niemand zu Tode kam." Selbst an ruhigen Tagen ist der Tod als Möglichkeit immer präsent. In den frühen Jahren war die Angst eher vage, doch inzwischen haben die Gefahren zugenommen, weil die Zahl der Menschen im Wasser deutlich angestiegen ist. Zu der Fülle von Jetskis kommen viele surfende Gäste, die nicht die nötige Erfahrung mitbringen.

Als Steudtner zum ersten Mal hierherkam, war er ähnlich schlecht vorbereitet wie die meisten Neulinge in Nazaré, aber er entwickelte sich mit jeder Saison weiter und versuchte, die Sicherheitsvorkehrungen zu modernisieren. Eine Schlüsselrolle spielte dabei Nuno Oliveira, der – in Nazaré geboren und aufgewachsen – ausgebildeter Schiffskapitän ist und fünf Monate zur See fuhr, bis ihm klar wurde, dass das nicht der richtige Job für ihn war. Er sattelte um und arbeitete zehn Jahre lang als Rettungsschwimmer am Hauptstrand, wenn im Sommer die Urlauber in Scharen in die Stadt einfallen. Manche Menschen sind ein Leben lang Rettungsschwimmer und bleiben von tragischen und traumatischen Erlebnissen verschont. Nuno Oliveira dagegen gilt in den Kreisen der örtlichen Rettungsschwimmer als einer, der das Drama magisch anzuziehen scheint. Einige Erlebnisse haben sich tief in sein Gedächtnis eingebrannt – zum Beispiel sein verzweifelter Versuch, einen Mann vor den Augen seiner Familie wiederzubeleben. Die Reanimation blieb erfolglos. Die schlimmsten Notfälle, die er in seiner Zeit als Rettungsschwimmer erlebte, spielten sich nicht am Praia do Norte bei den Big-Wave-Surfern ab, sondern am Hauptstrand, und wirkten häufig zunächst harmlos. Aber er hat auch einige lebensbedrohliche Situationen bei den Surfern erlebt, die in einer Katastrophe hätten enden können – wie zum Beispiel die Wipeouts von Alex Botelho und Maya Gabeira. Noch heute schüttelt er ungläubig den Kopf darüber, dass Botelho überlebt hat, obwohl er fünf Minuten lang keine Luft bekam. „Die meisten Menschen wären schon dreimal tot gewesen. Unfassbar, dass dieser Kerl da lebend rausgekommen ist, denn alles deutete darauf hin, dass da oben" – Oliveira blickt in Richtung Himmel – „für ihn schon ein Zimmer hergerichtet war." Passenderweise sagt er das im Gespräch auf dem Platz vor der Kirche oben in Sítio, während gerade die Sonne untergeht. Oliveira ist zwar selbst nicht gläubig, aber er weiß, dass sowohl die Einheimischen als auch die Surfer immer wieder davon sprechen, dass ein himmlisches Wesen seine schützende Hand über sie hält.

> „Wir sagen immer, dass die Heilige Jungfrau von Nazaré erstaunliche Arbeit als Beschützerin leistet. Erinnere dich nur, wie Andrew Cotton neulich zwischen den Klippen umhertrieb und nicht von den Riesenbrechern zermalmt wurde. Als Schutzgöttin ist die Muttergottes eine Bank. Es kann so viel passieren: Du kannst von einem Board oder einem Jetski getroffen werden. Oder ein Brecher erwischt dich mit voller Wucht und macht

> Kleinholz aus dir. Zumindest bisher ist noch niemand gestorben, und ich hoffe, dass das noch lange so bleibt. Das Risiko ist enorm. Die meisten denken nicht über die Gefahren nach, weil sie Angst haben, dass es ihre Leistung beeinträchtigt. Um das zu tun, was sie tun, muss man ein bisschen verrückt sein."

Ähnlich wie Steudtner hat Oliveira viel dazu beigetragen, die Surfgemeinschaft vor so mancher Tragödie zu bewahren. Er war nicht nur maßgeblich an der Rettung von Botelho beteiligt, sondern hatte auch großen Anteil daran, dass Gabeira überlebte. Er erinnert sich, dass er mit ihrem Surf- und Jetskipartner Carlos Burle darüber stritt, ob neben der Herzdruckmassage, die er an ihr durchführte, noch eine Mund-zu-Mund-Beatmung notwendig war. Mit seiner Erfahrung als Rettungsschwimmer ließ sich Oliveira nicht davon abbringen. Er ignorierte alle Zweifler, die sein Vorgehen fragwürdig fanden, und fuhr fort. Einige Jahre später zieht er das Fazit: „Am Ende zählt nur eins: Sie lebt."

In die Welt des Big-Wave-Surfens wurde Oliveira durch Steudtner gelockt, als dieser mit seinem ursprünglichen Surfpartner Tom Butler seine Zelte in Nazaré aufschlug. Der Deutsche, der damals noch nicht über eine entsprechende Erfahrung verfügte, fragte ihn, was er in puncto Sicherheit empfehlen würde. Die beiden waren die Ersten, die den Rat befolgten, so etwas Einfaches wie eine Sauerstoffflasche am Strand griffbereit zu haben. Zwischen damals und heute besteht ein Unterschied wie zwischen Tag und Nacht. Heute stehen an den Big Days am Strand mehrere Rettungsschwimmer, eine Krankenschwester, ein Arzt und ein Krankenwagen bereit. Außerdem ein Traktor, um gekenterte Jetskis an Land zu ziehen. In der Saison 2020/21 konnte Steudtner sogar eine Zusammenarbeit mit der Stadtverwaltung auf die Beine stellen, die er weitgehend aus eigener Tasche finanzierte und für die er Oliveira und einen zweiten Rettungsschwimmer sogar fest anstellte. Zu Steudtners Enttäuschung wurde sie in der Folgesaison nicht fortgesetzt. Inzwischen hat Oliveira den Wellen den Rücken gekehrt, um sich ganz der Renovierung seines Hauses und der Erziehung seiner kleinen Tochter zu widmen. An den Big Days zieht es ihn jedoch noch immer an den Ort des Geschehens, und er vermisst den Adrenalinkick in seinem Leben. Es ist gut möglich, dass die Sehnsucht eines Tages wieder die Oberhand gewinnt und er zurückkommt.

Für Steudtner ist und bleibt das Thema Sicherheit zentral. „Sicherheit ist enorm wichtig. Wir betreiben hier einen Sport, der viel Aufmerksamkeit erfährt, dem aber trotzdem eine Art Fundament fehlt. Ich habe stets die Sicherheit im Auge, aber die ganze Bürokratie drum herum ist mir zuwider. Es fühlt sich an wie damals in der Schule." Bei der Wahl der Menschen, die ihm helfen können, besser gerüstet und sicherer unterwegs zu sein, geht Steudtner ähnlich unkonventionelle Wege wie bei seinem Umgang mit technologischen Neuerungen. Wohl niemand in Nazaré ist so sehr Vollblutsportler wie er, der unermüdlich an seiner physischen und mentalen Leistungsfähigkeit arbeitet. In jeder Situation sucht er nach Möglichkeiten, wie er sich verbessern kann. Einer, den er an den größten Big Days – an den „Biggest Days" – immer an seiner Seite hat, wenn er surft, ist der ehemalige Bundeswehrarzt Axel Haber.

Haber ist HNO-Facharzt in Deutschland und hat früher Kitesurfen betrieben. Dabei lernte er Steudtner kennen. Die beiden kamen ins Gespräch, und Steudtner lud ihn nach Portugal ein, wo sein Landsmann bei einem Aufenthalt im Oktober 2013 auf seiner Gästecouch übernachtete. Haber, der nebenbei auch ein leidenschaftlicher Surfer ist (am Praia do Norte aber nur an Tagen mit deutlich niedrigerem Wellengang surft), interessierte sich aufgrund seines medizinischen Hintergrunds für die Sicherheitsprotokolle in Nazaré. „Welchen Plan habt ihr für den Fall, dass etwas schiefgeht?“, war Habers entscheidende Frage. Die erste Antwort war ein Schulterzucken und ein verunsicherter Blick. Der Arzt empfahl, dass als absolutes Minimum am Strand zumindest eine Halsmanschette, ein Sauerstofftank und eine Ladung Infusionen zur Verfügung stehen sollten. Haber und Steudtner surften zusammen, sie verstanden sich gut und arbeiten seither zusammen – wobei Haber deutlich macht, dass er sich als Freund sieht, der über medizinische Kenntnisse verfügt und Steudtner beim Surfen zuschaut, nicht als Bereitschaftsarzt, der in Not geratene Surfer rettet.

Wie gesagt, die Mühlen mahlen langsam, trotzdem können in Sachen Sicherheit kontinuierlich Fortschritte verzeichnet werden. Steudtners Team war das erste, das einen Defibrillator mit an den Strand brachte. Auch die Stadtverwaltung arbeitet daran, die Situation zu verbessern. Trotzdem war Haber von Anfang an überzeugt, dass in den Fluten von Nazaré früher oder später jemand sein Leben lassen würde. „Dass es dazu bisher noch nicht gekommen ist, hat nur einen Grund: Hier wird erst seit wenigen Jahren gesurft. Die Frage ist nicht, ob es passiert, sondern wann.“ Haber erinnert sich an einen Kurs in Nasennebenhöhlenchirurgie, in dem der Dozent ein Bild von einem Wald an die Wand warf, vor dem ein Warnhinweis aufgestellt war, dass irgendwo zwischen den Bäumen ein Tiger lauere. „Der Dozent sagte: ‚Wenn du oft genug durch den Wald gehst, wirst du irgendwann auf den Tiger treffen.' Selbst wenn du es dreißig- bis vierzigmal sicher durch den Wald schaffst, heißt das nicht, dass der Tiger nicht da ist. Genau das Gleiche gilt für Nazaré."

Das A und O bei jedem größeren Surfevent ist, dass Verletzte so schnell wie möglich ins Krankenhaus kommen. Sein Vertrauen in die medizinische Versorgung in Portugal hält sich aufgrund eigener Erfahrungen in Grenzen. Einmal erlitt ein älterer Mann oben auf dem Felsplateau einen Herzinfarkt. Steudtner führte eine Herzdruckmassage durch, aber es war kein Defibrillator zur Hand. Als der Krankenwagen eintraf, war der Mann tot. So etwas kann auch beim Surfen passieren: „Stell dir vor, jemand ertrinkt beinahe. Rate mal, wie lang es dauert, bis der Krankenwagen kommt? Ich habe einmal auf der Autobahn versucht, jemandem zu helfen, der bei einer gewalttätigen Auseinandersetzung zwischen Autofahrern eine Stichverletzung abbekommen hatte. Der Sohn des Mannes versuchte, seinen Vater zu beruhigen, während ihm ein Messer im Herzen steckte. Gott sei Dank ging der Stich nicht durch, aber wir mussten den Mann vierzig Minuten lang versorgen, bis der Krankenwagen endlich kam." Während dieser vierzig Minuten stand Steudtner über sein Handy in Kontakt mit Haber, der ihm aus der Ferne Anweisungen gab. Steudtner schätzt, dass er mittlerweile fast einen sechsstelligen Betrag für mehr Sicherheit in Nazaré ausgegeben hat, ist darüber aber eher irritiert als verbittert.

Nach eigener Aussage gehört er zu den wenigen Big-Wave-Surfern, die das Glück haben, mit ihrem Sport gutes Geld zu verdienen, während andere jeden Euro umdrehen müssen. „Als ich anfing, Geld zu verdienen, begann ich darüber nachzudenken, was ich dazu beitragen könnte, unseren Sport besser zu machen. Mir wurde bald klar, dass wir zumindest dazu beitragen können, dass die Notfallversorgung besser funktioniert, falls etwas Lebensbedrohliches passiert.“

RISIKOFAKTOR MONSTERWELLE

Die meisten Big-Wave-Surfer blenden die Gefahren, denen sie sich aussetzen, die meiste Zeit aus. Das haben sie mit Formel-1-Rennfahrern, Kampfpiloten, Basejumpern oder anderen Extremsportlern gemeinsam. Dennoch gären unterschwellig die Erinnerungen an schreckliche Wipeouts und ihre katastrophalen Folgen in ihnen. Auch in dieser Saison wird die Liste der Krankenhauseinlieferungen und Knochenbrüche, der Verwundeten und Verletzten in Nazaré wieder länger werden. Körper und Kopf sind ständig starken Erschütterungen ausgesetzt, deren Langzeitfolgen in anderen Sportarten wie Fußball, Rugby und American Football in den vergangenen Jahren zunehmend diskutiert werden. Welche mittel- und langfristigen Folgen es hat, wenn ein Surfer immer wieder von einstürzenden Megawellen durchgeschüttelt wird, weiß bisher niemand so genau. Einige Surfer in Nazaré tragen Helme in der Hoffnung, die Gefahr durch einen zusätzlichen Schutz zu verringern. Gleichzeitig wird an Innovationen gearbeitet, um die Köpfe der Big-Wave-Surfer besser zu schützen. Steudtner gehört zu denen, die sich mit dem Tragen eines Kopfschutzes schwertun, weil sein Gleichgewichtsgefühl dadurch beeinträchtigt wird. Cotton trägt gelegentlich einen Helm und beschäftigt sich zunehmend mit den Nachwirkungen der immer wieder auf seinen Kopf eindreschenden Riesenbrecher. Er hat Derek Dunfees Autobiografie *Waking Up in the Sea* (2021) gelesen. Darin berichtet der amerikanische Big-Wave-Surfer von den psychischen und physischen Spuren, die der Sport bei ihm hinterlassen hat. Cotton empfiehlt Dunfees Buch wärmstens zur Lektüre.

Im Dezember 2012 erlebte Dunfee an der Cortes Bank im Nordpazifik einen besonders üblen Wipeout. Erst zehn Minuten später wurde er kaum bei Bewusstsein und meilenweit von der Küste entfernt gefunden. Irgendwie überlebte er. Es war eindeutig der dramatischste und traumatischste Vorfall in seiner Karriere, aber die ersten massiven Gehirnerschütterungen erlitt er bereits im Jahr davor. Sie führten dazu, dass er schon auf kleinste Stöße gegen den Kopf empfindlich reagierte. Er litt unter Schwindel, begleitet von einem nebulösen Unwohlsein, das über Wochen und manchmal Monate kam und ging. Auch noch nach Veröffentlichung seines Buches fällt es ihm schwer, darüber zu sprechen. Deshalb warten wir mit unserem Gespräch über seine Big-Wave-Erfahrungen, bis er einen guten Tag hat.

„Ich habe mein Leben dem Big-Wave-Surfen gewidmet und eine wunderbare Karriere hingelegt“, sagt er, um zuerst das Positive zu nennen. „Ich habe mehr erreicht, als ich mir je erträumt hätte, und zum Glück war ich so erfolgreich, dass es mir später leichter fiel, aufzuhören.“ Die wiederholten Kopfverletzungen haben jedoch dazu geführt, dass er heute im Alltag über die einfachsten Entscheidungen lange nachdenken muss. Auto fahren kann er nur, wenn er selbst am Steuer sitzt. Als Beifahrer kann ihm durch die Fahrbewegungen so übel werden, dass ihm stundenlang schlecht ist und sein Gleichgewichtssinn rebelliert. Sein rechtes Auge hat große Schwierigkeiten zu fokussieren und verfügt nur noch über dreißig Prozent seines ursprünglichen Sehvermögens. Um wieder besser sehen zu können, macht

Dunfee täglich Übungen, und er versucht, mit Behandlungen in einer Überdruckkammer die Hirnschäden einzudämmen. In dieser Kammer, die aussieht wie ein röhrenförmiger Tank, wird seinem Körper hundert Prozent reiner Sauerstoff zugeführt – mehr, als er über die normale Atmung aufnehmen könnte. Das hilft, Bakterien zu bekämpfen, Entzündungen zu reduzieren und die Blut-Hirn-Schranke zu stabilisieren.

Die dunklen Tage waren dunkel. Es gab Zeiten, in denen Dunfee so viel trank, dass es ihm egal war, ob er überlebte oder nicht, oder er sich völlig haltlos in große Wellen hineinbegab, weil er dachte, das sei der einfachste Weg, seinem Leben ein Ende zu setzen. Inzwischen geht es ihm besser, das Schreiben des Buches hat ihm geholfen, es hatte eine reinigende Wirkung. Mit der Veröffentlichung verbindet Dunfee auch die Hoffnung, dass es anderen helfen kann, die Ähnliches durchmachen und im Alltag mit ähnlichen Belastungen zu kämpfen haben. Immer mehr Surfkollegen, die er in seiner zwanzigjährigen Big-Wave-Karriere kennengelernt hat, haben sich bei ihm gemeldet und vergleichbare Geschichten erzählt. Dennoch herrscht in Surferkreisen nach wie vor eine Art „Omertà“ – ein Schweigegelübde (wie bei der Mafia) –, wenn es um die Langzeitfolgen von Gehirnerschütterungen geht. Sicherlich zurückzuführen auf den Tapferkeitskodex, der in dieser Sportart herrscht.

> „Dass viele Big-Wave-Surfer über dieses Thema nicht sprechen möchten, kann ich verstehen, denn es ist verdammt schwer, sein Ego zurückzunehmen. Ich habe viel darüber gelernt, was man in diesem Bereich noch als normal betrachten kann und ab wann es richtig schlimm wird. Und ich habe viel Scheiße erlebt. Es

> wird nicht viel über Sicherheitsprotokolle geredet oder darüber, wie lange es dauert, jemanden nach einem krassen Wipeout aus dem Wasser zu holen. Aber ich stelle mich auch nicht hin und sage den Leuten, was sie zu tun und zu lassen haben oder dass sie einen Helm tragen sollen. Ich erzähle ihnen höchstens, was mir zugestoßen ist und was ich unternommen habe, damit es mir wieder besser geht. Sich von einer schweren Gehirnerschütterung zu erholen, kann ein bis zwei Jahre dauern. Niemand sollte glauben, dass dafür ein oder zwei Monate ausreichen."

Dunfee ist klar, dass er nie wieder völlig beschwerdefrei sein wird; und er weiß nicht, welche gesundheitlichen Probleme in Zukunft noch auf ihn zukommen. Im Moment will er nur ein einigermaßen normales Leben führen.

Er ist nicht der einzige Big-Wave-Surfer, der mit Langzeitschäden zu kämpfen hat. Die Geschichte von Shawn Dollar ist ähnlich traumatisch und in ihren Auswirkungen nicht weniger verheerend. Auf dem Höhepunkt seiner Karriere paddelte er in einige der höchsten Wellen der Surfgeschichte. Seinen ersten Weltrekord stellte er 2010 in Mavericks auf einer über sechzehn Meter hohen Welle auf, den zweiten auf einem 18,5 Meter hohen Brecher an der Cortes Bank, wo Dunfee vor zehn Jahren seinen verhängnisvollen Wipeout erlebte. Als Dollar eines Tages im Jahr 2015 vor der kalifornischen Küste surfte, traf er eine Entscheidung, die ihn fast das Leben gekostet hätte: Er ging ganz allein aufs Meer hinaus. Er stürzte und schlug mit dem Kopf auf einen Felsblock von der Größe eines Autos. Beim Aufprall konnte er hören und spüren, wie mit einem Knacken sein Halswirbel brach. Anschließend bewegte er sich im Grenzbereich zwischen Bewusstlosigkeit und Wachheit. Benommen und orientierungslos war ihm dennoch klar, dass er unbedingt bei Bewusstsein bleiben musste, um auch nur den Hauch einer Überlebenschance zu haben. „Ich wusste: Wenn ich bewusstlos werde, ertrinke ich mit Sicherheit." Eine weitere lebensrettende Maßnahme bestand darin, dass er seinen Körper in eine Position brachte, in der seine Wirbelsäule und damit das Rückenmark vor weiteren Schlägen geschützt war. „Ich habe mir im Kampf gegen die Wucht der Brandung etliche andere Knochen gebrochen, aber die Wirbelsäule habe ich erfolgreich geschützt. In einer Situation, in der es um Leben und Tod geht, hast du die Wahl: Entweder du kämpfst, oder du gibst auf. Ich habe mir nicht erlaubt aufzugeben." Er hatte furchtbare Schmerzen und wurde noch mindestens ein Dutzend Mal vom Brett gerissen. Er musste zwischen Felsklippen hindurchpaddeln und am Strand über Klippen klettern, um dorthin zurückzukehren, wo er seine Sachen liegen hatte und vielleicht Hilfe holen konnte. Irgendwann konnte er sich zum Strand hochschleppen. Schließlich fand er einen Surfkollegen, der ihn in seinem Auto zum drei Stunden entfernten Krankenhaus brachte. Auf dem Weg dorthin rief Dollar selbst im Krankenhaus an, um das Personal vorzuwarnen, dass er demnächst mit einem gebrochenen Halswirbel eintreffen würde. Die Reaktion am anderen Ende der Leitung war eher unaufgeregt, da man ihm offensichtlich nicht glaubte. Das änderte sich erst, als die Ärzte das CT-Bild von seinem Hals sahen und feststellten, dass vier Halswirbel gebrochen waren. „Im Raum wurde es plötzlich totenstill, und keiner sagte mehr etwas zu mir. Ich glaube, die Chance, so etwas lebend zu überstehen, liegt bei einer Million zu eins."

Von seinen Verletzungen war die am Kopf vielleicht die folgenschwerste. Dollar ist sich bewusst, dass er möglicherweise an einer chronischen traumatischen Enzephalopathie – kurz CTE – leidet, einer Erkrankung, die durch wiederholte Schläge auf den Kopf verursacht wird und sich nur durch eine Autopsie sicher diagnostizieren lässt. „Im Augenblick habe ich das Gefühl, dass ich geheilt bin und ein langes und gesundes Leben vor mir habe, aber wissen kann ich es nicht. Ich nehme jeden Tag Medikamente ein und gehe verantwortungsvoll mit meinem Körper und meinem Gehirn um. Aber natürlich mache ich mir Sorgen wegen Alzheimer und Demenz, beides mögliche Folgen einer CTE. Ich muss einfach das Beste hoffen." Nach dem, was er durchgemacht hat, möchte er die Leute in Nazaré und an anderen Big-Wave-Spots aufrütteln und dafür sensibilisieren, wie gefährlich Gehirnerschütterungen sein können – und die riskiert man, wenn man auf Monsterbrechern surft. Er hat den Eindruck, dass das Bewusstsein für das Risiko langsam wächst, zum Beispiel wenn Betroffene nach einem Unfall Überdruckkammern zur Behandlung nutzen. Außerdem setzt er sich mit Nachdruck dafür ein, dass an den Big-Wave-Spots dieser Welt vermehrt Helme getragen werden. Er hat die aktuellen Modelle getestet, aber noch kein wirklich bequemes gefunden. So blickt er weiterhin mit Sorge in die Zukunft. „Viele werden sich des Problems erst bewusst, wenn sie die Symptome nicht mehr ignorieren können. Ich hoffe, dass niemand es so hart lernen muss wie ich. Wäre der Unfall zehn Jahre früher passiert, hätte ich wahrscheinlich alt ausgesehen. Heute bin ich hier – und mache mir Sorgen um alle Surfer, wenn ich sehe, wie gefährlich die großen Brecher sind und wie wenige von ihnen etwas über das Thema Gehirnerschütterung wissen. Niemand will davon etwas hören; ich hätte auch nichts davon hören wollen. Aber die wichtigste Botschaft ist: Es gibt Wege und Möglichkeiten, wieder gesund zu werden. Jeder sollte auf mehr Sicherheit achten und vorbeugen. Ich will niemanden aufhalten. Der Mensch hat schließlich das Recht, Risiken einzugehen."

Die Folgen sichtbarer Verletzungen wie von C. J. Macias' gebrochenem Arm oder Cottons Wirbelbruch sind leicht quantifizierbar. Verletzungen, die nicht sichtbar sind, die im Verborgenen bleiben, sind weniger quantifizierbar. Dunfee und Dollar können das aus eigener Erfahrung bestätigen.

AUF DAS SCHLIMMSTE VORBEREITET

Sérgio Cosme

Menschen wie Sérgio Cosme und Alemão de Maresias, die hier in Nazaré die Aufgabe haben, den Tod in Schach zu halten, tragen einen Gedanken ständig mit sich herum, auch wenn sie ihn nicht aussprechen: den Gedanken, dass die Tragödie jeden Moment eintreten kann.

Cosme gehört zu einer kleinen Gruppe von Leuten, die als Lebensretter gelten, Jetskipiloten, die für ihre Fahrkünste bekannter sind als für ihr Können auf dem Board. Ein weiterer, sehr fähiger Surfer, der trotzdem vor allem für seine waghalsigen Rettungsaktionen mit dem Jetski bekannt ist, ist de Maresias. Sein Name bedeutet wörtlich übersetzt „Mann des Meeres“. Er war in dieser Saison an der Rettung von C. J. Macias beteiligt. Der 52-Jährige, der sein ganzes Leben am und auf dem Meer verbracht hat, trägt meist ein warmherziges Lächeln auf seinem von Wind und Wetter gegerbten Gesicht. Er kommt gerade von einer vormittäglichen Surfsession mit seinem brasilianischen Landsmann und Skimboarder Lucas Fink zurück. Er hat sich seinen roten Neoprenanzug um den Hals gehängt, nippt an einer kleinen Flasche Sagres-Bier und isst ein Baguette mit Schinken und ein spanisches Omelett, die er sich auf die Schnelle beschafft hat, bevor er am Nachmittag wieder hinausfährt. Auf seinen linken Arm hat er die Namen seiner Kinder tätowieren lassen: Clara (18), seine Tochter aus erster Ehe, René (12) und Samuel (8). Zur Begrüßung macht er grundsätzlich den „shaka“, der bei den Surfern auf Hawaii Tradition ist. Dabei wird die geschlossene Faust mit abgespreiztem Daumen und kleinem Finger gehoben und hin- und hergedreht. Vor Saisonstart bekam er die Einladung, mit Maya Gabeira und dem damals noch nicht verletzten Sebastian Steudtner ein Team zu bilden. Doch er entschied sich gegen eine Saison in Nazaré. Dann meldete sich Garrett McNamara mit einer ähnlichen Anfrage, und ihm gelang es, mit Unterstützung von de Maresias' Frau Renata, ihn umzustimmen, sodass er sich auf den Weg nach Portugal machte.

Während der ganzen Saison fliegt er zwischen seiner brasilianischen Heimat und Nazaré hin und her. Er ist zufrieden damit, die Rolle des Sidekicks zu spielen.

> „Ich freue mich, Teil eines Teams zu sein und dazu beizutragen, dass das Team glücklich ist. Mein Motto ist: Wenn du glücklich bist, bin ich es auch. Ob du jemanden mit dem Schleppseil auf den Brecher ziehst oder ihn selbst surfst – das Gefühl ist das gleiche. Wenn du für deinen Partner eine gute Welle ausguckst, ist das nicht viel anders, als wenn du sie selbst surfst. Du suchst die richtige Welle aus, bringst deinen Partner in die richtige Position, damit er gut in die Barrels hinein- und wieder herauskommt, und sammelst ihn wieder ein. Es ist einfach großartig, wenn du siehst, dass dein Teamkollege auf der Welle reitet, sich auf sie einstellt und den Ritt perfekt zum Abschluss bringt. Er ist happy, und ich bin auch happy.“

Wie Cosme kennt auch er die Sorge, dass er einmal einen schwarzen Tag haben könnte; das merkt man seinem Gesicht ebenso an wie seinen Worten. Auch in der laufenden Saison gab es schon zu viele Beinahe-Katastrophen – von Cottys Tanz mit den Felsen bis zu Macias' fürchterlichem Wipeout. Für de Maresias war – vor dem tragischen Tod von Marcio Freire in der Saison 2022/23 – der Unfall von Alex Botelho im Jahr 2020 der schlimmste. Wenn de Maresias erzählt, was damals geschah, kommen ihm die Tränen. Die Erinnerung an seine verzweifelten Versuche, Botelho zu retten, erfüllt ihn noch immer mit Schrecken. Erst im vierten Anlauf gelang es ihm, den schlaffen Körper des Gekenterten an den Strand zu ziehen, wo er reanimiert werden musste. Zwei- oder dreimal hatte er versucht, ihn aus dem Wasser zu hieven, aber die Wildheit des Weißwassers ließ es nicht zu. Am Ende ließ er seinen Jetski fahren, sprang ins Wasser und versuchte, Botelhos Gesicht so über Wasser zu halten, dass er Luft holen konnte oder zumindest nicht noch mehr Wasser schluckte. „Ich bin Spezialist für Tow-in und Rescue, aber in diesem Moment war ich ein Surfer, der mit einem Freund ums Leben schwimmt. Das war einer der härtesten Momente in meinem Leben." Danach war er tagelang am Boden zerstört. Er erinnert sich an ein Gefühl tiefer Traurigkeit. Ihm wurde übel bei dem Gedanken, so etwas noch einmal zu erleben oder sich überhaupt noch einmal aufs Meer zu wagen. „Ich war emotional am Ende." Zwei Wochen nach dem Unfall – einen Tag bevor er zu seiner Familie nach Brasilien zurückflog – erreichte ihn eine Nachricht von Botelho. Ein guter Freund, der Botelho im Krankenhaus besuchte, schickte de Maresias eine

Videobotschaft, die der Surfer für ihn aufgenommen hatte und in der er ihm dankte. Botelho leidet bis heute an den Folgen des Unfalls – und auch diejenigen, die dabei waren. De Maresias kann inzwischen darüber sprechen, aber dass es ausgerechnet Botelho traf, den alle so sehr schätzen, ist für ihn noch immer ein großes Unglück. „Es sind so viele Arschlöcher auf den Wellen unterwegs, aber Alex ist so ein netter Kerl. Einfach ein Engel."

Viele, auch Sérgio Cosme, sind überzeugt, dass Botelhos Unfall hätte verhindert werden können. Noch am Abend vor dem Wettkampf hatte Cosme darauf gedrängt, einen Grabber, einen zweiten Rescuer, hinten auf dem Jetski mitzunehmen. Vergeblich. Sonst hätte Cosme Hilfe gehabt. Ganz erfolglos war sein Vorstoß aber doch nicht: In der laufenden Saison hatte er bei beiden Tow Surfing Challenges einen Grabber dabei. Cosme nimmt es mit den Sicherheitsvorkehrungen sehr genau, aber seiner Erfahrung nach tun das nicht alle. Mit wachsender Sorge beobachtet er, wie unvorbereitet viele aufs Wasser hinausfahren – egal ob an Paddle-Surf-Tagen oder an Tow-in-Tagen. „Manchen Leuten ist ihr Leben offenbar nichts wert", sagt Cosme. „Aber damit gefährden sie auch das Leben anderer. Manchmal tauchen hier aufgeblasene Typen auf, die nur hinausfahren wollen, um Likes oder Klicks auf Social Media zu kriegen. Viele Leute halten uns für verrückt, weil wir an den Big Days nach Nazaré kommen und hinausfahren. Vielleicht bin ich verrückt, aber ich trainiere und bringe jeden Tag die Hingabe und Konzentration auf, die nötig ist, um den Sport, den ich liebe, zu betreiben. Wir sind tatsächlich verrückt – aber auf eine gute Art." Die Leute, die ahnungslos und unbekümmert aufs Meer hinausfahren, nennt er „dumm-verrückt“. Und Cosme regt sich zunehmend darüber auf, weil diese Menschen mit ihrem Irrwitz nicht nur sich selbst, sondern auch die Menschen in ihrer Umgebung gefährden.

Das Phänomen nimmt zu. Oft nimmt Cosme es mit einem Achselzucken zur Kenntnis, aber manchmal sieht er sich gezwungen, zumindest ein paar höfliche Worte an die betreffenden Personen zu richten. Dann kann es vorkommen, dass er Surfer bei ihrer Rückkehr in den Hafen anspricht: „Jungs, ich mag eure Einstellung, hierherzukommen und eure Grenzen auszutesten, aber wo ist euer Safety-Team? Ohne Safety-Team kommt ihr bitte nicht hierher.“ Denn wenn Big-Wave-Surfer ohne eigenes Sicherheitsteam an den Start gehen, müssen Cosme und de Maresias im Notfall einspringen, was zu Lasten der Sicherheit ihres eigenen Teams geht und schlimmstenfalls dazu führt, dass das eigene Team die perfekte Welle verpasst. Unzählige Male hat Cosme sich selbst in Gefahr gebracht, um Menschen zu retten, die nicht zu seinem Team gehörten. Bei einer Rettungsaktion überschlug sich sein Jetski, die Reparatur kostete ihn 1500 Euro. Es gab auch schon Rettungsaktionen, ähnlich wie bei Steudtner, für die er nicht einmal ein Dankeschön gehört hat, weil der Betreffende offenbar davon ausging, es wäre Cosmes Aufgabe, Leute aus den Fluten zu fischen und in Sicherheit zu bringen. Auf die Frage, ob er in Nazaré schon Leben gerettet habe, antwortet er: „Ich glaube schon. Gott würde antworten: Ziemlich sicher. Ich mag einfach die Vorstellung, dass ich für viele Menschen da war, um sie dort rauszuholen. Aber ich bin ja nicht der Einzige. Die anderen Jetskipiloten machen genau das Gleiche wie ich.“

Bei seiner Ausbildung zum Rettungsschwimmer sagte ihm der Kursleiter, dass er sein ganzes Leben lang Rettungsschwimmer bleiben werde. Damals verstand Cosme nicht, was er damit meinte. Erst in diesem Winter fiel der Groschen, als er beobachtete, wie sich jemand gefährlich nah und mutterseelenallein an eine sogenannte Ripströmung – eine Rückströmung in der Brandungszone – heranwagte. Cosme beschloss, in der Nähe zu bleiben, bis er nach zwanzig Minuten sicher war, dass die Person das Wasser wieder verlassen hatte und in Sicherheit war. Da wurde ihm klar, was der Ausbilder gemeint hatte. Cosme formuliert es so: „Ich mache mir jede Sekunde, jede Stunde Sorgen um die Sicherheit.“ Diese Gedanken beginnen in dem Moment, in dem er auf der Seewetterkarte sieht, dass sich vor der Küste ein Big Swell zusammenbraut. Draußen auf dem Wasser hat sein Team für ihn oberste Priorität – aber niemals auf Kosten eines Menschenlebens. Im Gegenteil: Ständig lässt er den Blick über die Wellen schweifen, um zu prüfen, ob Surfer in Gefahr sind. Vor allem jene, die mit den Tücken von Nazaré wenig Erfahrung haben. Auf dem Jetski erfasst er alles um sich herum mit einem 360-Grad-Blick. Sobald ihm etwas merkwürdig vorkommt, wird er unruhig auf seinem Pilotensitz. „Wenn ich nicht das Gefühl habe, dass alle sicher unterwegs sind, bin ich alarmiert. Das steckt einfach in mir drin; wahrscheinlich werde ich deshalb ‚der Schutzengel‘ genannt. Du kannst einen Menschen ja nicht im Stich lassen, nur weil er nicht in deinem Team ist.“

Deshalb ist auch sein erstes Gefühl, wenn er abends in den Hafen zurückkehrt, nicht Euphorie über einen gelungenen Tag, sondern Erleichterung darüber, dass alle noch am Leben sind und – zumindest meistens – niemand ernsthaft verletzt wurde. „Selbst wenn sich jemand den Arm gebrochen hat, überwiegt die Erleichterung, dass wir alle es überlebt haben und wieder an Land sind. Dafür muss man am Ende des Tages einfach dankbar sein.“

DIE ZWEITE TOW SURFING CHALLENGE

Andrew Cotton

Nachdem er im Dezember 2021 kurz vor dem Start der Tow Surfing Challenge zwischen den Felsen gelandet war, verfolgen die unangenehmen Erinnerungen Andrew Cotton noch eine Zeit lang, zumindest im Hinterkopf. Seine Gedanken kreisen um die Frage, was er hätte anders machen können. In Nazaré muss man mit solchen Überlegungen schnell sein, weil sich ständig neue Chancen auftun, mit vielleicht noch höheren Wellen. In früheren Jahren hätte Cotton unter Umständen ein Jahr lang Zeit gehabt, in Ruhe darüber nachzudenken, was er richtig und was er falsch gemacht hat. Doch jetzt bekommt er mit der zusätzlich angesetzten zweiten Tow Surfing Challenge bereits Anfang Februar eine neue Gelegenheit.

Cosme ist als Rescue-Pilot dabei. Er nimmt einen Grabber mit, für den Fall, dass etwas Größeres schiefgeht, und er setzt darauf, dass seine Schulter mitspielt und nicht aus dem Gelenk springt. Steudtner wird auch dieses Mal in der Kommentatorenkabine sitzen und seine Sicht der Dinge beisteuern. Der Wettkampf kommt für ihn und seinen verletzten Fuß zu früh; das Risiko ist noch zu groß. Er ist fast wieder fit, aber noch nicht fit genug, um schon wieder an die Grenzen zu gehen oder darüber hinaus.

Für Cotton ist es auch die Chance zur Wiedergutmachung. Er ist immer noch über sein Missgeschick im Dezember verärgert und überlegt, wie er jetzt – zwei Monate später – ein Ausrufezeichen setzen kann. Als er am Morgen des Wettkampfs auf die Brandung schaut, kommt ihm die zündende Idee: Statt wie beim letzten Mal nach links zu surfen, wo man relativ sicher wieder aus der Welle herauskommt, wird er sich nach rechts orientieren, in Richtung Leuchtturm und Felsen, wo er noch vor wenigen Wochen dem Tod von der Schippe gesprungen ist. Das Risiko, das man dabei eingeht, wird von der Jury üblicherweise mit einer höheren Punktzahl belohnt. Außerdem ist die Gefahr nicht so groß, weil die Wellenverhältnisse einigermaßen überschaubar sind und für alle, die auf dem Wasser unterwegs sind, abgestimmte Rettungsstrukturen zur Verfügung stehen. Im Wissen, dass Cosme und sein Grabber dabei sind, beschließt Cotton, dass es sich lohnt, das Risiko einzugehen.

Andere basteln in den Tagen vor dem Wettkampf an ihren Surfboards, Jetskis und am Equipment herum. Das dient nicht nur der praktischen Vorbereitung, sondern auch dazu, Anspannung abzubauen. Cotton hingegen ist gerade erst von einem Surftrip nach Mullaghmore zurück. Er hat sich bewusst eine Auszeit genommen, um dem Hype zu entgehen, der sich vor jeder Tow Surfing Challenge aufbaut. Das hilft ihm, aus der Blase herauszukommen. In Irland gibt es keine „Ego-Surfer", die nach Ruhm und Ehre lechzen, sondern nur ihn und seinesgleichen im Ringen mit Mutter Natur. In Nazaré berauschen sich manche seiner Kollegen daran, von der Menge auf dem Felsen bejubelt zu werden. Es kommt vor, dass sie wie Berühmtheiten oder Superhelden gefeiert werden, weil sie sich Dinge trauen, die für Normalsterbliche unvorstellbar sind. „Ich fühle mich definitiv nicht wie ein Superheld", stellt Cotton klar. „Manche Surfer mögen es, Publikum zu haben, aber ich habe mein Ding schon gemacht, bevor irgendjemand zuschaute. An dem Tag, als Garrett seinen Weltrekord aufstellte, war kein Mensch hier." Durch seine späte Rückkehr aus Irland verpasst er das obligatorische Safety-Briefing mit Paulo „Pitbull" Salvador, das vor jedem Wettkampf stattfindet. Doch Cotton ist ein so alter Hase in Nazaré, dass er wohl besser als jeder andere weiß, was ihn am nächsten Vormittag erwartet.

Erst am Wettkampfmorgen um sieben Uhr stehen sich Cotton und Will Skudin wieder gegenüber. Skudin war schon bei der letzten Challenge sein Partner und ist extra für dieses Event aus den USA angereist. Doch das Duo wird an diesem Tag um ein Vielfaches besser harmonieren als beim letzten Mal. Während vor allem Cotton im Dezember große Mühe hatte, überhaupt einen Rhythmus zu finden, macht es diesmal sofort klick zwischen den beiden. Schon im ersten Heat klappt der Wechsel zwischen Hineinziehen und Surfen wie am Schnürchen.

Mit hoher Geschwindigkeit nach rechts in Richtung Felsen abzubiegen, erfordert immensen Mut. Und obwohl Cotton gleich im ersten Durchgang einen schweren Wipeout hat, sodass er eine kurze Pause einlegen muss, um wieder zu Atem zu kommen und sich zu sammeln, bleibt er Welle für Welle bei seinem höchst riskanten Plan.

> „Ein bisschen heikel ist das schon, denn du steuerst direkt auf die Klippen zu, und wenn du da vom Brett

fliegst, ist es schwierig, dich wieder herauszuholen. Es ist also schon ein gewisses Vabanquespiel, aber wenn man es überhaupt macht, dann am besten bei einem Wettkampf mit so umfassenden Sicherheitsvorkehrungen. Ich denke, die Frage ist, ob du es wirklich willst; es geht um innere Bereitschaft. Wenn du Zweifel hast oder Angst vor Verletzungen, dann wirst du dich auch verletzen oder jemanden oder dich selbst umbringen. Das muss ausgeblendet werden. “

Gefährliche Manöver sind in Nazaré an der Tagesordnung. Cotton zieht mit seinem Board zu den Wellen hinüber, die mit Wucht gegen die Klippen unterhalb des Leuchtturms klatschen, und muss dafür seinen natürlichen Überlebensinstinkt überwinden. Jedes Mal wenn er nach rechts lenkt, kalkuliert er, ob die Welle zu bewältigen ist, und fragt sich gleichzeitig: Was tue ich hier eigentlich? Es ist ein ständiger innerer Kampf. Sein Kopf sagt ihm, hör auf, aber irgendwie macht er weiter. Es gibt Tage, da geht diese Rechnung nicht auf. Heute ist das Gegenteil der Fall. Am Ende steht er als Dritter in der Einzelwertung auf dem Siegerpodest und muss sich nur Lucas „Chumbo“ Chianca und dem Australier Jamie Mitchell geschlagen geben, der aus Hawaii eingeflogen ist, wo er mit seiner Familie lebt. Auch wenn Cotton sich im Vorfeld vielleicht Chancen auf den Sieg ausgerechnet hat, ist er im Nachhinein sehr happy über den dritten Platz. Endlich ist die Enttäuschung nach der Challenge im Dezember vergessen. „Beim letzten Mal dachte ich, Scheiße, was für eine Blamage! Ich war wahnsinnig enttäuscht von mir und fühlte mich wie ein Betrüger oder Hochstapler. Umso schöner, dass mir das Meer heute die eine oder andere schöne Welle beschert hat. Natürlich willst du am liebsten gewinnen, und das ist ja auch möglich, weil in jedem Heat die Karten neu gemischt werden. Aber als Drittplatzierter hinter Chumbo und Jamie Mitchell zu landen, ist aller Ehren wert, denn Chumbo ist einfach ein Supertyp, und Jamie ist ein echter Big-Wave-Champion."

Während die anderen noch bis spät in die Nacht feiern und sich am Hochgefühl eines weiteren denkwürdigen Tages in Nazaré berauschen, packt Cotton schon wieder seine Sachen, um nach Devon zu fliegen. Es ist Mitte Februar und damit noch zu früh, um sich auf seinen Lorbeeren auszuruhen. Er weiß, dass er diese Saison noch nicht abhaken und mit der Vorbereitung fürs nächste Jahr beginnen kann. „Schon in wenigen Tagen könnte ein Mega-Swell reinkommen – die Arbeit ist also noch nicht erledigt. Ich werde in den nächsten Wochen noch ordentlich zu tun bekommen. In anderen Berufen oder Sportarten hat man Zeitpläne und kann mal auch sagen: An diesem oder jenem Tag kann ich nicht arbeiten. Aber zum Atlantik kann ich das wohl kaum sagen."

Er ist froh, diesmal nicht zu den Verletzten zu gehören, die in den etwa anderthalb Stunden von Nazaré entfernten Krankenhäusern von Lissabon behandelt werden. Für Justine Dupont ist die Saison nach der allerersten Welle der heutigen Challenge vorbei: Sie bricht sich das Fußgelenk. Als sie dem Kielwasser zweier Jetskis ausweichen will und ihre Fahrtrichtung ändert, kommt die Französin nicht mehr rechtzeitig aus der Welle heraus und wird vom Weißwasser eingeholt und verschluckt. Unter Wasser verheddert sich ihr Fuß in der Surfbrettleine. Sie spürt und hört ein Knacken im

Gelenk und weiß sofort: Das ist etwas Ernstes. Zurück im Hafen, sitzt sie auf dem Holzsteg und wird von ihrem Team getröstet. Sie ist ein Häufchen Elend – über das Ende der Saison mehr entsetzt als über die Verletzung selbst. Vor allem bedauert Dupont, dass sie nun nicht mehr mit ihrem neuen Partner Tony Laureano antreten kann, einem aufsteigenden Stern am Big-Wave-Himmel. Einer ihrer ersten Impulse ist, sich bei ihm zu entschuldigen, weil ihr Ausfall natürlich auch Konsequenzen für ihn hat.

Jamie Mitchell, der zu Beginn in Führung liegt und Chianca den Sieg streitig machen könnte, ereilt das Unglück in seinem zweiten Heat auf der allerletzten Welle. Er geht an seine Grenzen und darüber hinaus und riskiert alles, um den Sieg klarzumachen. Als er in die Welle fährt, kommt er ins Straucheln und wird mit voller Wucht vom Brett gefegt. Er hofft, dass ihm der Aufprall nur kurz die Luft genommen hat, aber als er bäuchlings auf einem Jetski zurück in den Hafen gebracht wird, liegt er fast regungslos da. Der portugiesische Surfer Antonio Silva erleidet eine schwere Gehirnerschütterung. Die MRT-Aufnahme zeigt, dass er sich eine Rückenmarkskompression zugezogen hat und dass sein dritter Lendenwirbel (L3) verletzt wurde, was Cotton an seinen Wirbelbruch erinnert.

Cotton, Mitchell und alle anderen, die an der Challenge teilgenommen haben, erhalten für ihre Teilnahme eine Tagespauschale von jeweils 3000 Dollar. Die Gewinner in der Teamwertung und der „most committed surfer“ bekommen 10 000 Dollar Preisgeld – gemessen am Einsatz nicht gerade eine üppige Entlohnung. Die Erstplatzierten in der Einzelwertung der Männer und der Frauen erhalten jeweils 9000 Dollar.

Wenn er bedenkt, dass Mitchell die nächsten Wochen kaum gehen können wird und zumindest vorübergehend in Nazaré festsitzt und nicht zu seiner Familie in die USA zurückreisen kann, fragt sich Cotton trotz seiner guten Performance, was das eigentlich alles soll. Die Freude über den persönlichen Erfolg wird getrübt von Gedanken an das Missverhältnis von Risiko und Belohnung. „Drei Surfer sind im Krankenhaus gelandet – das ist bei achtzehn Teilnehmern eine recht hohe Quote und beweist, wie gefährlich dieser Sport ist, was sich nicht in den Preisgeldern und auch nicht in dem allgemeinen Sponsoreninteresse widerspiegelt. Das ist schon ein ziemlicher Witz, wenn du Dritter wirst oder im Krankenhaus landest und dafür 3000 Dollar bekommst. Equipment und Benzin musst du selbst bezahlen. Neulich habe ich in einem Wettkampf meinen Jetski zu Schrott gefahren. Finanziell macht das alles keinen Sinn. Jamie hat alles auf eine Karte gesetzt und sich eine üble Rückenverletzung zugezogen. Das bedeutet ein Jahr Pause – ein absoluter Albtraum. Hätte er gewonnen, hätte er knapp 10 000 Dollar bekommen, aber ich weiß ja, dass das nicht seine Motivation ist. Du fragst dich unweigerlich: Ist es das wert?“ Diese Frage hat er sich schon unzählige Male gestellt – und doch ist die Antwort immer die gleiche: Ja, es ist alle Opfer wert. Irgendwann, so vermutet er, wird der Tag kommen, an dem die Antwort nicht mehr Ja lautet. Aber noch ist es nicht so weit. Diesmal zahlt er finanziell oder körperlich nicht drauf, andere schon.

RIVALINNEN DER BRANDUNG

Maya Gabeira

Gabeira war mit der Erwartung in die Saison gestartet, dass sie ihr Kontinuität bringen würde, aber sie erlebte genau das Gegenteil: Sie musste sich ständig neue Surfpartner suchen. Nach Sebastian Steudtners Ausfall gleich zu Saisonbeginn war die Allianz mit Eric Rebière nur von kurzer Dauer und endete in aller Freundschaft. Anfang des Jahres wurde dann Pierre Rollet mit dem Krankenwagen abtransportiert. Niemand könnte es ihr verübeln, wenn sie die Vermutung äußerte, über dieser Saison liege ein Fluch. Doch als unverbesserliche Optimistin glaubt sie, nun endlich eine Partnerschaft in Aussicht zu haben, die sie auf die Siegerstraße bringt. Ihr neuer Partner heißt Pierre Caley. Er ist Franzose und beschreibt sich selbst als „half lazy, half crazy", wobei Verrücktheit in Nazaré bekanntlich eine Grundvoraussetzung ist. Die Teilnahme an der zweiten Tow Surfing Challenge wird er später als den Höhepunkt seines gesamten Jahres bezeichnen. Es ist nicht das erste Mal, dass er mit Gabeira hinausfährt. An dem Tag, als Pierre Rollet schon am frühen Morgen stürzte und verletzt ausschied, war er als Teampartner eingesprungen.

Gabeiras Hauptkonkurrentin Justine Dupont scheidet bereits nach der ersten Welle mit gebrochenem Fuß aus. Bleibt noch die Frankobrasilianerin Michelle des Bouillons, gegen die Gabeira sich durchsetzen muss, wenn sie die Einzelwertung der Frauen gewinnen will. Gabeiras erster Heat verläuft alles andere als vielversprechend: Gleich zu Beginn wird ihr Jetski aus der Bahn geworfen, sie selbst vom Brett geschleudert und im Wellenwaschgang ordentlich durchgeschüttelt. Der Start hätte kaum schlechter laufen können und ruft bei ihr Erinnerungen an den bitteren Fehlstart wach, den sie und Rollet wenige Wochen zuvor erlebt haben. Noch bevor sie von einem Rescue-Piloten aus dem Wasser gezogen wird, kreisen ihre Gedanken nur um den verpatzten Wettkampf, und sie denkt: Ich habe es versaut. Aber ihr Körper ist unversehrt, sodass einem weiteren Anlauf nichts im Wege steht. Irgendwo hinter den Wellenkämmen, wo sie niemand sehen kann, verdrückt sie ein paar Tränen. Dann lässt sie die Luft aus ihrer Rettungsweste, die sich nach dem Sturz automatisch aufgeblasen hat, rappelt sich auf und macht sich bereit für den nächsten Versuch.

Noch vor Ende des ersten Durchgangs erwischt sie eine gute Welle und surft an die Spitze der Einzelwertung. Ihr erster Sieg bei einer Tow Surfing Challenge rückt in greifbare Nähe, zumal es bei ihrer Kontrahentin des Bouillons und deren Partner Ian Cosenza in beiden Heats nicht rundläuft. Doch als des Bouillons kurz vor Ende des zweiten alles auf eine Karte setzt und ihre beste Welle des Tages surft, wird es noch einmal spannend: Plötzlich liegt sie vor Gabeira. Das bedeutet: Die Brasilianerin muss in ihrem zweiten Durchgang noch einmal eine Topleistung abliefern. Der Druck und ihre eigenen Erwartungen machen ihr zu schaffen, trotz all ihrer Erfahrung und ihrem Status als Weltrekordhalterin. Die nervliche Anspannung wird in gewisser

Weise noch verstärkt, weil sie durch Duponts Ausscheiden in die Favoritenrolle gerückt ist.

Nach dem Wettkampf erzählt sie, dass sie diesen Druck auf den Tod nicht ausstehen kann, ihn aber auf eine verdrehte Weise auch liebt. Sie mag es nicht, sich gedrängt zu fühlen, weil dann gerade in Nazaré die Unfallgefahr rapide steigt. Aber diesmal hat sie keine Wahl und muss sofort reagieren, denn die Uhr tickt. Ihre Zeit ist fast abgelaufen, aber ihre aktuelle Punktzahl reicht nicht aus, um an des Bouillons vorbeizuziehen. Sie läuft Gefahr, den Titel ein weiteres Mal zu verpassen. „In solchen Momenten setzen die Versagensängste ein und kriechen dir ins Hirn. Im Kopf beginnt eine Endlosschleife", sagt sie im Rückblick.

Doch dann schickt der Ozean dem „Girl from Ipanema" genau in dem Moment, in dem es sie am dringendsten braucht, genau die richtige Welle. Kurz vor einem drohenden Tiefpunkt entfaltet der Zauber von Nazaré seine ganze Kraft: An des Bouillons vorbei wird sie an die Spitze der Rangliste katapultiert. Es ist ihr erster Titelgewinn in einem Wettbewerb dieser Größenordnung, und er bewirkt etwas, was man bei ihr ganz selten erlebt: Ihr fehlen die Worte.

Einen kleinen Schönheitsfehler hat der Sieg für sie: den Ausfall der zweifachen Siegerin Dupont. „Gegen sie wäre ich gern angetreten", sagt sie. Dieses Duell muss nun bis zur nächsten Saison warten. Doch das ist nur eine Randnotiz an diesem Tag, der zu den besten in Gabeiras Karriere zählt. „Das war mein erster Sieg bei einem Profiwettkampf der World Surf League. Ich weiß nicht, ob mir das noch einmal vergönnt sein wird." Und zum zweiten Mal an diesem Tag fließen Tränen. Das erste Mal weinte sie, als sie nach dem vermasselten Start auf dem Jetski hockte und dachte, es sei vorbei, jetzt weint sie pure Freudentränen. „Ich musste auch weinen, als ich die Punktzahl erfuhr. Diesen Moment werde ich nie vergessen. Ein unglaubliches Erlebnis, auch weil ich alle meine Emotionen mit Pierre teilen konnte." In der geschlechterübergreifenden Gesamtwertung belegt sie Platz zehn.

Irgendwann weichen das Feiern und die Euphorie der Erschöpfung, und die Anstrengungen des Tages fordern ihren Tribut. „Ich bin ganz schön alt für jemanden, der zum ersten Mal gewinnt", sagt sie. „Ich habe nicht damit gerechnet, dass ich gewinne. Ich dachte, das würde nie passieren – und es war ein langer Weg hierher." Ihr Sieg bringt ihr ein Preisgeld von 9000 Dollar ein. Die Trophäe bekommt bei ihr zu Hause einen Ehrenplatz, wo sie sie täglich an ihren Erfolg erinnert. Später wird sie sie an anderer Stelle aufstellen: im Büro ihrer neu gegründeten Firma Be Aya, die schon länger im Aufbau ist und in einem Lagergebäude am Hafen ihre Zelte aufschlägt. Die Firma bietet Interessierten die Möglichkeit, in der kommenden Saison 2022/23 Nazaré an der Seite von Gabeira und ihrem Team zu erleben. Be Aya ist neben der Sonnencremekollektion die neueste Erweiterung ihrer Geschäftsaktivitäten. Wird sie noch weiter expandieren? Sie lacht. Anerkennende Worte über ihren Geschäftssinn quittiert sie mit einem Achselzucken. Sie sieht sich in erster Linie als Surferin, und ihr Sieg bei der Tow Surfing Challenge bestärkt sie darin.

ERHITZTE GEMÜTER

Nic von Rupp

Revierdenken spielt bekanntermaßen eine Rolle im Surfsport, das ist am berühmten hawaiianischen Surfspot Jaws nicht anders als im kalifornischen Mavericks. Die Surfer, die an dem Ort beheimatet sind, beanspruchen Vorrang vor denen, die nur zu Besuch sind. Nazaré ist eine Ausnahme. Ein Grund dafür ist, dass der Erste, der hier die großen Brecher surfte – Garrett McNamara –, kein Einheimischer war. Ein weiterer, dass Nazaré erst seit knapp zehn Jahren eine Rolle im Big-Wave-Surfen spielt. Nicht lange genug, als dass sich so etwas wie Stammesdenken hätte etablieren können. Nazaré ist ein internationaler Tummelplatz. Hier ist jeder willkommen, egal aus welcher Ecke der Welt er kommt.

Obwohl Nic von Rupp sich noch am ehesten als einheimisch bezeichnen könnte, gefällt es ihm, dass hier niemand derartige Besitzansprüche erhebt, weil das zumindest in der Theorie ein harmonisches Miteinander ermöglicht. „Revierverhalten ist im Surfsport das Normale, aber hier setzt es sich nicht durch. Wenn auf Hawaii die beste Welle des Tages anrollt, dann wird sie sich zu hundert Prozent ein Hawaiianer schnappen. In Tahiti ist es genauso. An Surfspots wie Hawaii oder auch in Brasilien ist diese Mentalität gewissermaßen kulturell verankert. Hier in Nazaré würde ich diese Karte nie spielen. Ich bin für einen respektvollen

Umgang miteinander. Ich lege Wert auf Harmonie. Ich bin nicht so gierig, dass ich andere unfair behandle. Ich warte, bis ich an der Reihe bin." Das Gleiche erwartet er auch von den anderen. Er möchte Respekt entgegengebracht bekommen, sowohl als Surfer als auch als Landesbewohner. „Ich kann es nicht leiden, wenn Leute mir blöd kommen. Ich denke, dass ich Respekt verdiene", sagt von Rupp.

Sich Respekt zu verschaffen, kann in Nazaré manchmal schwierig sein. Hier tummeln sich Menschen mit ausgeprägten Egos, die mit Macht die Aufmerksamkeit auf sich ziehen und dafür gefeiert werden wollen, dass sie die größte Welle erwischt haben. Das führt zu Spannungen und Streit auf dem Wasser und an Land. Nicht selten kommt es zwischen Surfern und Jetskipiloten im Kampf um eine begehrte Welle zu Wortgefechten, die in Handgreiflichkeiten ausarten können. Das Gerangel unter den Egos – meine Welle war größer als deine – wird möglicherweise dadurch verschärft, dass Nazaré mehr denn je im Rampenlicht steht. Seit HBO die (äußerst empfehlenswerte) Dokuserie *100 Foot Wave* dreht, will hier jeder einmal zeigen, was er draufhat. Von Rupp war während der gesamten Saison in die Dreharbeiten zur dritten Staffel involviert. „Es gibt viele Spannungen, weil jeder berühmt, reich und erfolgreich sein will", sagt er. „Jeder will sein Stück vom Kuchen, und wenn er es nicht bekommt, ist er angepisst. Das kann manchmal ziemlich nervig sein. Du musst versuchen, dich auf dich selbst zu konzentrieren und den ganzen Bullshit um dich herum zu vergessen. Ich versuche, mit allen gut auszukommen. Das Leben ist schließlich schwer genug, auch ohne dass man sich streitet. Aber ich lasse mir nichts gefallen." Schwer vorstellbar, dass von Rupp sich an einer Rauferei beteiligt. Dafür wirkt er viel zu umgänglich. Aber seine Eltern haben ihm schon früh eine klare Vorstellung davon vermittelt, was richtig und was falsch ist, und die hat er verinnerlicht. Wenn jemand eine Grenze überschreitet, scheut er sich nicht, seine Stimme zu erheben. Da gerät man gelegentlich aneinander. In dieser Saison gab es eine solche Situation: eine Auseinandersetzung mit einem Rivalen, dessen Namen er nicht nennen möchte.

Er und sein Team führten im Kampf um die besten Wellen das übliche lauernde Tänzchen auf, an dem auch „rivalisierende" Teams beteiligt waren. Irgendwann kamen sich sein Jetski und das Gefährt eines anderen Teams bei hoher Geschwindigkeit so nahe, dass es fast zu einem Crash gekommen wäre, der erhebliche körperliche und finanzielle Schäden hätte zur Folge haben können. Daraufhin wurde Nic von Rupp von dem Beinahe-Unfallgegner wütend zur Rede gestellt, als ob der portugiesische Surfer und sein Team allein für die gefährliche Situation verantwortlich gewesen wären. Von Rupp versuchte, die Situation zu beruhigen, und schlug vor, sich abends bei den Lagerhäusern zu treffen, um den Vorfall in Ruhe zu besprechen. Doch der Surfer tauchte nie dort auf. Als sie sich später einmal über den Weg liefen, fragte von Rupp ihn, warum er damals nicht gekommen sei, er habe den Streit beilegen und die Sache ausräumen wollen. Sein Gegenüber fuhr sofort aus der Haut und schleuderte von Rupp einen ganzen Schwall von Beschimpfungen entgegen. Die Gehässigkeiten nahmen kein Ende und stellten von Rupps Geduld auf eine harte Probe. Da beschloss er, zum ersten Mal den „Einheimischentrumpf" auszuspielen, und fragte den Erregten, was eigentlich passieren würde, wenn von Rupp sich in dessen

Land und Heimatgewässern so respektlos aufführen würde. Doch damit goss er nur Öl ins Feuer, sodass der Streit zu einer handgreiflichen Auseinandersetzung eskalierte. Es fehlte nicht an Zuschauern, niemand war wirklich überrascht von dem Schlagabtausch. In einer derart adrenalingeladenen Gemeinschaft kommt es schon mal zum Knall, aber dann ist die Angelegenheit auch schnell wieder vergessen. Jede Saison hat ihre hitzigen Momente und jeder Akteur seine gelegentlichen Ausraster – wobei einige Kandidaten ungleich häufiger in Handgemenge verwickelt sind als andere.

Für Nic von Rupp hat die zweite Tow Surfing Challenge ihren Preis. Nach dem Wettkampf muss er sich um seine lädierten Rippen kümmern, die nach einem heftigen Sturz stärker wehtun, als er es im Rausch des Team-Awards mit Chianca zunächst bemerkt hat. Am nächsten Tag kann er den Arm nicht einmal weit genug heben, um Geschirr aus dem Küchenschrank zu holen, und wenn er hustet, zuckt er vor Schmerz zusammen. Sein Arzt diagnostiziert eine schwere Rippenprellung und eröffnet ihm, dass er mindestens einen Monat lang pausieren muss. Da seine Rippen bereits angeschlagen sind, wird er gewarnt, dass ein weiterer Unfall einen Rippenbruch oder eine Lungenpunktion bedeuten könnte. Im Klartext heißt das: Die Saison ist für ihn gelaufen. In der nächsten Zeit kann er sich ganz auf Reha und Erholung konzentrieren, bevor er mit der Vorbereitung auf die nächste Saison beginnt. Immerhin geht er mit zwei Erfolgserlebnissen im Gepäck in die Auszeit: erst der zweite Platz bei der Tow Surfing Challenge im Dezember und jetzt in der zweiten Ausgabe der erste Platz in der Teamwertung.

Sowohl für von Rupp als auch für Chianca hatte es etwas Befreiendes, vorübergehend mit einem anderen Partner zusammenzuarbeiten. Beide haben sie in jüngeren Jahren die gleichen Surfspots und Partylocations von Nazaré bis Hawaii unsicher gemacht. Da sie normalerweise mit Pedro Scooby beziehungsweise mit Kai Lenny ein Duo bilden, war die seltene Gelegenheit, als Team zusammenzuarbeiten, ein willkommener „Seitensprung", auch wenn sie sich in dieser Konstellation die Favoritenrolle eingehandelt hatten. „Ich wollte, dass er seinen Titel vom letzten Mal verteidigt, und stand unter Druck, ihn nicht zu enttäuschen – und mich auch nicht. Mit Chumbo an den Start zu gehen, war grandios. Er ist so ein unglaublich guter Surfer, und wir haben uns lange Zeit gegenseitig inspiriert und angetrieben. Wir sind ähnliche Surfertypen, haben den gleichen Drive und die gleiche Vision von dem, was wir erreichen wollen. Das ist cool – er ist ein echtes Tier, und er lässt auch das Tier in mir von der Leine." Im Anschluss an die Challenge organisiert von Rupp noch am selben Abend ein Festessen für zwanzig Personen und arrangiert am nächsten Tag ein kleineres Abendessen bei sich zu Hause. In den kommenden Wochen heißt es dann Wunden lecken und Blessuren kurieren – die Zeit der wilden Partys, auf denen er und Chianca früher die Nacht zum Tag machten, ist vorbei.

GEGEN ÄRZTLICHEN RAT

Nic von Rupp

Nazaré lässt einen nie wirklich los, auch wenn man nicht dort ist. Der Ort hat eine unwiderstehliche Anziehungskraft auf die Menschen, die hier surfen. Nic von Rupp hat sich damit abgefunden, dass die Saison für ihn vorbei ist. Er packt seine Sachen und macht sich auf den Weg nach Barcelona zum Geburtstag seiner Freundin Matilde Reymão Nogueira – eine seltene Gelegenheit für das Paar, sich zu sehen. Die vier gemeinsamen Tage sind Reymãos erste freie Tage seit Jahresbeginn und die letzten bis Ende Juni, ihre Drehtermine sind eng getaktet. Für Nic hat der Ausflug doppelte Bedeutung – zum einen als Kurzurlaub, zum anderen als Abschluss des jüngsten Kapitels seiner Big-Wave-Karriere. Während sie es sich in Barcelona mit Freunden bei gutem Essen, edlem Wein und Sightseeing gut gehen lassen, kündigen die Seewetterkarten den nächsten gigantischen Swell an, der auf Europas Westküste zurollt. Die ersten Vorhersagen sprechen, wie so oft, davon, dass es die größte Dünung aller Zeiten werden könnte. Und wie immer gibt es keine Garantie, dass sich diese Vorhersage erfüllt, doch sieht der Swell diesmal wirklich nahezu perfekt aus: Er kommt aus Nordwesten, wo die größten Brecher geboren werden. Und auch wenn sich bis zur Ankunft in Portugal noch einiges ändern kann, regt sich bei von Rupp und den anderen die Lust auf den vielleicht letzten

Monsterwellentag der Saison. Seine Gedanken kehren langsam nach Nazaré zurück und er überlegt, ob er sich nicht über den Rat seines Arztes hinwegsetzen und sich trotz seines geschundenen Körpers ein letztes Mal in dieser Saison in die Megawellen stürzen soll.

Die Vorstellung, dass der angekündigte Swell den 30-Meter-Brecher bringen könnte, von dem alle träumen, und er nicht vor Ort wäre, um ihn zu sehen und zu surfen, lässt ihm keine Ruhe. Auf der anderen Seite steht die Frage, was die Entscheidung für seine Beziehung und sein anderweitiges Leben bedeuten könnte. Er selbst findet die Vorstellung, mit einer Surferin zusammen zu sein, die immer auf gepackten Koffern sitzt, weil sich jederzeit der nächste große Swell ankündigen könnte, schrecklich. Freund und Freundin besprechen von Rupps Wunsch, nach Hause zurückzukehren, und Reymão hat keine großen Einwände. „Sie hat Verständnis, und wir haben die gemeinsame Zeit in Barcelona voll genossen. Wir unterstützen uns gegenseitig – sonst wäre unsere Beziehung angesichts unserer vollen Terminkalender auch sehr kompliziert.“ Seine Rückreise nach Portugal plant er so, dass er zwei Tage vor dem Eintreffen des Swells dort ist. So müssen seine Freundin und er – anders als in früheren Fällen – den kleinen Spanienurlaub nicht verkürzen, auch wenn Nic gegen Ende der freien Tage mit seinen Gedanken gelegentlich bereits woanders ist. Zu Hause angekommen, lautet der vor anderthalb Wochen ausgesprochene Rat des Arztes, dass die Saison für ihn zu Ende sein sollte, weiterhin: Von Rupp soll nicht aufs Meer. Er will es trotzdem wagen und vielleicht das Unmögliche möglich machen. Der Lockruf der Riesenwellen kann so mächtig sein, dass er jede medizinische oder sonstige

Vernunft zum Schweigen bringt. „Ich kann mich erholen, wenn ich im Grab liege“, sagt er todernst. „Solange ich noch gehen und atmen kann, muss ich dabei sein. Das kann einer der besten Tage meines Lebens werden. Es gibt keine Wahl; so ist das in meinem Job. Wenn der Big Swell kommt, musst du bereit sein.“

Der Arzt sagt, das Wichtigste sei, dass er nicht noch einmal schwer stürzt. Das nimmt sich von Rupp fest vor, aber ausschließen kann man das in so launischen Gewässern nicht. Er behält die Mahnung teils im Hinterkopf, teils schiebt er sie beiseite. Der erste Brecher des Tages bleibt hinter den Erwartungen zurück, sodass er den Wellenritt abkürzt, lässig zur Seite abdreht und sich von Chianca aufsammeln lässt, der wieder sein Partner ist. Die zweite Welle ist weniger freundlich und beschert ihm den vielleicht übelsten Wipeout der Saison. Seine Schulter bekommt einen heftigen Schlag ab. Ihn überrascht die hohe Geschwindigkeit auf dem Brett, das Wasser ist sehr unruhig, die Finnen unter seinem Brett geben keinen richtigen Halt, während er über die Wasseroberfläche rutscht. Er gerät ins Straucheln, droht die Balance zu verlieren und fängt sich wieder. Doch das hält nicht lange vor: Die Welle bricht über ihm zusammen, sodass ihm nur noch eine Option bleibt: der Absprung. Er wird in die Tiefe gesaugt und von der Wucht der Wassermassen ausgeknockt. Einmal mehr ist Chianca schnell genug zur Stelle, um ihn aus der Gefahrenzone zu retten. Aber das Malheur ist passiert, von Rupp ist angeschlagen und braucht eine Verschnaufpause. Mit seiner Rippenprellung und der Schulterverletzung kann er sich nur noch mit einem Arm am Schleppseil festhalten. Doch Nic macht weiter und surft – mit schmerzverzerrtem Gesicht – eine Welle nach der anderen, bis es Abend wird. Erst dann schaut er sich die neue Verletzung genauer an und kommt zu dem Schluss: Behandlung und Heilung können warten. „Meine Schulter tut höllisch weh, aber ich habe einfach auf ‚beast mode' umgeschaltet", sagt er, als er zurück an Land ist.

Es ist ein kurioses Bild, wie von Rupp sich mit nur einer Hand am Schleppseil auf die Wellen ziehen lässt – ein beeindruckender Balanceakt zwischen Triumph und Verleugnung. Manchmal hat das Schleppseil zu viel Zug und wird ihm aus der Hand gerissen. Als die Dämmerung hereinbricht, gibt er zu, dass er mit seinem malträtierten, erschöpften Körper am Ende die Minuten gezählt hat, bis diese Surfsession und damit die Saison endlich vorbei sind. Wie sich herausstellt, ist der Swell doch nicht so rekordverdächtig wie erhofft. Die Windrichtung ist nicht ideal, sodass die entscheidenden Spitzenbrecher ausbleiben. Trotzdem habe es sich allein wegen des Rausches gelohnt, meint von Rupp, denn selbst in seinem ramponierten Zustand hat er die eine oder andere Megawelle erfolgreich gesurft. Es ist zwar nicht der beste Tag aller Zeiten geworden, aber die höchsten Wellen waren rund 21 Meter hoch. Vielleicht war es doch der mächtigste Swell der Saison? Abends verkrümeln sich die Surfer in die diversen Restaurants und fachsimpeln darüber, wer welche Wellen gesurft und welche Route gewählt hat, ob an Rekorden gekratzt wurde. Man diskutiert über Barrels, Wipeouts und verpasste Chancen. Von Rupp leidet unter den Schmerzen, aber die „Bombs", die er erwischt hat, waren jede Minute wert. Nur was neue Bestleistungen betrifft: Die gibt es heute nicht.

Im Nachhinein hinterlässt der Tag noch ein anderes, positives Gefühl: Von der Egomanie, die er und andere manchmal beklagen, war heute nichts zu spüren, was nicht zuletzt daran lag, dass es bei einer so gewaltigen Brandung genug Riesenwellen für alle gibt. Alle sind glücklich und zufrieden von der Surfsession zurückgekommen, niemand musste ins Krankenhaus gefahren werden. Das ist bekanntlich nicht immer so. Alles in allem ein guter Tag. Von Rupp sieht ein, dass die Saison für ihn gelaufen ist. Egal welche Swells noch kommen, und seien es die sagenumwobenen 30-Meter-Brecher. Nach Feiern ist ihm nicht zumute; er stößt nicht einmal mit seinen Kumpeln an. Er ist mental und körperlich erschöpft. Die Saison fordert ihren Tribut. Aus dem Plan, den Tag mit der Kameracrew feierlich zu beschließen, wird nichts. Als die Dunkelheit hereinbricht, die Lagerschuppen am Hafen zugesperrt werden und die Leute sich in verschiedene Richtungen zerstreuen, klappt er kurz nach 22 Uhr den Kofferraum seines Autos zu. Es ist Zeit, nach Hause zu fahren und sich über eine weitere Surfsaison, die er überlebt hat, ein paar Gedanken zu machen. Und über das Rehaprogramm, das vor ihm liegt. Für den Rest der Woche stehen Arzttermine und Physiotherapie auf dem Programm; das weitere Frühjahr wird dazu dienen, seinen Körper wieder auf Vordermann zu bringen.

Später stellt sich heraus, dass ein kleiner Knochen in seiner Schulter gebrochen ist, was dreieinhalb Monate Rekonvaleszenz bedeutet. Dennoch ist er mit der Saison zufrieden. Sie war eine der besten in seiner Karriere. Das nagende Gefühl, er hätte nicht nur in der letzten Session, sondern insgesamt noch mehr herausholen können, bleibt. Aber dieses Gefühl teilt er mit der gesamten Surfgemeinde von Nazaré. Eines weiß von Rupp sicher: Er wird nächste Saison wieder am Start sein, und viele weitere werden folgen. Er ist tiefer mit Nazaré verbunden als mit jedem anderen Ort, an dem er jemals gesurft ist.

Big-Wave-Surfen gleicht einer Mount-Everest-Besteigung, mit dem Unterschied, dass es keinen festen Endpunkt gibt. Nic von Rupp hat schon zu Schulzeiten davon geträumt. Während des Unterrichts zeichnete er Wellen in sein Heft, und immer schon hatte er den Wunsch, das Surfen zum Beruf zu machen. Seine Eltern unterstützten ihn, bestanden aber darauf, dass die Schule Vorrang hatte. Seine Schulzeit betrachtet von Rupp als Vorbereitung auf die Zeit nach seiner Laufbahn als Profisurfer. Eine innere Stimme erinnert ihn daran, dass die eines Tages vorbei sein wird und danach etwas anderes kommen muss. Dass er über Geschäftssinn verfügt, hat er bereits mit seiner Firma für Surfartikel unter Beweis gestellt, darüber hinaus schaut er sich stets nach neuen Projekten um. Er geht aber davon aus, dass der Höhepunkt seiner Surfkarriere erst noch vor ihm liegt. Einige seiner Kollegen sind noch mit vierzig oder fünfzig sportlich auf der Höhe, andere sind noch älter – und er ist erst Anfang dreißig. Ob er auch zu denen gehören wird, die noch als Oldies die Monsterwellen aufmischen, kann er nicht sagen. Klar ist nur, dass ein Tag auf dem Meer das Größte für ihn ist. Zwei Dinge treiben ihn an: die Sehnsucht, auf der höchsten Welle seines Lebens zu surfen, und der Wunsch, am Leben zu bleiben.

> „Es gibt Dinge, von denen die Leute lieber die Finger lassen, weil sie Angst haben, dabei ihr Leben zu verlieren. Aber verdammt, wenn ich hier und heute Geschichte schreiben und der berühmteste Typ von Nazaré sein und etwas schaffen will, das noch keiner geschafft

hat, dann werde ich in dieses gigantische Barrel hineinfahren. Wenn du es durchziehst, ist es der Höhepunkt deiner Karriere. Dafür brauchst du Mumm, Können und Know-how. Chumbo, Scooby, Sebastian und mir trauen die Leute zu, dass wir das hinkriegen – aber das Risiko ist gewaltig. Scheiße. Ich will ja leben. Kann sein, dass ich es eines Tages in mir spüre und die richtige Welle heranrollt. Aber es ist ein schmaler Grat. Du siehst dem Tod direkt ins Auge. Wenn du von zwei Wellen hintereinander runtergezogen wirst, geht es um Leben und Tod. Das sind locker anderthalb Minuten ohne Luft."

Anderthalb Minuten. Das hört sich gar nicht so lang an, ist aber verdammt lang, wenn man schon vorher keine Luft mehr bekommen hat und von der Strömung so herumgewirbelt wird, dass man nicht mehr weiß, wo oben und unten ist. Es ist ein ewiges Wagnis: Megawellen surfen und dabei nicht in seine Einzelteile zerlegt werden. Nic von Rupp ist das auch in dieser Saison wieder gelungen.

KÖNIG DES COMEBACKS

Sebastian Steudtner

Keine Saison ist wie die andere. Inzwischen liegt der Jahreswechsel 2021/22 schon ein wenig zurück, und die Saison neigt sich dem Ende zu. Steudtner scheint sich damit abgefunden zu haben, dass die eine Knochenbrecherwelle Ende Oktober alles war, was sie surferisch für ihn bereithielt. Er arbeitet unermüdlich an seinem Comeback und befolgt alle Anleitungen zur Rehabilitation: Gewichtheben, Training im Schwimmbecken, Ernährungshinweise und vieles mehr. Im Fitnessstudio trainiert er Seite an Seite mit den einheimischen Bodybuildern. Er hält sich strikt an den Speiseplan, den sein Personal Trainer für ihn zusammengestellt hat, und verzichtet auf Kohlenhydrate, damit sein Körper möglichst schlank ist, wenn er wieder einsteigen kann, wann immer das sein wird. Doch je mehr Tage vergehen und es erst Januar und dann Februar wird, desto kleiner scheinen die Big Swells zu werden. Für einen normalen Tag mit Wellenhöhen zwischen sechs und neun Metern, von denen es während der Wintermonate in Nazaré viele gibt, lohnt es sich nicht, ein Risiko einzugehen, solange der Fuß nicht wieder hundertprozentig in Ordnung ist. Aber auch wenn er im Grunde einsieht, dass die Saison wahrscheinlich gelaufen ist und er den Fokus auf die nächste richten sollte, behält er einen Gedanken im Hinterkopf: Sollte sich ein wirklich gewaltiger

Big Swell ankündigen, wäre der die Sache vielleicht wert. Dementsprechend hält er sich ständig auf dem Laufenden. Er scrollt durch die Seewetterberichte, um zu sehen, womit in ein, zwei Wochen zu rechnen ist, statt die Koffer zu packen und nach Hause zu fahren. Und dann, am dritten Februarwochenende, verdichten sich die Anzeichen für einen großen Swell – den, zu dem von Rupp im Eiltempo aus Barcelona anreist, um sich die nächste und definitiv letzte Verletzung in dieser Saison einzuhandeln.

Steudtner ist erfahren genug, um nicht aufgrund von Prognosen völlig aus dem Häuschen zu geraten. Diese erscheint jedoch besonders verlockend. Er kommt immer mehr ins Grübeln, ob er das Comeback nicht vielleicht doch jetzt schon wagen soll. Er weiß, dass es eine riskante Entscheidung ist, zumal er so hart an seiner Genesung gearbeitet hat. Man könnte auch einwenden, dass eine noch viel größere Gefahr darin besteht, dass er seit Oktober auf keiner einzigen Welle von irgendeiner Größe mehr gesurft ist, sodass es umso waghalsiger wäre, sich jetzt in derartige Riesenbrecher hineinzuwerfen. Hinzu kommt, dass ein großer Teil seines Equipments – die Surfboards, die Jetskis, die Funkgeräte – schon länger nicht mehr benutzt wurde und erst wieder einsatzbereit gemacht werden müsste. Wie bei all seinen Entscheidungen geht Steudtner methodisch vor. Jeder Schritt wird klar durchdacht und besprochen. Zuerst ruft er seinen Chirurgen an. Er will wissen: Riskiert er mit einer Surfsession, dass der Fuß weiteren Schaden nimmt? Der Chirurg versichert ihm, dass von der Knochenstruktur her kein Risiko bestehe, aber mit Schmerzen müsse er rechnen. Steudtner muss also abwägen, inwiefern diese ihn hemmen oder behindern könnten: „Wenn du dich in eine solche Welle hineinwagst", sagt er, „musst du dir hundertprozentig sicher sein und darfst keine Zweifel haben."

Am Montagvormittag hört er von seinem Physiotherapeuten mehr oder weniger das Gleiche. Danach steht fest: Er wagt sich zum ersten Mal seit vier Monaten wieder in die Wellen, wenn auch zunächst nur in kleinere Exemplare von bis zu 4,5 Meter Höhe. Für Steudtner ist es wie eine Heimkehr: Endlich ist er wieder dort, wo er sich am wohlsten fühlt. Dass er von seinem gewohnten Draufgängertum noch weit entfernt ist, sieht man daran, wie vorsichtig er den Fuß aufsetzt – nach so langer Pause sehr gut nachvollziehbar. Als er am nächsten Tag zur Physiotherapie erscheint, ist der Fuß stark geschwollen, weil er Bewegungen ausführen musste, die er nicht mehr gewohnt ist. Steudtner befürchtet, dass er gleich an der ersten Hürde seines Comebacks gescheitert ist. Doch sein Physiotherapeut reagiert gelassen, er behandelt die Schwellung, legt einen Verband an und zeigt ihm verschiedene Übungen, mit denen er den Fuß wieder fit machen kann. Für Freitag werden die höchsten Brecher vorhergesagt. „Das wird anstrengend", sagt Steudtner. Eine zurückhaltende Umschreibung für den enormen mentalen und körperlichen Kraftakt, den sein Entschluss bedeutet, ganz zu schweigen von dem Aufwand, für einen solchen Big Swell auf die Schnelle ein Team zusammenzustellen. „Ich bin völlig unvorbereitet, nichts und niemand steht bereit. Ich habe kein Team, weil ich keine Saison hatte. Auch beim Equipment fange ich bei null an. Ich muss die Surfboards und Jetskis auf Vordermann bringen und die ganze Aktion planen." Alles soll gefilmt, jede seiner Bewegungen mit der Kamera begleitet werden. Ohne Filmen geht es in Nazaré nicht, denn nur so kann man die Instagram-Feeds bestücken und eigene Videos auf YouTube hochladen. Außerdem ist gerade eine größere Doku über Steudtner in Arbeit. Je näher der große Freitag rückt, desto steiler steigt die Stresskurve. Während die anderen Mitglieder der Big-Wave-Community sich der angespannten Vorfreude hingeben, lässt ihn die vor ihm liegende Mammutaufgabe keine Minute zur Ruhe kommen. Seine Entscheidung, das Comeback zu wagen, führt zur Wiedervereinigung mit Maya Gabeira, die sich nach seinem Ausfall nach anderen Partnern umsehen musste. Sie ist dabei, trotzdem braucht er zusätzliche Unterstützung. Da alle Surfteams für die Saison längst feststehen, besinnt er sich auf seine Wurzeln und ruft Daniel Goldberg an, seinen ehemaligen Tow-in-Partner auf Hawaii. Als medizinischen Beistand holt er einen Arzt aus Deutschland hinzu. Angesichts seiner Verletzung ist es sehr gut möglich, dass etwas schiefläuft, zumal er körperlich nicht so fit ist wie sonst.

Noch vor dem Morgengrauen kommt die Community bei den Lagerhallen im Hafen zusammen, legt letzte Hand an die Ausrüstung und macht sich startklar. Mit einer Mischung aus Konzentration, Nervosität und Vorfreude fahren sie aufs Meer hinaus. Als er auf die ersten Wellen des Tages trifft, fühlt sich für Steudtner alles „irgendwie falsch" an, was an seinem Fuß, aber auch an seiner eingerosteten Kondition liegt. Gleichgewicht und Körpergefühl spielen beim Surfen eine entscheidende Rolle. Wegen der Verletzung findet Steudtner auf dem Board nicht in die richtige Haltung. Er steht mit dem Fuß auf den Zehenspitzen und ist dementsprechend nach vorne geneigt. Oft kann er sich nicht auf dem Brett halten. „Am Schleppseil konnte ich den hinteren Fuß nicht richtig belasten und hatte keinen festen

Stand“, klagt er. Wenn er vom Jetski zur Welle gezogen wird, kann er nicht seine gewohnte Linie fahren und findet in der Welle nicht in seinen Rhythmus. Aus manchen Wellen fährt er schon wieder heraus, bevor sie eine ernst zu nehmende Höhe erreichen. Auf anderen baut er Stürze, die ihm normalerweise nicht passieren.

Auch wenn es ein harter Kampf ist, bereut er seine Entscheidung keine Sekunde. Das Wort „aufgeben“ kommt in seinem Wortschatz nicht vor. Aber lohnt sich der Kampf? Am Anfang nicht, irgendwann schon. Mit jeder Welle kehrt ein Stück Selbstvertrauen und damit auch der gewohnte Rhythmus zurück. Zudem hält der Fuß allen Belastungen stand, und die Schmerzen sind erträglich, sodass Steudtner fast wieder sein normales Leistungsniveau erreicht. Anders als in den ersten Tagen nach dem Unfall hat er nicht mehr diesen schockartigen Schmerz, als würde jemand mit einem Messer in seinen Fuß schneiden. Die Schmerzbelastung ist gleichmäßig, wobei das Adrenalin wie eine Art Betäubungsmittel wirkt.

Bei der Rückkehr in den Hafen ist er einerseits euphorisch, weil er sein Comeback geschafft hat und endlich wieder den Rausch der Megawellen erleben durfte, andererseits enttäuscht, weil ihm, anders als sonst, nicht alles gelungen ist. Außerdem ist er völlig erschöpft. Trotz der vielen Stunden im Fitnessstudio hat sein Körper nicht die Ausdauer, die er für den Kampf mit den erbarmungslosen Riesenbrechern braucht. Es war ein Vorteil, dass es statt dem erwarteten 30-Meter-Monster, dem er seit Jahren hinterherjagt, nur etwas über zwanzig Meter hohe Wellen waren – die genauen Höhen werden erst in den folgenden Monaten offiziell bekannt gegeben. „Für mich war es gut, glaube ich", sagt Steudtner. Für das Comeback von jemandem, der so lange ausgesetzt hat, waren sie hoch genug. „Trotzdem war es einer der besten Big Days der Saison. Ich bin froh, dass ich es gemacht habe – nicht nur für mich, sondern auch für das Team."

Das Leben eines Big-Wave-Surfers kann manchmal eine sehr einsame Angelegenheit sein, denn als Athlet, Geschäftsmann und Finanzier agiert man oft allein. Steudtner ist stolz darauf, wie sehr das Team an einem Strang gezogen und sich voll auf ihn konzentriert hat. Vor allem Gabeira hat an diesem Tag für sich persönlich Abstriche gemacht, damit ihr Freund die großen Wellen surfen konnte. Sie freut sich sehr für ihn. Ein paar Tage später revanchiert er sich für ihre Selbstlosigkeit und bringt sie mit dem Jetski in eine Reihe von Riesenwellen, nachdem er beschlossen hat, dass nach der Comebackaktion sein Hunger für diese Saison, die bis dahin ein Totalausfall zu werden drohte, gestillt ist. Man könnte meinen, der Ritt durch die Megawellen sei für ihn der absolute Höhepunkt gewesen, aber so ist es nicht. „Das Beste war, zu erleben, wie sich mein Team ins Zeug gelegt hat. Zu sehen, was für ein großartiges Team ich habe. Jeder hat alles gegeben, damit ich wieder surfen kann." Unterm Strich ist das viel außergewöhnlicher als jede gesurfte Welle und jeder vermiedene Sturz. Er weiß, dass die Zuschauer auf der Klippe oder im Internet die Anerkennung für sein Comeback allein ihm zollen werden, was ihm ein wenig wie ein Betrug vorkommt. „Man sieht immer nur den *einen* Menschen auf der Welle reiten, aber man muss das Team als Ganzes sehen. Das ist wie bei der Formel 1. Du weißt nicht, wer der Mechaniker ist oder wer die Reifen wechselt, du kennst nur Lewis

Hamilton. Das Äquivalent in unserem Sport ist der Typ, der die Jetskipropeller auswechselt, und zwar aus Leidenschaft und persönlicher Überzeugung."

Auch psychologisch ist es wichtig, dass das Comeback gelungen ist. Die Fußverletzung zu Saisonbeginn hat neben ihren offensichtlichen körperlichen Folgen auch mental Spuren hinterlassen, auch wenn er beharrlich das Gegenteil beteuert. Die Sorge, ob der Fuß wieder voll belastbar sein wird, hat sich erledigt. Lange bevor die nächste Saison beginnt, weiß er nun, dass auf den Fuß auch bei widrigen Bedingungen Verlass sein wird. „Dieser letzte Big Swell der Saison war für mich ein enormer Motivationsschub fürs Training, was für mich einen großen Unterschied macht, weil ich – mit Blick auf die nächste Saison – jetzt schon weiß: Auch wenn ich noch nicht bei hundert Prozent bin, ich schaffe es. Wenn du vom Pferd fällst, musst du wieder aufsteigen, nicht wahr?" Es wartet so viel harte Arbeit auf ihn, dass die nächste Saison gar nicht schnell genug kommen kann. Auch wenn die Wellen heute weder rekord- noch preisverdächtig waren, gönnt sich der Perfektionist aus Deutschland einen kurzen Moment, um sich in seinem Erfolg zu sonnen. Innerhalb von fünf Tagen hat er es aus dem Nichts auf den Gipfel der Welle geschafft, zu einem Zeitpunkt, als er die Saison bereits abgeschrieben hatte. Sein Ein-Tages-Comeback wird mit einem feierlichen Grillabend bei Gabeira zu Hause begangen. Das ganze Team ist da – Surfer, Jetskipiloten, Mediziner, das Kamerateam. Ziel erreicht.

Gabeiras Bilanz des Tages fällt durchwachsen aus. Für die Wellen, die unruhiger waren als erwartet, war das Board, das sie gewählt hatte, zu leicht. Aber es gibt auch Positives zu vermerken – vor allem Steudtners Performance. Sie kann ausnahmsweise sehr gut damit leben, heute einmal die zweite Geige zu spielen. Auch wenn Steudtner in dieser Saison nur für einen Tag auf das Board zurückkehrte, stehen die Zeichen gut, dass das Duo in der Saison 2022/23 wieder zusammenkommt. „Es war schön zu sehen, dass Seb wieder da ist und gleich wieder in so guter Form“, sagt sie. „Ich hatte erwartet, dass er das durchzieht. Unsere Aufgabe war es, dafür zu sorgen, dass um ihn herum alles reibungslos läuft. Er hat wirklich alles gegeben, um dahin zu kommen. Ich bin echt stolz auf ihn.“ Die beiden sprechen bereits über die nächste Saison und die Frage, wer mit wem surfen könnte. Diese Gespräche werden weitergehen, bis im Oktober die nächsten Big Swells heranrollen. So oder so wird Maya Gabeira eine weitere Saison die Gewässer von Nazaré unsicher machen – mit welchem Partner auch immer.

ZURÜCK IN NAZARÉ

Andrew Cotton

Nach der zweiten Tow Surfing Challenge tut Andrew Cotton alles weh. Die alten Knochen erholen sich nicht mehr so schnell wie früher. Seinen Zustand beschreibt er mit dem Wort „heruntergewirtschaftet". Er hat auch deshalb so viel Energie in diesen Wettkampf gesteckt, weil er keinen Sinn darin sah, irgendwelche Reserven vorzuhalten. Er ist zwar nach wie vor bereit, noch einmal hinauszufahren, aber seine innere Stimme fragt sich, ob die Saison nicht einfach vorbei ist.

Für Cotton und für Nazaré war das Event ein guter Tag. Die Stadt, die Teilnehmer und das Big-Wave-Surfen als Sportart haben sich von der besten Seite gezeigt (wenn man von Jamie Mitchells Einlieferung ins Krankenhaus einmal absieht). Cotton kann sich trotzdem nicht von dem Gedanken frei machen, ob es das alles wert ist. Im nächsten Moment überlegt er, wo er ohne das Big-Wave-Surfen wäre. Wahrscheinlich immer noch auf irgendeiner Baustelle. In den Medien wird Cotton nach wie vor gerne als „surfender Klempner" bezeichnet. Mit Anfang zwanzig gab er seinen Job in der Surfbrettfabrik auf und machte auf Wunsch seines Vaters eine Ausbildung zum Sanitärinstallateur. Rick, bei dem er in die Lehre ging, rechnet es sich als Verdienst an, Cotton zum Profisurfer gemacht zu haben, weil er ihm ganze Tage freigab. Sein einstiger

Schützling kann das bestätigen. Harte Arbeit hat Cotton nie gescheut. Das frühe Aufstehen machte ihm ebenso wenig aus wie die Arbeit auf der Baustelle bei Wind und Wetter. Wenn er schwere Sachen heben musste, betrachtete er das als eine Art Crosstraining. Abends saß er in der Berufsschule. Er machte einen NVQ-Abschluss (National Vocational Qualification). Im Berufsleben teilte er sich seine Arbeitszeit möglichst so ein, dass er daneben reisen und surfen konnte. Sein bescheidenes Einkommen ging fast vollständig dafür drauf. Er beherrschte sein Handwerk so gut, dass er zusammen mit seiner damaligen Frau Katie ein eigenes Haus baute. Trotzdem war die Arbeit für ihn immer nur Mittel zum Zweck. Als es mit dem Big-Wave-Surfen richtig losging, sagte er dem Klempnerdasein Adieu. Die einzigen Arbeiten, die er in diesem Bereich heute noch ausführt, macht er für seine Eltern. Bis heute weiß er nicht so recht, ob sie stolz sind auf das, was er auf dem Meer erreicht hat, seit sie ihn damals an der Küste von Devon ohne Anleitung oder Begleitung auf einem Surfbrett sich selbst überließen. In der ersten Staffel der Doku *100 Foot Wave* gibt es eine Szene, in der seine Eltern auf dem Felsplateau von Nazaré neugierig und ängstlich zuschauen, wie ihr Sohn einen Wettkampf bestreitet, und ihn anschließend innig und voller Stolz in die Arme schließen. Vielleicht haben sie sich eine solidere Berufslaufbahn für ihren Sohn gewünscht, „aber das ist in diesem Augenblick vergessen“.

Ein wiederkehrendes Thema ist die Frage, ob er genügend Einkünfte hat. Seine Antwort lautet: Wenn es ihm um einen vernünftigen Lebensunterhalt gegangen wäre, wäre er Installateur geblieben. Geldverdienen ist für viele in Nazaré ein ständiger Kampf – auch für ihn, obwohl es ihm finanziell besser geht als vielen anderen. Ein paar wichtige Sponsoren halten ihm seit Langem die Treue – der Energydrinkhersteller Red Bull, die in Devon ansässige Bekleidungsmarke Saltrock und eine weitere Firma aus seiner Heimatregion, der Surfausrüster Tiki. „Ich habe Riesenglück. Ich werde von Red Bull gesponsert und arbeite mit namhaften Marken zusammen, die mich unterstützen. Aber die Verträge sind immer auf ein Jahr begrenzt. Wenn die Geldgeber plötzlich sagen: ‚Wir unterstützen dich nicht mehr', sehe ich alt aus." Manche Surfer hangeln sich von einer Mahlzeit zur nächsten und von einem Swell zum nächsten. Irgendwie halten sie sich über Wasser. Cottons Situation ist eine andere, dennoch ist Geld ein ständiger Stressfaktor. Eine Saison kostet deutlich über 20 000 Euro. Allein der Sprit für den Jetski kann mit bis zu 170 Euro pro Tag zu Buche schlagen, und die Kosten steigen. Cotton weiß, dass einige seiner Kollegen sehr viel mehr verdienen als er und andere sich finanziell stark am Riemen reißen müssen, um überhaupt dabei sein zu können. Eine weitere Einnahmequelle neben den Sponsoren sind Talk-Auftritte während und außerhalb der Big-Wave-Saison. Cotton versucht, über den Tellerrand zu schauen, sieht sich nach weiteren Optionen um. Seine Idee, als surfender Sanitärinstallateur das Werbegesicht der Baumarktkette Screwfix zu werden, ist allerdings nicht ganz ernst gemeint. „Ich beklage mich nicht", sagt er, „aber ich ertappe mich bei dem Gedanken, dass ich die eine Superwelle erwische und alles wird gut. Bei den ganzen Kosten kommst du nicht einmal bei plus/minus null raus. Aber darum geht es nicht. Es geht darum, was du machen willst, und ich will eben surfen. Ich habe schon einmal darüber nachgedacht, etwas fürs

Fernsehen zu machen, und frage mich, ob andere Surfer eine Exitstrategie haben."

In den Tagen nach der Tow Surfing Challenge ruht er sich ein wenig aus und macht sich dann auf den Weg ins heimische Großbritannien, weil er die Schulferien seiner Kinder mit ihnen verbringen will. Sein Sohn Ace ist bisher noch nicht vom Surfbazillus infiziert, und Cotton hält es für möglich, dass das nie passieren wird. Ace spielt lieber Fußball und Xbox mit seinen Kumpeln. Cotton nimmt an, dass seine vielen Verletzungen einen bleibenden Eindruck bei Ace hinterlassen haben, der seinen Daddy immer wieder mit Lumbalbandagen auf dem Sofa liegen oder mit Gipsbein und Krücken herumhumpeln sah. Trotzdem besucht ihn sein Sohn während der Saison regelmäßig in Portugal.

Die beiden sind auf der Rückreise von einem Skiurlaub in Frankreich und auf dem Weg nach Nazaré, als sich jener Big Swell ankündigt, den viele schon bald zum Big Day der Big Days ausrufen. Wie seine Kollegen war Cotton darauf eingestellt, sich für diese Saison aus Nazaré zu verabschieden, aber wie von Rupp, für den die Sache damit endet, dass er während der Offseason zwei Verletzungen auszukurieren hat, und Steudtner, der nun doch noch sein Comeback feiert, kann er der Versuchung nicht widerstehen. Also steigen Vater und Sohn ins Flugzeug und landen am Abend vor dem Tag mit den erhofften 30-Meter-Wellen (die dann doch zehn Meter niedriger ausfallen) in Lissabon.

Cotton bekommt, wie er es ausdrückt, „ein paar Wellen" ab, aber er geht mit angezogener Handbremse in den Swell. Der Grund dafür ist sein Sohn. Die Risiken des Big-Wave-Surfens sind Cotton voll bewusst – nicht umsonst ist sein

Sohn nach der Big-Wave-Legende Ace Cool benannt, der im November 2015 in Waimea Bay ums Leben kam. Wie viele andere wollte Cool, mit echtem Namen Alec Cooke, als „Evel Knievel" (die amerikanische Motorrad-Stuntman-Legende) des Big-Wave-Surfens berühmt werden und hatte schon eine Reihe von Beinahekatastrophen überlebt. Diesmal zog er den Kürzeren. Seine Leiche wurde nie gefunden. Die Teilnahme an dem Swell war Cotton wichtig, weil die Möglichkeit bestand, dass es ein Tag für Rekorde werden könnte. Als er merkte, dass dem nicht so war, nahm er den Fuß vom Gas. „Ich wollte nicht aufs Ganze gehen – auch weil ich Ace dabeihatte. Ich fühlte mich deswegen fast ein bisschen schuldig. Das war unsere erste Reise zu zweit, und wenn etwas passiert wäre …" Er führt den Gedanken lieber nicht zu Ende. Jedenfalls ließ ihn die Sorge um Ace umdenken. Er besann sich seiner Verantwortung und beschloss, ein wenig mehr auf Nummer sicher zu gehen.

Ace sagt offen, dass er es nicht mag, wenn sich sein Vater in die Monsterwellen stürzt. Cotton berichtet, dass sein Sohn Angst bekommt, wenn er dabei ist. Ace schaut nie von der Klippe aus zu, er sieht sich auch keine Videos von seinem Vater in Aktion an. Seine Großeltern wollten mit ihm die erste Staffel von *100 Foot Wave* ansehen, in der sein Vater eine prominente Rolle spielt, aber Ace weigerte sich. „Ich habe ein schlechtes Gewissen. In seiner frühen Kindheit war ich oft verletzt – ein gebrochener Rücken, drei oder vier Knieoperationen. In seinem Leben gab es drei oder vier Jahre, in denen ich nur zu Hause lag und nichts tun konnte. Ich denke, das ist es, was er mit dem Surfen verbindet. Andererseits versteht er, dass es Daddys Beruf ist. Er hat das Pech, dass das, was für andere das Büro ist, für mich eine 20-Meter-Welle ist.“ Der ehemalige Formel-1-Weltmeister Jenson Button sagte einmal, es sei für ihn undenkbar, als Vater weiterhin in der Formel 1 zu fahren, weil er mit sich und seinem Auto nicht mehr ans Limit gehen könne, wenn zu Hause jemand darauf angewiesen sei, dass er am Leben bleibt. Deswegen verschob er die Vaterschaft auf die Zeit nach seiner Formel-1-Karriere. Bei Cotton war es anders: Als er Vater wurde, war das für seine Karriere fast eine Art Motivationsschub. Dass er ein Kind hatte, war für ihn ein Ansporn, die großen Wellen noch entschlossener in Angriff zu nehmen und das Ganze professioneller zu betreiben, nach dem Motto „Jetzt oder nie“.

Der Big Swell im Februar läutet für Cotton in mehrfacher Hinsicht das Ende der Saison ein. In den vergangenen Jahren hat er einige seiner größten Brecher noch im März gesurft, darunter ein besonders bemerkenswerter 2012 in Irland. In den nächsten Wochen wird es eher unspektakulär zugehen – noch die eine oder andere halbwegs hohe Welle, ein bisschen Foiling, Filmaufnahmen mit Sponsoren und eine Sendung mit der BBC. Wenn er die Saison Revue passieren lässt und Bilanz zieht, ist er nicht zufrieden. Aber zufrieden ist er nie. Es sind immer die gleichen Gedanken, die an ihm nagen: Er hätte mehr erreichen können, die Wellen hätten höher und sein Surfstil hätte besser sein können. So ist das jedes Mal. Und es motiviert ihn, sich in den Wintermonaten ins Zeug zu legen und in der nächsten Saison mit frischem Elan wieder an den Start zu gehen. Ein Gedanke geistert ihm dabei andauernd durch den Kopf: Vielleicht erwische ich ja die eine Welle.

Aber was für eine Welle soll das sein? Der 30-Meter-Brecher? Wird es jemals eine Welle geben, die hoch genug ist, um seine Gier zu stillen?

> „Du denkst, die nächste Welle könnte es sein, aber wir leben in einer Traumwelt, denn was soll ‚es' heißen? Wir fahren ja nicht mit einem Rennwagen im Kreis herum oder holen den FA Cup (Pokalwettbewerb im englischen Fußball). Im Ernst, bei uns steht am Ende kein konkretes Ziel. Das spielt sich alles nur im Kopf ab: Wenn ich diese Welle kriege, hab ichs geschafft. Aber das ist eine Illusion. Und es ist eine Sucht. Manchmal denkst du: Nur eine Welle noch, dann hör ich auf. Nur noch diesen größten Big Swell aller Zeiten. Ich surfe diese Welle, und dann ist es geschafft, dann kann ich mich zur Ruhe setzen. In Wahrheit wird das nie passieren. Aber das ist es, was du dir immer wieder einredest."

Trotz dieser Selbstzweifel wird der Mann, der als kleiner Junge in seinem Kinderzimmer in Devon in irgendwelchen Zeitschriften die ersten Megawellen sah und davon träumte, mit einem Brett auf ihnen zu reiten, immer wieder nach Nazaré zurückkehren, solange sein Körper mitspielt. Für ihn ist es der „place to be" in diesem Sport – egal was die Leute über andere Spots wie Hawaii oder die irische Westküste sagen. Hawaii und auch Tahiti mit ihrem kristallklaren Wasser unter strahlend blauem Himmel sind malerischer. Nazaré wirkt dagegen oft unansehnlich, was auch daran liegt, dass die größten Swells oft mit wilden Atlantikstürmen einhergehen. Doch was diesem Ort an Postkartenschönheit fehlt, macht er allein durch die schiere Masse an Monsterwellen wett.

An wie vielen Tagen in diesem Jahr die Wellen höher als sechs Meter waren, kann Cotton nicht sagen, so viele waren es. Auf Hawaii zum Beispiel sind solche Tage seltener. Cotton, der sich schon früh für Nazaré begeisterte, erzählt, wie es ihm und anderen Pionieren gelang, auch Skeptiker von diesem Ort zu überzeugen. „Am Anfang wurde man in der Surfszene etwas belächelt, wenn man hierherkam. Aber dann entdeckten die Mainstreammedien diese gigantischen Wasserwände mit den Surfern in Aktion und dem Leuchtturm im Vordergrund. Jeder will dort sein, wo die höchsten Wellen sind – und das ist hier, keine Frage. Wer als Big-Wave-Profi etwas auf sich hält, muss hier sein, hier trainieren. Es ist gefährlicher hier, aber an Nazaré führt kein Weg vorbei."

Obwohl er inzwischen fest mit diesem Ort verbunden ist, kommt er sich manchmal immer noch wie ein Hochstapler vor, wenn er sich mit anderen Surfern vergleicht. Zu Unrecht. Aber diese Selbstzweifel motivieren ihn, noch härter an sich zu arbeiten und immer wieder zurückzukommen. Was sollte er auch sonst tun? „Ich frage mich ständig: Wie lange kann ich diese Fassade aufrechterhalten? Es kommt mir so vor, als hätte ich mir das alles nur ausgedacht – aber vermutlich geht es allen so." Wann für ihn Schluss sein wird? Irgendwann wird ihm sein Körper sagen, dass er die Schläge nicht mehr erträgt und dass er, Cotton, sich mit kleineren Wellen begnügen muss. Aber er rechnet nicht in absehbarer Zeit damit. Ob er zu diesem Zeitpunkt mit dem Erreichten zufrieden sein wird, weiß er nicht. Nur eines steht für ihn fest: Das Surfen wird immer ein Teil von ihm sein, auch wenn er alt und grau ist und dann bestimmt wieder in Devon lebt.

> „Das Surfen begleitet dich bis zum Tod. Ich kann mir nicht vorstellen, dass man sich mit sechzig noch in die 24-Meter-Wellen hineinwagt, aber kleine Wellen kann man auch noch mit achtzig surfen, wenn man nur noch von Stützverbänden und medizinischem Klebeband zusammengehalten wird. Vielleicht geht es dann auch gar nicht mehr so sehr ums Surfen, sondern nur noch darum, Zeit im Meer zu verbringen. Vielleicht gibt es dann Tage, an denen man nicht surft, sondern sich einfach im Wasser vergnügt und es schöner findet als je zuvor."

KRIEG IN DER UKRAINE UND EIN REKORD

Sebastian Steudtner

Surfen ist von Natur aus eine selbstsüchtige Sportart: Es gibt nur dich und die Welle. Alles andere hält dich im Grunde nur davon ab, deine Ziele zu verfolgen. Steudtner macht keinen Hehl daraus, dass auch er egoistisch sein kann, wenn es darum geht, eine bestimmte Welle zu ergattern, oder wenn er ein Familientreffen sausen lässt, weil ein Big Swell ruft. Auf der anderen Seite ist er ein Surfer mit Gewissen. Ob er schon immer so war? Gut möglich, dass es in jungen Jahren auch bei ihm das Ego war, das ihn als aufstrebenden Surfer jeden Tag aufs Neue antrieb, sich im Kreis derer, denen er nacheiferte, einen Namen zu machen. Gleichzeitig hielten seine Eltern ihn stets dazu an, zwischen richtig und falsch zu unterscheiden, Respekt vor anderen Menschen zu haben und denen zu helfen, die weniger Glück hatten als er.

Einen Tag bevor Steudtner Ende Februar mit seinem Comeback den Höhepunkt einer schwierigen Saison feiert, gibt Russlands Präsident Wladimir Putin den Befehl zum Einmarsch in die Ukraine. Steudtner verfolgt die Nachrichten im Fernsehen und ist wie viele andere entsetzt über das, was sich dort mitten in Europa ereignet. Er ist mit der Ukraine in zweifacher Hinsicht verbunden. Zum einen ist er eng mit dem Ex-Boxer Wladimir Klitschko befreundet, dessen Bruder

Vitali, ebenfalls ehemaliger Boxer, Bürgermeister der schwer unter Beschuss stehenden Hauptstadt Kiew ist. Zum anderen besteht eine freundschaftliche Verbindung mit einem weniger prominenten Sportler, dem Surfer Vasiliy Kordysh. Kordysh war vor dem Krieg Vorsitzender des ukrainischen Surfverbands und ist es immer noch, auch wenn es inzwischen verständlicherweise Wichtigeres gibt.

Wenn Steudtner und Klitschko in den Tagen und Monaten nach Kriegsausbruch miteinander sprechen, versucht der Deutsche, das Gespräch vom Thema Krieg wegzulenken, weil er davon ausgeht, dass sein Freund sich mehr als genug mit der Invasion und der Zerstörung beschäftigt. „Er will nicht über die aktuellen Ereignisse reden, sondern den Kopf frei bekommen. Deshalb reden wir über Boxen, Surfen oder Ähnliches." Die Gespräche mit Kordysh verlaufen anders. Steudtner stellt dem ukrainischen Surfer seinen Instagram-Feed zur Verfügung, damit dieser mit seinen leidenschaftlichen Apellen, in denen er auf das Leid der ukrainischen Bevölkerung aufmerksam macht, ein größeres Publikum erreichen kann. Steudtner postete außerdem Bilder vom Strand in Odessa, wo Kordysh früher regelmäßig surfte und traditionell die jährlichen Landesmeisterschaften ausgetragen wurden. Heute ist der Strand gesperrt; der goldgelbe Sand und der dazugehörige Meeresabschnitt sind voller Landminen und Stacheldrahtzäune, die verhindern sollen, dass die Russen über die Küste in die Ukraine eindringen. „Nach dem Gespräch mit Vasiliy war ich sehr dankbar, dass ich in Nazaré an den Strand gehen und auf den kleineren Wellen surfen konnte, ohne mir über irgendetwas Sorgen machen zu müssen. Vasiliy erzählte, dass sich gerade ein guter Swell auf die Ukraine zubewegt, aber niemand surfen gehen kann. Es sei zu gefährlich." Das ukrainische Militär hat die Minen auch verlegt, um den Hafen zu schützen. Die Bevölkerung wurde aufgefordert, sich vom Strand fernzuhalten, über die genaue Lage der Minenfelder wurde sie aber nicht informiert. Wenige Tage nachdem sich Steudtner und Kordysh zum ersten Mal ausgetauscht hatten, fuhr ein Einheimischer mit seiner Freundin am Strand auf eine Landmine. Die Freundin starb, das Auto war ein Totalschaden, und der Mann wurde mit so schweren Verletzungen ins Krankenhaus eingeliefert, dass sein Leben nie wieder so sein wird wie vorher.

Es gibt viele solcher Geschichten, eine schrecklicher als die andere. Steudtner will helfen. Er mobilisiert sein weitverzweigtes Netzwerk, um in Nazaré einen großen Lastwagen mit Hilfsgütern zu beladen und für den Transport in die Ukraine zu sorgen. Innerhalb weniger Tage ist alles unter Dach und Fach. Er macht sich dabei keine Illusionen darüber, ob er damit die Welt besser machen oder ändern kann. Als sich der voll beladene Truck auf den Weg macht, empfindet er in erster Linie Resignation, weil er nicht mehr tun kann. „Es erschüttert mich, wie ruhig die Leute bleiben. Nicht weit von hier, mitten in Europa, werden Menschen abgeschlachtet. Wie kann man in so einer Situation die Hände in den Schoß legen, statt zu helfen? Das ist doch etwas elementar Menschliches. Ich wünschte, ich könnte mehr tun." Er hat auch bereits Pläne, die allerdings noch etwas Zeit brauchen. In Deutschland hat er ein Projekt auf die Beine gestellt, bei dem Kinder aus sozial schwachen Verhältnissen Schwimmunterricht erhalten und in einem zehnmonatigen Programm surfen lernen. Es geht vor allem darum, den Kindern beizubringen, wie man sich im Wasser bewegt. Ein ähnliches Angebot für ukrainische Kinder ist in Vorbereitung. Gerade geht es um die Frage, ob das Projekt eines Tages in der Ukraine stattfinden kann oder ob es in Deutschland geplant werden sollte, mit Kindern, die dorthin geflüchtet sind.

„Es ist ungerecht, wie wenig Unterstützung manche Menschen bekommen. Ich finde es schlimm, wie wenig Verantwortung die Menschen im Allgemeinen übernehmen – besonders im Sport." Die Situation und die mangelnde Hilfsbereitschaft einiger machen ihn wütend. „Alle predigen Werte, aber keiner lebt sie. Sobald es an ihr Bankkonto geht, schrecken alle davor zurück, etwas zu tun. Ich habe auch nicht viel mehr gemacht als ein paar Posts in den sozialen Medien, also eigentlich nichts. In solchen Zeiten müssen diejenigen aktiv werden, die eine Plattform und Geld haben. Ich will keine Moralpredigt halten, aber was gibt es Wichtigeres, als anderen zu helfen?" Auch wenn seine eigenen Krisen nicht im Geringsten damit zu vergleichen sind, hat Steudtners Drang, den Leidtragenden der russischen Invasion zu helfen, sicher auch mit seinen eigenen Kämpfen in der Vergangenheit zu tun. Im Vergleich sind die Schwierigkeiten, die er einmal hatte, unbedeutend. Aber er erinnert sich an die Zeit, als er nach Deutschland zurückkehren musste und dort als Türsteher arbeitete und dann irgendwann mit sehr wenig Geld und großen Ambitionen im Gepäck nach Nazaré kam. Und er erinnert sich an die Leute, die damals bereit waren, ihm zu helfen, und an die, die es nicht waren. Auch deshalb hat er immer ein offenes Ohr für diejenigen, die neu hierherkommen, keine Sponsoren haben und versuchen, auf eigenen Beinen zu stehen und sich aus eigener Kraft einen Namen zu machen. Wo das möglich ist, hilft er. In der Surfcommunity von Nazaré gibt es viele, die in diesem Sport, der oft selbst ein Kampf ist, zu kämpfen haben. Alle wollen sich sportlich verbessern, verfügen aber nicht immer über die Kapazitäten, sich um mehr als um das Equipment und das Surfen selbst zu kümmern.

> „Es ist ein hartes Brot. Neben dem Surfen müssen sie auch ihre Vermarktung vorantreiben; das nimmt ihnen niemand ab. Die Jüngeren kommen in der Erwartung, dass das ein Selbstläufer ist. Diese Erwartung hatte ich auch. Aber so etwas braucht Zeit. Ich helfe gerne. Ich will nicht zur Weltspitze gehören, wenn das nicht mit positiven Werten verbunden ist. Was nützt das alles, wenn man nicht teilt? Wenn ich Maya helfe, einen Weltrekord zu brechen, freue ich mich genauso, wie wenn ich selbst einen Weltrekord breche, und Maya geht es umgekehrt genauso."

Manche tun sich in der Frühphase ihrer Karriere schwer, andere eher später. Steudtner hat gerne ein Auge auf die Kollegen, die es gerade nicht leicht haben. „Ich hoffe, dass ich mich immer genug um die Menschen in meiner Umgebung kümmere und ihnen mit Respekt und Ehrlichkeit begegne. Fairness ist wichtiger als Geld." Diese Einstellung teilen in Nazaré leider nicht alle.

Ein Thema gibt es am Ende der Saison 2021/22 allerdings weiterhin, das ein bisschen mit Ego zu tun hat: Steudtner drängt fortgesetzt darauf, dass seine Welle vom Oktober 2020 endlich offiziell vermessen und bestätigt wird. Wie lange kann es dauern, eine Welle zu vermessen? Er ist es leid, sich diese Frage zu stellen. Zwei ganze Saisons sind seit seinem Wellenritt vergangen. In diesen 19 Monaten hat er sich den Fuß gebrochen, die Verletzung auskuriert und steht inzwischen wieder auf dem Surfbrett – und immer noch wird er darüber im Ungewissen gelassen, ob er nun die höchste Welle aller Zeiten bezwungen hat oder nicht. „Dieser Sport ist in einem unprofessionellen Zustand, und entsprechend unprofessionell ist die Messtechnik", subsumiert er und klingt dabei weniger frustriert als schicksalsergeben.

Manche meinen, man müsse nach einem rekordverdächtigen Event nur genug Rummel machen und die Werbetrommel rühren, dann seien die Leute schon überzeugt. Schließlich wird ständig spekuliert, wer die höchsten Wellen gesurft hat. Dabei ergreifen die einen Partei für jenen Surfer und seine Welle, die anderen für einen anderen – und manche nehmen die ganze Aufregung einfach achselzuckend zur Kenntnis. Einigkeit herrscht lediglich darüber, dass Steudtner nicht der erste Mensch ist, der die 100-Fuß-Marke geknackt hat. Die ist weiterhin unerreicht. Dieser Meinung ist auch Steudtner. Aber er ist sich sicher, dass er Rodrigo Koxas Rekord übertroffen hat, auch wenn die Messexperten sich weiterhin in Schweigen hüllen. Steudtner scherzt, dass er sich wohl in einen investigativen Journalisten oder zumindest einen penetranten Sportmanager verwandeln müsse, um eine Antwort zu erhalten. Monatelang stößt er nur auf Schweigen, dann wird aus dem Schweigen Gemurmel und schließlich Getuschel, dass die Verkündung des Rekords kurz bevorsteht.

Am 24. Mai 2022 dann endlich die Nachricht: Laut Messung war seine Welle 86,5 Fuß hoch – neuer Weltrekord! 86,5 Fuß sind 26,36 Meter und damit knapp 2 Meter mehr als Koxas Rekord. Nach fünf Jahren muss der Brasilianer den Thron räumen. Zur Aufnahme des Weltrekords in das Guinnessbuch der Rekorde findet eine feierliche Zeremonie statt, die passenderweise auf dem Dach des Forts an der Leuchtturmspitze abgehalten wird. Steudtner strahlt über das ganze Gesicht, auch wenn das, was heute gefeiert wird, mehr als anderthalb Jahre zurückliegt.

Neben der Freude verspürt Steudtner vor allem Erleichterung. Und er findet genau die richtigen Worte. In seiner Ansprache beschreibt er das überwältigende Gefühl, ein Ziel erreicht zu haben, von dem er sein ganzes Leben lang geträumt habe. Er erzählt von der langen Reise, um an diesen Punkt zu gelangen, vom körperlichen Training, von der Arbeit hinter den Kulissen, die nötig war, um das Equipment startklar zu haben und das richtige Team zu versammeln. Mit dem Rekord habe er „alles erreicht, was es in meinem Sport zu erreichen gibt". Auf seinen Social-Media-Kanälen spricht er über die Erfüllung eines Kindheitstraums und von der Hoffnung, andere zu inspirieren, ebenfalls ihre Träume zu verfolgen, so wie er es damals tat, als er von Nürnberg nach Nazaré ging. Trotzdem hat er auch das Gefühl, der Weltrekord sei zu wenig und komme zu spät. In die Feierstimmung mischt sich ein Blick zurück im Zorn darüber, wie viel Nerven das alles gekostet hat. Und damit meint er nicht nur den Kampf um eine korrekte Vermessung und die Bestätigung seiner Rekordwelle, sondern auch den generellen Kampf um Anerkennung, den er über weite Strecken seiner Karriere geführt hat. Es gibt Videoaufnahmen von einer Welle, die er 2018 in Nazaré surfte und die auf den ersten Blick genauso hoch aussieht wie die Welle, auf der er zwei

Jahre später den jetzt anerkannten Weltrekord aufstellte. Sie fand aber bei den Messexperten, die übrigens die gleichen waren wie heute, keine Berücksichtigung.

Nun ist er endlich Weltrekordhalter und kommentiert das so: „Es ist super, dass das jetzt bestätigt wurde, und es ist schön, diesen Rekord in der Tasche zu haben, aber es ist nicht so, dass ich deshalb im Dreieck springe." Die endlose Geschichte hat ihn nicht verbittert, aber ein wenig ermüdet. „Das Ganze hat so lange gedauert. Noch nie in der Geschichte dieses Sports hat etwas Vergleichbares dermaßen lange gedauert. Und es gab keine Erklärung dafür." In der nächsten Saison werden er und seine Kollegen trotzdem alle miteinander versuchen, diesen Rekord wieder einzustellen. Und auch über die Frage, ob es sich wirklich um die höchste jemals gesurfte Welle gehandelt hat, wird weiter diskutiert werden. Manche werden es bestreiten und behaupten, Steudtners Welle sei nicht höher gewesen als die von Koxa. So ist das nun mal in der Welt des Big-Wave-Surfens. Steudtner selbst hält es durchaus für möglich, dass schon höhere Wellen gesurft, aber nie gemessen wurden – allen voran seine von 2018.

> „Ich surfe seit zehn Jahren extrem hohe Wellen, aber es fehlt eben an Transparenz. Ich habe 2020 und auch schon 2018 meiner Überzeugung nach höhere oder gleich hohe Wellen gesurft. Für mich ist die Situation nicht neu, weil wir kein transparentes Messsystem haben. Ich weiß nicht, ob das meine höchste Welle war, ich bin kein Spezialist für Wellenmessung. Eine Megawelle ist dann eine Megawelle, wenn sie sich so anfühlt.

> Die Geschwindigkeit, mit der ich auf dieser Welle unterwegs war, war enorm. Das Entscheidende war aber das Gefühl, das ich hatte, als ich da oben meine Linie änderte. Das war etwas ganz Besonderes."

Das Ungewöhnliche ist: Steudtner ist zwar Weltrekordhalter, und bis sich der Wanderzirkus für die Saison 2022/23 wieder in Nazaré einfindet, kann ihm diesen Titel auch niemand nehmen. Aber an seiner Vorbereitung auf die nächste Saison wird sich deswegen nichts ändern. Vielleicht wird er als Weltrekordhalter mehr denn je im Rampenlicht stehen, und es werden sich mehr Sponsoren für ihn interessieren, doch sein Ziel für das nächste Jahr ist das gleiche wie immer: Er will die Wellen, die kommen, so gut wie möglich meistern – egal ob sie fünf, fünfzehn oder dreißig Meter hoch sind.

UNTERM MESSER

Sérgio Cosme

Sérgio Cosme scherzt, dass die Kugel seines Schultergelenks mehr Zeit außerhalb der Gelenkpfanne verbringt als innerhalb. Hinter seinem Lächeln verbergen sich nicht nur körperlichen Schmerzen, sondern auch seelische Belastungen, mit denen er zu kämpfen hat. Die Verletzung geht allmählich an die Substanz. Dabei denkt er weniger an sich selbst als an die Menschen, die er als Schutzengel von Nazaré behüten will.

Der Zeitpunkt wird kommen, an dem er bei seinen Rettungsaktionen auf dem Jetski nicht mehr die volle Leistungsfähigkeit abrufen kann, und er befürchtet, eines Tages einem gekenterten Surfer womöglich nicht optimal helfen zu können, weil er körperlich nicht auf der Höhe ist. Er sagt regelmäßig, dass man in Nazaré nicht davon ausgehen kann, dass alle immer gerettet werden. Er hat schon genug Situationen erlebt, in denen es gerade noch gut gegangen ist. Aber seitdem er das Problem mit der Schulter hat, fühlt er sich im Wellengetümmel mitunter unwohl. „Ich muss zu hundert Prozent garantieren können, dass ich in der Lage bin, mein Bestes zu geben", sagt er. „Ob das im Augenblick gewährleistet ist, weiß ich nicht. Bisher ist nichts passiert, aber ich möchte dieses Risiko nicht mehr eingehen." So wird aus dem Gedanken, dass eine Operation nicht infrage kommt, zunächst ein In-Erwägung-Ziehen und schließlich die Erkenntnis, dass eine solche unvermeidlich ist. Der Zeitpunkt des Eingriffs liegt so, dass er nicht wieder vollständig fit sein wird, wenn im Spätherbst die ersten Big Swells heranrollen – weder als Surfer noch als Jetskipilot. Das bedeutet, im eingespielten Team von von Rupp muss umdisponiert werden, mindestens bis Weihnachten. Cosme sagt im Scherz, dass von Rupp jetzt einen Fahrer verloren, aber dafür einen Spotter gewonnen hat. Er plant tatsächlich, sich zu den Spottern oben auf dem Felsen zu gesellen, um weiterhin Teil des Teams zu bleiben. „Wenn ich schon nicht rausfahren darf, kann ich mich wenigstens da oben nützlich machen und vielleicht jemanden anlernen, der uns dann den Rest der Saison unterstützt. Solche Rückschläge gibt es im Leben, aber ich glaube, dass es für alles einen Grund gibt. Ich schlage mich gerne zwei Jahre lang mit Operationen herum, wenn ich dafür den Rest des Jahrzehnts Ruhe habe."

Nach den ausgeschlagenen Zähnen und dem Kreuzbandriss im Knie möchte er am liebsten ausrufen: „Nicht schon wieder!" Es ist ihm gar nicht recht, dass ihn im Krankenhaus inzwischen alle mit Vornamen ansprechen. Doch die OP verläuft erfolgreich. Das Gelenk ist repariert. Bleibt die Frage, wie lange er nicht aufs Wasser darf. Während sich die Gespräche unter den Surfern zunehmend um die kommende Saison drehen, arbeitet Cosme mit voller Konzentration an seiner Rehabilitation, um so bald wie möglich wieder dabei zu sein. Er will lieber nicht daran denken, wie es sein wird, wenn die ersten Big Days im Anmarsch sind und er an Land bleiben muss. Der Oktober wird keine leichte Zeit für ihn werden. Oft genug hat er nur zuschauen dürfen. Er weiß, es wird sich wie ein Stich ins Herz anfühlen. „Stell dir einen

Formel-1-Piloten oder einen MotoGP-Fahrer vor, der am Rand einer Rennstrecke steht und nicht mitfahren darf. Und dann schau dir seinen Gesichtsausdruck und seine Stimmung an", meint er. „Ich bin in der gleichen Situation. Aber ich muss froh und dankbar sein, dass ich weiterhin Teil des Teams bin, das ich 2015 gegründet habe, erst mit Koxa und dann mit Nic. Es hätte auch sein können, dass ich im Krankenhaus im Koma liege oder den Sport hätte aufgeben müssen."

Cosmes Karriere in Nazaré begann als Spotter. Als das Surfmekka noch ganz am Anfang stand, half er den ersten Crews, bevor er selbst aufs Board stieg und sich, quasi nebenbei, einen Namen als Rescue-Pilot auf dem Jetski machte. Insofern schließt sich ein Kreis: Zumindest für ein paar Monate wird er sich wieder unter die Spotter oben auf dem Felsen mischen und in dem Abschnitt stehen, den sie bei jeder Surfsession als Operationsbasis für sich beanspruchen. Als unverbesserlicher Optimist ist er überzeugt, dass er von dieser Erfahrung profitieren wird, sobald er wieder als Retter aufs Meer hinausfahren kann. „Ich habe in diesem Team schon jede Funktion innegehabt, die es gibt: Surfer, Rescuer, Hauptfahrer, Second Rescue, Spotter, Fahrer des Kameramanns. Es ist wichtig, dass man alles einmal gemacht hat. Ich finde, das sollte Standard sein, denn du verstehst dann, auch wenn du außerhalb des Wassers bist, manche Dinge besser. Du kannst den einen oder anderen Fehler besser verstehen; und du lernst, besser zu kommunizieren."

Wer sich am anderen Ende des Funkgeräts befinden wird, ist derzeit noch ein Thema. Von Rupp wird wieder eine zentrale Position einnehmen, aber über die weitere Teamzusammensetzung will man sich erst während der

Sommermonate Gedanken machen. Scooby war zuletzt regelmäßig dabei, musste aber auf den zweiten Teil der letzten Saison verzichten, weil er für *Big Brother* vor der Kamera stand. Trotzdem wird er wieder anreisen und von Rupp zur Seite stehen. Außerdem ist die Rede davon, sich für die Saison 2022/23 mit einem anderen einheimischen Team zusammenzutun, um eine rein portugiesische Crew mit Starbesetzung zu bilden, aber darüber wird wohl erst in letzter Minute entschieden. Von solchen Entscheidungen hängt manchmal ab, ob eine Saison ein Erfolg oder ein Flop wird.

Cosme und von Rupp reisen zu einer Sponsorenveranstaltung nach Frankreich und können bei der Gelegenheit etwas Abstand von Nazaré gewinnen. Sie tauschen sich offen darüber aus, welche Hoffnungen und Erwartungen sie haben, wenn es im Oktober wieder losgeht. Die Frage kommt auf, ob von Rupps Entscheidung, sich für die letzten Big Swells der Saison 2021/22 mit Chianca zusammenzutun, für böses Blut gesorgt hat. Cosme winkt entschieden ab: „Ich war eher traurig als sauer und bin ihm auf jeden Fall nicht böse." Solche Differenzen sind in Nazaré vorprogrammiert, weil Surfen beides ist: ein Teamsport und ein Individualsport, bei dem jeder Surfer seinen eigenen Weg verfolgen muss. „Ich habe Nic gesagt, dass ich nicht gerne die Partner wechsle. Es ist ein extrem gefährlicher Sport. Jedes kleine Detail kann dazu beitragen, Leben zu retten. Wenn du bei jedem Swell mit einem anderen Piloten oder Surfer zusammenarbeitest, musst du dich jedes Mal auf eine andere Arbeitsweise einstellen. Ich weiß genau, wo Nic nach einem Sturz landet. Ich weiß, dass er lieber links landet als rechts. Du musst einen Draht zu deinem Teamkollegen haben. Nic ist mein Partner, und das möchte ich auch für ihn sein."

Das andere Dauerthema sind die Finanzen. Cosme und von Rupp haben beide Sponsorenverträge von Unternehmen wie Tudor Watches, Yamaha und Monster Energy. Aber eine Big-Wave-Saison kann viel Geld verschlingen, egal wie prall die Kasse zu Saisonbeginn gefüllt war. Wegen der steigenden Spritpreise dürfte die nächste Saison die teuerste aller Zeiten werden. „Tow-in-Surfen ist ein Sport für Millionäre", scherzt Cosme gelegentlich, aber in die Riege der Millionäre haben es bisher nur sehr wenige geschafft. „Big-Wave-Surfen ist wie die Formel 1, nicht nur weil es so extrem und so kostspielig ist, sondern auch weil es eben ein Teamsport ist. Wir brauchen unsere Jetskis, unsere Teams, unsere Lagerhallen, unsere Spotter. In der Formel 1 treiben die Jungs in der Boxengasse die Fahrer an, schneller zu fahren. Die Mechaniker, die Teamleiter und so weiter. Beim Big-Wave-Surfen ist es mehr oder weniger das Gleiche – nur eben auf dem Wasser." Cosme hätte gerne auch ein Budget wie bei der Formel 1, aber das wird ein Wunschtraum bleiben. Abgesehen davon, dass er seine Verletzung auskurieren muss, wird er sich in der kommenden Saison wieder voll ins Zeug legen, um sich und sein Team buchstäblich über Wasser zu halten. Auch in seiner achten Saison wird er wie gewohnt immer und überall präsent sein – nichts anderes wünscht er sich. Die Freude, die er dabei empfindet, mag auch daher rühren, dass er sich dieses Glück erkämpft hat.

LANGSAMER ABSCHIED

Diese Big-Wave-Saison geht nicht mit einem erhabenen Crescendo zu Ende und auch nicht mit einer Monsterwelle als Grande Finale, sondern plätschert langsam aus. Im Unterschied zu anderen Sportarten gibt es kein Pokalendspiel, kein Abschlussrennen oder einen ähnlichen Schlusspunkt. Es gibt auch keine Trophäen zu überreichen. Kein Stichtag markiert den Saisonabschluss, und weder die Brandung noch Cosmes Big Momma packen ihre Sachen und verabschieden sich bis zum Herbst. Es wird kein Schalter umgelegt, sondern die Stimmung wird wie mit einem Dimmer langsam heruntergedreht. Mit Beginn des Frühlings werden die Swells langsam immer kleiner, und die Surfnomaden von Nazaré bereiten sich auf ihre Abreise vor.

Keine Dünung in den letzten Tagen und Wochen dieser Saison reicht mehr an den Big Swell von Ende Februar heran, auch wenn sich hin und wieder noch einmal recht hohe Wellen blicken lassen und den ein oder anderen zu einem letzten Ritt in die Fluten locken. Viele Surfer sind entweder verletzt, haben familiäre Verpflichtungen oder erkannt, dass es an der Zeit ist aufzubrechen, und verabschieden sich nach und nach. Andere sind dem hedonistischen Lebenswandel der Big-Wave-Community so zugetan, dass sie sich nicht von ihrer Leidenschaft und Droge – dem Surfen – losreißen können, und bleiben noch. Wenn die Saison dann endgültig vorbei ist, ebbt das lebhafte Treiben in den Surfervierteln der

Stadt ab, vor allem bei den Lagerhallen und im Hafen. Auch das Leben der Surfer wechselt größtenteils in eine ruhigere Gangart über. Es herrscht Erleichterung, die Saison lebend überstanden zu haben und sich nun von den körperlichen und seelischen Strapazen der vergangenen Monate erholen zu können. Das Saisonende kann aber bisweilen auch Züge eines Trauerprozesses tragen. Kein Nervenkitzel reicht an das Eintauchen in die Big Waves heran, an diesen Balanceakt zwischen Leben und Tod. In der Stadt vollzieht sich die Rückkehr zum normalen Leben, was auch immer das sein soll, eher unauffällig. Hier wird es nicht ruhiger, denn Nazaré zieht das ganze Jahr über Touristen an. Wenn der Frühling kommt oder später, wenn der Sommer da ist, strömen die meer-, sonnen- und strandhungrigen Gäste herbei, die nur wenig Interesse an den Surfern haben.

Die Zeit bis zur nächsten Saison nutzen die Surfer sehr unterschiedlich, um wieder neue Kräfte zu sammeln. Andrew Cotton liebäugelt mit einem Surftrip nach Indonesien, hat aber letztlich weder Zeit noch Geld dafür. Stattdessen verbringt er den Sommer in Devon mit der Familie, der Freundin, seinen Kumpeln und Surfkollegen und tummelt sich an den heimischen Surfstränden, an denen einst seine Sehnsucht nach den größeren Wellen geweckt wurde. Er hält ein paar Vorträge in den USA, macht mit dem Fahrrad eine Tour durch die französischen Alpen und einen Abstecher in die Salzburger Konzernzentrale von Red Bull zu einem Treffen mit anderen britischen Extremsportlern, die das Unternehmen sponsert, darunter der Radrennfahrer Danny MacAskill und der Rugbyspieler Jack Nowell. Die meisten Athleten sprechen davon, dass sie mit Anfang dreißig mit dem aktiven Sport aufhören wollen. Cotton denkt mit Anfang vierzig noch nicht ans Aufhören und hat fest vor, auch in der nächsten Saison in Nazaré wieder an den Start zu gehen. „Im Gegensatz zu Rugby oder anderen Sportarten ist Surfen ein Sport, den man für immer ausüben kann", meint er. „Manchmal ist es eine Hassliebe, aber ich kann es einfach nicht lassen." Auch außerhalb der Saison dreht sich für die Big-Wave-Surfer alles um die technische und konditionelle Vorbereitung auf die kommende Saison. Cotton macht ausgedehnte Radtouren und arbeitet eng mit seinem Personal Trainer zusammen, um sich für ein weiteres Jahr in der portugiesischen Brandung fit zu halten. Auch technisch gibt es einiges vorzubereiten: Ein neuer Anhänger und Jetski müssen ausgesucht und angeschafft werden; und es werden ein paar zusätzliche Funkgeräte gebraucht. Und um die Finanzen muss er sich kümmern. Schon so manches Jahr hat er sich in der Offseason den Kopf darüber zerbrochen, wie er die nötigen Mittel erbetteln, klauen oder zusammenleihen könnte. Vom Erfolg seiner Bemühungen hängt unter anderem ab, wie und wo er in der nächsten Saison wohnen wird. Der Plan ist, wieder im gleichen Ferienhaus in perfekter Lage unterzukommen wie beim letzten Mal und sich nicht in ein Wohnmobil quetschen zu müssen. Einen Teil des Geldes verdient er mit einem Preseason-Talk in Venedig. Mit solch gut bezahlten Jobs kann er sich eine weitere Saison über Wasser halten.

Nic von Rupp tut das, was Cotton eigentlich vorhatte: Er macht sich auf den Weg nach Indonesien. Die Bilder auf Instagram zeigen ihn und Reymão als Paar, das in malerischer Umgebung eine seltene Auszeit zu zweit genießt: reiten am Meer, einsame Strände und ein Geburtstagsumtrunk mit

Freunden. Von Rupp wird 32 Jahr alt – ein guter Anlass, einmal innezuhalten. Im Herbst startet mit „Visit Portugal“ eine landesweite Werbeoffensive, die Touristen nach Nazaré und überhaupt nach Portugal locken soll und in der er eine tragende Rolle spielt. Nebenbei schreitet der Genesungsprozess von Rippen und Schulter kontinuierlich voran, sodass er zum Saisonstart wieder fit ist.

Maya Gabeira wirkt tiefenentspannt, obwohl die Zeit bis zur nächsten Saison für sie vollgepackt ist mit Terminen. Auf dem Plan stehen: ein Roadtrip mit Freundinnen durch die USA, ein Treffen mit dem Vorstand von Oceana, ein Vortrag bei den Vereinten Nationen in New York und die Weltpremiere des Dokumentarfilms über ihr Leben, den sie sich nun doch anschaut, nachdem sie sich lange standhaft geweigert hat. Die letzten zehn Jahre ihres Lebens in bewegten Bildern an sich vorüberziehen zu sehen, hat auf sie eine kathartische Wirkung und lässt sie nachdenklich zurückschauen. Das Leid, das sie gerade in der Anfangsphase ihrer Big-Wave-Karriere durchlebt hat, spielt im Film eine große Rolle. Viereinhalb Stunden verbringt sie im Kinosessel und durchlebt ein intensives Wechselbad der Gefühle: Verletzlichkeit, Angst und schließlich – unter dem Eindruck der Standing Ovations und der vielen positiven Reaktionen – einfach nur Zufriedenheit.

Als sie im Spätsommer nach Nazaré zurückkehrt, trainiert sie mit Sebastian Steudtner und sagt ihm, sie fühle sich nicht bereit für die nächste Saison, habe keine großen Erwartungen und sei sich nicht sicher, ob sie weiterhin an den Big Days ans Limit gehen wolle. Steudtners Antwort ist kurz und knapp: „Das sagst du jedes Jahr“, und sie lacht laut, weil sie weiß, dass er recht hat. Tief in ihrem Herzen ist sie den Wellen und ihrem Sport noch etwas schuldig. Das vorherrschende Gefühl ist: Ich bin noch lange nicht fertig. Trotzdem beginnt sich etwas zu verändern. „Ich will weiterhin Megawellen surfen, aber ich will auch andere Sachen machen, mein Gehirn mehr fordern und etwas für die Gemeinschaft tun." Ihr Engagement bei Oceana weist bereits in diese Richtung, und bei den Vereinten Nationen hat sie offen über ihre psychischen Probleme gesprochen. Wie weit ihre Leistungen auf dem Surfbrett sie gebracht haben, kommt ihr surreal vor. Nachdem sie in der vergangenen Saison ohne eigenes Verschulden mehrmals den Partner wechseln musste, verständigen sie und Pierre Rollet – nicht Steudtner – sich auf eine Neuauflage ihrer Partnerschaft.

Steudtner nutzt die Zeit unter anderem zu Forschungszwecken und nimmt dafür weiterhin die technologischen Möglichkeiten von Porsche in Anspruch. Gleichzeitig stellen die portugiesischen Bauarbeiter, die sein Traumhaus längst hätten fertigstellen sollen, seine Geduld auf eine harte Probe. Nach dem Saisonende und seinem eintägigen Comeback macht er sich mit seinem Team an die Feinplanung für die nächste Saison, jetzt, wo der Fuß wieder einsatzfähig ist. Zwischendurch unternimmt er gelegentliche Ausflüge aufs Wasser, surft oder foilt auf kleineren Wellen. Er wünscht sich eine Ruhepause, auch wenn sein Hang zur Perfektion im Sport und beim Hausbau die nicht wirklich zulassen. Er langweilt sich schnell, seine Gedanken laufen ständig auf Hochtouren, und am Horizont wartet immer schon das nächste Projekt und will geplant werden. Jetzt, wo er wieder vollständig genesen ist, will er bestmöglich vorbereitet sein, wenn im Oktober wieder die großen Atlantikwellen auf die portugiesische Küste zurollen. Ob er als Weltrekordhalter mit besonderen Erwartungen antritt? „Erwartungen habe ich keine. Ich will einfach nur surfen." Endlich sind Körper und Geist wieder bereit dazu.

Für Sérgio Cosme steht die Auszeit ganz im Zeichen der körperlichen Wiederherstellung. Der Schulter geht es von Woche zu Woche besser. Während die anderen davon ausgehen, dass sie pünktlich zum ersten Big Swell im Oktober startklar sein werden, hat der Portugiese keine Ahnung, wann er als Schutzengel von Nazaré wieder auf den Jetski steigen kann. Um die Sicherheit von Nic von Rupp und vielen anderen, die er schon einmal gerettet hat oder noch retten könnte, ist es auf jeden Fall weniger gut bestellt, solange er nicht da ist.

Im September 2022 wird der Nachrichtenaustausch zwischen Surfern, Spottern und Kameracrews allmählich intensiver. Es wird darüber spekuliert, wann die ersten Riesenwellen eintreffen, und der Hunger (und die Vorfreude) auf die nächsten „Bombs" nimmt langsam zu. Die meisten rechnen damit, dass die kollektive Rückkehrwelle noch in diesem Monat einsetzt. Surfen in Indonesien, Experimente im Strömungskanal von Porsche, schweißtreibende Rehawochen, ein Aufritt bei der UNO in New York, Kleinwellensurfen an der Küste von Devon – solche Beschäftigungen können das Interesse immer nur für eine begrenzte Zeit binden und sind schnell vergessen, sobald man sich mit leuchtenden Augen dem zuwendet, wovon man den ganzen Sommer träumt. Schon bald beginnen die Big-Wave-Surfer, die Tage zu zählen, bis sie wieder ihre Winterquartiere beziehen können – ein Countdown auf Verdacht, denn niemand weiß, wann Mutter Natur die begehrten Monsterwellen wieder auf die Reise schickt.

Cotton ist einer der Ersten, die zurückkommen, aber ihm ist bewusst, dass er Ruhe bewahren muss. Er hat, wie auch andere Kollegen, schon zu oft den Fehler gemacht, es gleich zu Beginn der Saison zu übertreiben. Fast jeder hat schon mal eine Saison erlebt, die deswegen schnell wieder vorbei war. „Wenn du übermotiviert einsteigst und dir gleich im Oktober eine schwere Verletzung einhandelst", sagt Cotton, „kann es ein langer Winter werden. Ich weiß, wovon ich rede." Je näher der Saisonstart rückt, desto mehr steigt bei vielen die Lust auf Wettkampf, Rekordwellen und neue Fahrlinien in den Wellen. Cottons Pläne sind diesmal bescheidener: Er will einfach eine gute Zeit haben. „Der Spaß soll im Vordergrund stehen. Wozu soll das Ganze sonst gut sein?"

Selbst nachdem ich den Big-Wave-Surfern nun monatelang beim Surfen auf den großen Wellen zugesehen habe, fällt es mir immer noch schwer, vollständig zu verstehen, warum sie das tun. Es ist zu einfach, das Ganze auf den Adrenalinkick oder die Jagd nach der Superwelle zu reduzieren, was auch immer mit „Superwelle" gemeint ist – der 30-Meter-Brecher oder das perfekte Barrel. Eine Rolle spielt auch das Gemeinschaftserlebnis innerhalb der einzelnen Teams und in der Community von Surfern, Jetskipiloten und Kamerateams. Vor allem aber geht es darum, sich in diesem Sport zu behaupten und am Leben zu bleiben. Maya Gabeira, die dem Tod vielleicht nähergekommen ist als jeder andere, formuliert diese Faszination mit einfachen Worten: Es ist der

Wunsch zurückzukehren. „Eine große Welle zu surfen, ist etwas Besonderes, aber den Ritt zu überleben, ist noch etwas darüber. Eine große Big-Wave-Surferin bin ich nur, wenn ich am Leben bleibe."

Diese Saison haben alle überlebt – aber schon bald geht der Kampf ums Überleben in die nächste Runde.

DANK

Die Big-Wave-Surfing-Community von Nazaré hätte diesem Projekt gegenüber nicht aufgeschlossener und gastfreundlicher sein können. Der größte Dank gebührt meinen fünf Hauptpersonen – Sérgio Cosme, Andrew Cotton, Maya Gabeira, Sebastian Steudtner und Nic von Rupp, die mir intensive Einblicke in ihr Leben gewährt haben und meine Fragen mit Engelsgeduld ertragen haben.

Auch unzähligen anderen Menschen in Nazaré danke ich von ganzem Herzen: Adriano „Strodjy" Cordeiro und seiner Mutter Tina, die mich in ihrer bezaubernden Pension mit ihrer Gastfreundschaft verwöhnt haben, sowie Garrett und Nicole McNamara, die diesen Ort entdeckt haben, und Pedro Pisco, Paulo Salvador, Paulo Caldeira, Dino Casimiro, Joaquim Zarro, Al Mennie, Walter Chicharro, C. J. Macias, Lucas „Chumbo" Chianca, Alemao de Maresias, Lino Bogalho, Jorge Leal, Tim Bonython, Pablo Garcia, Laurent Pujol, Sandra Marina Lopes, Tom Butler, Nuno Oliveira und Axel Haber. Ich danke auch Derek Dunfee und Shawn Dollar, die mir von ihren traumatischen Erfahrungen erzählt haben, und João Cruz und Falk Feddersen, die mir erklärt haben, wie Wellen eigentlich funktionieren.

Dieses Buch wäre nie entstanden ohne meinen Literaturagenten David Luxton und das gesamte Team von Welbeck Publishing, das von Anfang an von diesem Projekt überzeugt war. Ich danke Ross Hamilton für seine Unterstützung in der Anfangsphase und Beth Bishop für die Orientierungshilfe, die sie mir als Neuling auf dem Gebiet des Bücherschreibens gegeben hat, sowie Meredith Olson für ihre bemerkenswerte Liebe zum Detail. Mein Dank gilt auch James Major, meinem Chef beim *Evening Standard*, der mir den einen oder anderen Last-minute-Ausflug nach Portugal ermöglichte.

Zum Schluss möchte ich mich bei meiner Frau und unseren Jungs dafür bedanken, dass sie meine Abwesenheiten ertragen haben, und für all ihre Liebe und Unterstützung.

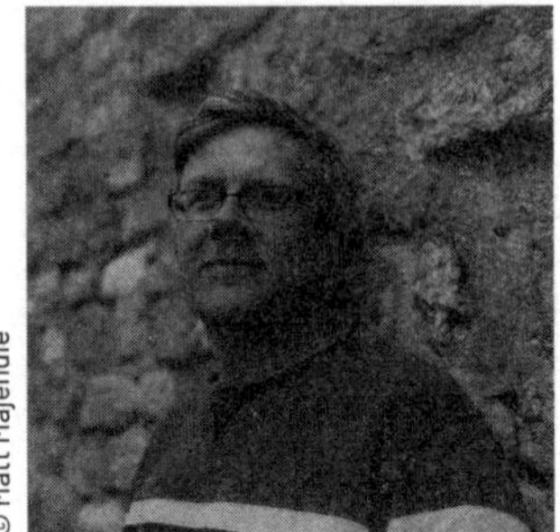

© Matt Majendie

ZUM AUTOR

Der Brite **Matt Majendie** ist leitender Sportjournalist des *Evening Standard* und verbringt jede freie Minute mit Surfen. Er wurde bereits zweimal für den Preis „Sportjournalist des Jahres" nominiert.

IMPRESSUM

Projektkoordination: *Dr. Marten Brandt*
Lektorat: *Julia Niehaus*
Übersetzung aus dem Englischen: *Andreas Bredenfeld*
Layout und Satz: *Datagrafix GSP GmbH, Berlin | www.datagrafix.com*
Gestaltung von Umschlag und Bildstrecke: *Groothuis. Gesellschaft der Ideen und Passionen mbH | www.groothuis.de*
Lithografie: *Frische Grafik, Hamburg*
Druck und Bindung: *GGP Media GmbH, Pößneck*

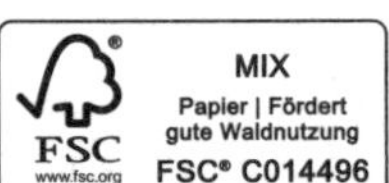

Published in 2023 by Welbeck

1. Auflage 2024

Neumühlen 17
D-22763 Hamburg
ISBN: 978-3-98588-100-0

LIEBE LESERINNEN, LIEBE LESER

wie schön, dass Sie ein Buch von EDEL EXTREME lesen! Wir lieben große Geschichten, herausragende Persönlichkeiten und starke Meinungen aus der faszinierenden Welt des Sports und freuen uns sehr, dass Sie diese Leidenschaft mit uns teilen. Sport ist Emotion, Entertainment und Business zugleich. Geben Sie uns gern Ihr Feedback auf Instagram (@edel.sports) oder schreiben uns an: *info@edelsports.com*

UNSER VERLAGSHAUS

Mit Standorten in Hamburg und München zählt die Edel Verlagsgruppe zu den größten unabhängigen Buchanbietern Deutschlands. Zur Gruppe gehören die Verlage Dr. Oetker Verlag, Edel Sports, KARIBU und ZS.

EDEL Sports – Ein Verlag der Edel Verlagsgruppe
www.edelsports.com
www.instagram.com/edel.sports